Kernenergie und Wiederaufarbeitung
Verfassungs- und europarechtliche Fragen eines Ausstiegs
aus der wirtschaftlichen Nutzung

Europäische Hochschulschriften

Publications Universitaires Européennes

European University Studies

Reihe II

Rechtswissenschaft

Série II Series II

Droit

Law

Bd./Vol. 3737

PETER LANG

Frankfurt am Main · Berlin · Bern · Bruxelles · New York · Oxford · Wien

Gerhard Gewaltig

Kernenergie und Wiederaufarbeitung

Verfassungs- und europarechtliche Fragen eines Ausstiegs aus der wirtschaftlichen Nutzung

PETER LANG
Europäischer Verlag der Wissenschaften

Bibliografische Information Der Deutschen Bibliothek
Die Deutsche Bibliothek verzeichnet diese Publikation in der Deutschen Nationalbibliografie; detaillierte bibliografische Daten sind im Internet über <http://dnb.ddb.de> abrufbar.

Zugl.: Köln, Univ., Diss., 2003

D 38
ISSN 0531-7312
ISBN 3-631-51141-8

www.peterlang.de

Vorwort des Verfassers

Die vorliegende Arbeit entstand im Rahmen meines Promotionsverfahrens. Mein besonderer Dank gilt meinem Doktorvater Herrn Prof. Dr. Bernhard Kempen für die Anregung zu dieser Arbeit sowie für die in jeder Hinsicht gewährte unkomplizierte Unterstützung und die wertvollen Gedankenanstöße.

Ausdrücklich möchte ich Herrn Prof. Dr. Schmitt-Kammler für sein Interesse an meiner Arbeit und die Übernahme des weiteren Gutachtens danken.

Dank gilt insbesondere meinen Förderern, ohne die diese Arbeit nicht möglich gewesen wäre. Dies ist zum einem meine Familie und zum anderen Herr Rechtsanwalt Thomas Blatt in Dinslaken.

Mein Dank gilt auch einer Vielzahl von Behörden, Organisationen und Unternehmen, die mich mit Informationsmaterial unterstützt haben, im Besonderen dem Bundesministerium für Umwelt, Naturschutz und Reaktorsicherheit, dem Informationskreis Kernenergie und der E.ON AG.

Letztere ermöglichte mir den Besuch des KKW Grafenrheinfeld bei Schweinfurt.

Gelsenkirchen, im April 2003 Gerhard Gewaltig

Inhaltsübersicht:

Inhaltsverzeichnis:

Literaturverzeichnis:

Monographien:

Bayer, Walter/Huber, Peter M. (Herausgeber)	Rechtsfragen zum Atomausstieg, Schriften des Hellmuth-Loening-Zentrums für Staatswissenschaften e.V., Jena Band 11,Berlin 2000 (zitiert: Bayer/Huber, Rechtsfragen, Verfasser)
Bender Bernd /Sparwasser, Reinhard/Engel, Rüdiger	Umweltrecht: Grundzüge des öffentlichen Umweltschutzrechts, 3. Aufl., Heidelberg 1995 (zitiert: Bender, Umweltrecht)
Bleckmann, Albert	Staatsrecht II – Die Grundrechte, 3 Auflage, Köln u.a. 1989 (zitiert: Bleckmann, Staatsrecht II)
Borgmann, Klaus	Rechtliche Möglichkeiten und Grenzen des Ausstiegs aus der Kernenergie, Berlin 1994 (zitiert: Borgmann, Möglichkeiten)
Büdenbender Ulrich/ Heintschel von Heinegg, Wolff/ Rosin, Peter	Energierecht I –Recht der Energieanlagen, Berlin, New York 1999 (zitiert: Büdenbender/Heintschel von Heinegg/Rosin, Energierecht I)
Bundesministerium f. Umwelt, Naturschutz und Reaktorsicherheit (Herausgeber)	Manche Visionen von gestern sind heute Müll., Info-Mappe zu Atomtransporten, Referat Öffentlichkeitsarbeit, Berlin (zitiert: Info-Mappe- Titel des Arbeitsblattes)
Calliess, Christian/ Ruffert, Matthias (Herausgeber)	Kommentar zu EU-Vertrag und EG-Vertrag, Neuwied, Kriftel 1999 (zitiert: Calliess/Ruffert, EU- und EG-Vertrag, Bearbeiter)
Degenhart, Christoph	Staatsrecht I –Staatsorganisationsrecht, 15. Auflage, Heidelberg 1999 (zitiert: Degenhart, Staatsrecht I)
Denninger, Erhard	Verfassungsrechtliche Fragen des Ausstiegs aus der Nutzung der Kernenergie zur Stromerzeugung, Rechtsgutachten im Auftrag des Bundesministeriums für Umwelt, Naturschutz und Reaktorsicherheit, 1999 (zitiert: Denninger, Nutzung der Kernenergie)
Denninger, Erhard	Verfassungsrechtliche Fragen des Ausstiegs aus der Nutzung der Kernenergie zur Stromerzeugung –Unter Mitarbeit von Thomas B. Petri, Baden-Baden 2000 (Diese Monographie beruht im wesentlichen auf dem Rechtsgutachten des Verfassers für das Bundesministerium für Umwelt, Naturschutz und Reaktorsicherheit (s.o.)) (zitiert: Denninger, Verfassungsrechtliche Fragen)
Deutsches Atomforum e.V. (Herausgeber)	Kernenergie hat Zukunft, Bonn 2000 (zitiert: Verfasser, Kernenergie hat Zukunft)
Di Fabio, Udo	Der Ausstieg aus der wirtschaftlichen Nutzung der Kernenergie: Europarechtliche und Verfassungsrechtliche Vorgaben, Köln u.a. 1999, (zitiert, Di Fabio, Ausstieg)
Dreier, Horst (Herausgeber)	Grundgesetz Kommentar, Band I, Artikel 1-19, Tübingen 1996 (zitiert: Dreier, GG, Band I, Bearbeiter)
Dreier, Horst (Herausgeber)	Grundgesetz Kommentar, Band II, Artikel 20-82, Tübingen 1998 (zitiert: Dreier, GG, Band II, Bearbeiter)
Due, Ole/Lutter, Marcus/ Schwarze, Jürgen (Hrsg.)	Festschrift für Ulrich Everling, Band I, Baden-Baden 1995 (zitiert: FS Everling, Band I, Verfasser)

Eriskat, Hans	EURATOM-Strahlenschutzpolitik in Erwartung des Europäischen Binnenmarktes, in Pelzer Norbert Kernenergierecht zwischen Ausstiegs- forderung und europäischem Binnenmarkt, Baden Baden 1991 (zitiert: Eriskat, EURATOM)
Gesellschaft für Reaktorsicherheit (GRS)	Deutsche Risikostudie Kernkraftwerke Phase B –Eine Unter suchung im Auftrag des Bundesministers für Forschung und Technologie, Köln 1990 (Phase A (Hauptband)=1979) (zitiert: Risikostudie Kernkraftwerke Phase B)
Grabitz, Eberhard/ Hilf, Meinhard (Herausgeber)	Kommentar zur Europäischen Union –Das Recht der Europäischen Union, Band I, EUV, Art. 1-136 a EGV, Stand 2000 München (zitiert: Grabitz/Hilf, Kommentar zur Europäischen Union, Bearbeiter)
Groeben, Hans von der/ Thiesing, Jochen/ Ehlermann, Claus-Dieter (Herausgeber)	Kommentar zum EU-/EG-Vertrag, Band 1, 5. Auflage, Baden-Baden 1997 (zitiert: Groeben/Thiesing/Ehlermann, Kommentar zum EU-/EG- Vertrag, Band 1, Verfasser)
Gubelt, Manfred	Das Gesetz zur Sicherung des Steinkohleeinsatzes in der Elektrizitätswirtschaft, Düsseldorf 1968 (zitiert: Gubelt, Elektrizitätswirtschaft)
Haedrich, Heinz	Atomgesetz: mit Pariser Atomhaftungs-Übereinkommen, Baden Baden 1986 (zitiert: Haedrich, Atomgesetz)
Hartung, Sven	Die Atomaufsicht –Zur staatlichen Aufsicht nach § 19 des Atomgesetzes, Baden-Baden 1992 (zitiert: Hartung, Atomaufsicht)
Hermes, Georg	Staatliche Infrastrukturverantwortung, Tübingen 1998 (zitiert: Hermes, Infrastrukturverantwortung)
Hofmann, Hasso	Privatwirtschaft und Staatskontrolle bei der Energieversorgung durch Atomkraft, Schriften der Juristischen Studiengesellschaft Regensburg e.V., Heft 3, München 1989 (zitiert: Hofmann, Privatwirtschaft)
Informationskreis Kernenergie (IK) (Herausgeber)	Kernenergie – Klar und Verständlich – Der Nutzen der Kernkraft, Ingolstadt 1997, 4. aktualisierte Auflage (zitiert: IK, Nutzen der Kernkraft)
Jarass, Hans D./Pieroth, Bodo	Grundgesetz für die Bundesrepublik Deutschland, Kommentar, München 2000, 5. Auflage (zitiert: Jarass/Pieroth, GG, Bearbeiter)
Karisch, Karl-Heinz Wille, Joachim (Herausgeber)	Der Tschernobyl-Schock, Zehn Jahre nach dem Super-Gau, Frankfurt am Main 1996 (zitiert: Autor, in Karisch, Tschernobyl-Schock)
Kempen, Bernhard	Der Eingriff des Staates in das Eigentum –Voraussetzungen, Ausgleich und Abwehr durch den Bürger, Köln u.a. 1991 (zitiert: Kempen, Eigentum)
Kloepfer Michael	Umweltrecht, 2. Auflage, München 1998, Beck Verlag (zitiert: Kloepfer, Umweltrecht)
Koch, Hans-Joachim/ Roßnagel, Alexander (Herausgeber)	10. Deutsches Atomrechtssymposium, 30.Juni - 1. Juli 1999 in Köln, Baden-Baden 2000 (zitiert: Koch/Roßnagel, 10. Dt. Atomrechtssymposium, Verfasser)

„Konsensvereinbarung“ — Vereinbarung zwischen der Bundesregierung und den Energieversorgungsunternehmen vom 14. Juni 2000 veröffentlicht unter http://www.bmu.de/fset800.htm (zitiert: Vereinbarung)
-auch veröffentlicht in Beilage Nr. IV/2000 zu NVwZ 2000, Heft 10, S. 1-8.

Kopp, Ferdinand O./ Ramsauer, Ulrich — Verwaltungsverfahrensgesetz, München 2000, 7. Auflage (zitiert: Kopp/Ramsauer, VwVfG)

Kunig, Philip — Verträge und Absprachen zwischen Verwaltung und Privaten, in DVBl. 1992, S. 1193-1203 (zitiert: Kunig, Verträge und Absprachen)

Leibholz, Gerhard/ Faller, Hans-Joachim/Mikat,Paul/ Reis, Hans (Hrsg.) — Menschenwürde und freiheitliche Rechtsordnung, Festschrift für Willi Geiger zum 65. Geburtstag, Tübingen 1974 (zitiert: FS Willi Geiger, Verfasser)

Lenz, Carl Otto (Hrsg.) — EG-Vertrag Kommentar, 2. Auflage, Köln u.a. 1999 (zitiert: Lenz EG-Vertrag Kommentar, Bearbeiter)

v. Mangoldt, Hermann/Klein, Friedrich/Starck, Christian — Das Bonner Grundgesetz, Kommentar, Band 1: Präambel, Artikel 1 bis 19, München 1999, 4. Auflage, (zitiert: v. Mangoldt/Klein/Starck, GG, Band 1, Berarbeiter)

v. Mangoldt, Hermann/Klein, Friedrich/Starck, Christian — Das Bonner Grundgesetz, Kommentar, Band 3: Art. 79 bis 146, München 2001, 4. Auflage, (zitiert: v. Mangoldt/Klein/Starck, GG, Band 3, Berarbeiter)

Maunz, Theodor/ Dürig, Günter (Herausgeber) — Grundgesetz-Kommentar, Band IV, Art. 53a-88, Stand Lieferung 39, München 2001 (zitiert: Bearbeiter, Maunz/Dürig, GG)

Mestmäcker, Ernst-Joachim/ Möller, Hans/Schwarz, Hans-Peter (Hrsg.) — Eine Ordnungspolitik für Europa –Festschrift für Hans von der Groeben zu seinem 80. Geburtstag, Baden-Baden 1987 (zitiert: FS Hans von der Groeben, Verfasser)

v. Münch, Ingo/ Kunig, Philip (Hrsg.) — Grundgesetz-Kommentar, Band 1 (Präambel bis Art. 19), 5. Auflage, München 2000 (zitiert: von Münch/Kunig, GG, Band 1, Bearbeiter)

v. Münch, Ingo (Hrsg.) — Grundgesetz-Kommentar, Band 3 (Artikel 70 bis Artikel 146 und Gesamtregister), 2. Auflage, München 1983 (zitiert: von Münch, GG, Band 3, Bearbeiter)

Öko-Institut e.V. u.a. (Institut für angewandte Ökologie) — Kernkraftwerksscharfe Analyse, im Rahmen des Projekts: Bewertung eines Ausstiegs aus der Kernenergie aus klimapolitischer und volkswirtschaftlicher Sicht – Zusatzauftrag: Kraftwerks- und unternehmensscharfe Analyse, Wuppertal u.a. 2000 (zitiert: Öko-Institut e.V., Kernkraftwerksscharfe Analyse)

Palandt, Otto (Redaktion) — Bürgerliches Gesetzbuch, Kommentar, München 1999 (zitiert: Verfasser, in Palandt)

Pelzer Norbert (Hrsg.) — Kernenergierecht zwischen Ausstiegsforderung und Europäischen Binnenmarkt, Tagungsbericht der AIDN/INLA Regionaltagung am 7. und 8. Juni 1990 in Würzburg, Baden-Baden 1991 (Verfasser, in Pelzer, Kernenergierecht)

Pieroth, Bodo / — Grundrechte Staatsrecht II, Heidelberg 2001, 17. Auflage

Schlink, Bernhard	(zitiert: Pieroth/Schlink, Staatsrecht II)
Radkau, Joachim	Aufstieg und Krise der deutschen Atomwirtschaft 1945-1975, Hamburg 1983 (zitiert: Radkau, Atomwirtschaft)
Rauscher, Anton	Ist die Nutzung der Kernenergie ethisch verantwortbar, Köln 2000, (zitiert: Rauscher, Nutzung)
Rengeling, Hans-Werner	Rechtsfragen zu Bundesendlagern für radioaktive Abfälle: Grundlagen der Betriebsaufnahme, wesentliche Änderungen und Aufsicht-am Beispiel der Anlage Konrad, Köln; Berlin; Bonn; München 1990 (zitiert: Rengeling, Rechtsfragen)
Rinne, Alexander	Die Energiewirtschaft zwischen Wettbewerb und öffentlicher Aufgabe: zugleich ein Beitrag zu Art. 90 Abs. 2 EGV, Baden-Baden 1998 (zitiert: Rinne, Energiewirtschaft)
Roßnagel, Alexander / Roller, Gerhard	Die Beendigung der Kernenergienutzung durch Gesetz, Baden-Baden 1998 (zitiert: Verfasser, in Roßnagel/Roller, Beendigung)
Roller, Gerhard	Genehmigungsaufhebung und Entschädigung im Atomrecht – Einfachgesetzliche Voraussetzungen und verfassungsrechtlicher Ausgleichsanspruch, Baden-Baden 1994 (zitiert: Roller, Genehmigungsaufhebung)
Sante Ulrich-Andreas	Verfassungsrechtliche Aspekte eines vom Gesetzgeber angeordneten Ausstiegs aus der friedlichen Nutzung der Kernenergie, Frankfurt am Main u.a. 1990 (zitiert: Sante, Aspekte)
Sarenio, Olaf (Redaktion)	Bestimmung der Personendosis des Begleitpersonals bei Transporten von abgebrannten Brennelementen und hochradioaktiven Abfällen aus der Wiederaufarbeitung: Stellungnahme der Strahlenschutzkommission, München u.a. 2000 (zitiert: Sarenio, Bestimmung)
Schmidt-Bleibtreu, Bruno/ Klein, Franz	Kommentar zum Grundgesetz, 9. Auflage, Neuwied und Kriftel 1999 (zitiert: Bearbeiter in Schmidt-Bleibtreu/Klein, GG)
Schneider, Jens-Peter	Liberalisierung der Stromwirtschaft durch regulative Marktorganisation –Eine vergleichende Untersuchung zur Reform des britischen, US-amerikanischen, europäischen und deutschen Energierechts, Baden-Baden 1999 (zitiert: Schneider, Liberalisierung)
Seidl-Hohenveldern, Ignaz/ Stein, Torsten	Völkerrecht, 10. Auflage, Köln u.a. 2000 (zitiert: Seidl-Hohenveldern/Stein, Völkerrecht)
Schmidt, Walter	Staats- und Verwaltungsrecht: Pflichtfachstoff für Studium und Examen, 3. Auflage, 1999 Neuwied und Kriftel (zitiert: Schmidt, Staatsrecht)
Schmidt-Preuß, Matthias	Rechtsfragen des Ausstiegs aus der Kernenergie: Gemeinschafts-, völker- und verfassungsrechtliche Probleme einer Novellierung des Atomgesetzes, Baden-Baden 2000 (zitiert: Schmidt-Preuß, Rechtsfragen)
Schneider, Hans-Peter/ Steinberg, Rudolf	Schadensvorsorge im Atomrecht zwischen Genehmigung, Bestandsschutz und staatlicher Aufsicht, Baden-Baden 1991 (zitiert: Verfasser, in Schneider/Steinberg, Schadensvorsorge)
Schwarze, Jürgen	EU-Kommentar, Baden-Baden 2000 (zitiert: Schwarze, EU-

(Hrsg.) Kommentar, Bearbeiter)

SPD-/ Bündnis 90/DIE GRÜNEN-Fraktion — Entwurf eines Gesetzes zur geordneten Beendigung der Kernenergienutzung zur gewerblichen Erzeugung von Elektrizität, Stand 5. Juli 2001, veröffentlicht unter: http://www.bmu.de/download/dateien/atg5.pdf (zitiert: Entwurf eines Gesetzes zur geordneten Beendigung der Kernenergienutzung zur gewerblichen Erzeugung von Elektrizität) Anmerkung: Änderungen, die sich auf das AtG beziehen werden als AtG-E zitiert.
Stand 11.9.2001 veröffentlicht unter BT-Drs. 14/6890 (zitiert: BT-Drs. 14/6890)

SPD-Bündnis 90/ Die Grünen — Auszüge aus der Koalitionsvereinbarung zwischen der Sozialdemokratischen Partei Deutschlands und Bündnis 90/Die Grünen – Aufbruch und Erneuerung-Deutschlands Weg ins 21. Jahrhundert, Bonn 20. Oktober 1998, veröffentlicht unter http://www.bmu.de/sachthemen/koalition/k_vereinbarung.htm (zitiert: Koalitionsvereinbarung)

Stern, Klaus — Das Staatsrecht der Bundesrepublik Deutschland, Band III Allgemeine Lehren der Grundrechte, 2. Halbband, München 1994 (zitiert: Stern, Staatsrecht Band III/2)

Streinz, Rudolf — Europarecht, 5. Auflage, Heidelberg 2001 (zitiert: Streinz, Europarecht)

Steinberg, Rudolf (Herausgeber) — Reform des Atomrechts: Fachtagung: Donnerstag und Freitag, 6. und 7. Mai 1993, Baden-Baden 1994 (zitiert: Steinberg, Reform)

Veith, Christian — Energieversorgungsunternehmen als Instrumente staatlicher Politik: dargestellt am Beispiel des Ausstiegs aus der Kernenergie, Bonn 1988 (zitiert: Veith, Energieversorgungsunternehmen)

Volkmer, Martin — Kernenergie – Radioaktivität und Strahlenschutz, Hamburgische Electricitäts-Werke Aktiengesellschaft 1999 (zitiert: Volkmer, Radioaktivität)

Volkmer, Martin — Kernenergie Basiswissen, Basiswissen zum Thema Kernenergie-Die wichtigsten Erkenntnisse aus Kernphysik und Kerntechnik, Hamburgische Electricitäts-Werke Aktiengesellschaft 2000 (zitiert: Volkmer, Kernenergie Basiswissen)

Wahl Rainer / Hermes Georg — Nationale Kernenergiepolitik und Gemeinschaftsrecht: die Bindung des Euratom- und des EG-Vertrages für einen Verzicht auf die Wiederaufarbeitung und einen Ausstieg aus der wirtschaftlichen Nutzung der Kernenergie, Düsseldorf 1995 (zitiert: Wahl/Hermes, Kernenergiepolitik)

Wassermann, Rudolf (Gesamtherausgeber) — Reihe Alternativkommentare, Kommentar zum Grundgesetz für die Bundesrepublik Deutschland, Band 1, Art. 1-37, Neuwied 1989 (zitiert: AK-GG, Bearbeiter)

Weilemann, Peter — Die Anfänge der Europäischen Atomgemeinschaft –Zur Gründungsgeschichte von EURATOM 1955-1975, Baden –Baden 1983 (zitiert: Weilemann, Europäische Atomgemeinschaft)

Zhou, Shuqin — Die Einsatzmöglichkeit der Kernenergie in den Entwicklungsländern – Exemplarische Studie für die VR China unter den Gesichtspunkten der Notwendigkeit und Wirtschaftlichkeit, Frankfurt am Main 1998

	(zitiert: Zhou, Kernenergie)
Ziegler, Eberhard	Atomgesetz mit Verordnungen, 2000 Baden-Baden

Aufsätze:

Bender, Bernd	Abschied vom „Atomstrom"? – Einige Bemerkungen zur Problematik eines forcierten Ausstiegs aus der Kernenergie - , in DÖV 1988, Heft 19, S. 813-819 (zitiert: Bender, Abschied)
Bender, Bernd	Gefahrenabwehr und Risikovorsorge als Gegenstand nukleartechnischen Sicherheitsrecht –Zur Auslegung des § 7 II Nr. 3 AtomG, in NJW 1979 (Band 2), Heft 29, S. 1425-1433 (zitiert: Bender, Gefahrenabwehr)
Böhm, Monika	Ausstieg im Konsens?, in NuR Heft 2, 2001, S. 61-64 (zitiert: Böhm, Ausstieg)
Böhm, Monika	Der Ausstieg aus der Kernenergienutzung-Rechtliche Probleme und Möglichkeiten, in NuR Heft 12, 1999, S. 661-666 (zitiert: Böhm, Probleme)
Breuer, Rüdiger	Gefahrenabwehr und Risikovorsorge im Atomrecht –Zugleich ein Beitrag zum Streit um die Berstsicherung für Druckwasserreaktoren, in DVBl. 1978, Heft 20, S. 829-839 (zitiert: Breuer, Gefahrenabwehr)
Brohm, Winfried	Rechtsgrundsätze für normersetzende Absprachen –Zur Substitution von Rechtsverordnungen, Satzungen und Gesetzen durch kooperatives Verwaltungshandeln-, in DöV 1992, Heft 24, S. 1025-1035 (zitiert: Brohm, Rechtsgrundsätze)
Büdenbender, Ulrich	Energierecht nach der Energierechtsreform, in JZ 1999, Heft 2, S. 62-72 (zitiert: Büdenbender, Energierechtsreform)
Butzke, Kirsten Storr, Stefan	Rechtsfragen zum Atomausstieg, in atw 2000, Heft 4, S. 221-224 (zitiert: Butzke/Storr, Atomausstieg)
Dederer, Hans-Georg	Atomausstieg und Art 14 GG, in JA 2000, Heft 10, S. 819-823 (zitiert: Dederer, Atomausstieg)
Detjen, Markus	Ausstieg ohne Ende? Die Beendigung der Kernenergienutzung im Spiegel des Verfassungsrechts, in Forum Recht, 2000, S. 59-61, (zitiert: Detjen, Ausstieg)
Deutsches Atomforum e.V. (Herausgeber)	Kernkraftwerke und Sicherheit, in der Reihe: Kern-Themen, 7. Aufl. 1999 (zitiert: Atomforum, Sicherheit)
Deutsches Atomforum e.V. (Herausgeber)	Strahlung und Risiko, in der Reihe: Kern-Themen, 3. Aufl. 1998 (zitiert: Atomforum, Strahlung)
Deutsches Atomforum e.V. (Herausgeber)	Kernenergie und Umwelt, in der Reihe: Kern-Themen, 5. Aufl. 1998 (zitiert: Atomforum, Kernenergie)
Di Fabio, Udo	Das Kooperationsprinzip – ein allgemeiner Rechtsgrundsatz des Umweltrechts, in NVwZ 1999, Heft 11, S. 1153-1158 (zitiert: Di Fabio, Kooperationsprinzip)

Dürig, Günter	Der Grundsatz von der Menschenwürde –Entwurf eines praktikablen Wertsystems der Grundrechte aus Art. 1 Abs. I in Verbindung mit Art. 19 Abs. II des Grundgesetzes, in AöR 1956, Heft 2, S. 117-157 (zitiert: Dürig, Menschenwürde)
dw	Verbot von Plutonium gefordert –Weltweite Kampagne angekündigt/Siemens-Boykott geplant, in SZ vom 10.8.1993, S. 5 (zitiert: SZ vom 10.8.1993, S. 5, dw, Plutonium)
E.ON AG u.a.	Vereinbarung über den weiteren Betrieb der Kernkraftwerke unterzeichnet, veröffentlicht unter http://www.kernenergie.de/public/datas/pmvereinbarung.html (zitiert: Stellungnahme der Energieversorger vom 11.6.2001)
Feldmann, Ulrike	Vereinbarkeit eines Ausstiegsgesetzes mit Europarecht, in atw 2000, Heft 5, S. 292-297 (zitiert: Feldmann, Europarecht)
Finkenzeller, Roswin	Stoiber: Ausstieg nicht unumkehrbar, in FAZ vom 16.6.2000, S. 2 (zitiert: Finkenzeller, Ausstieg)
Finkenzeller, Roswin	Stoiber bittet Prodi um Rechtsprüfung – Die bayerische Regierung will „Ausstieg" aus der Kernenergie verhindern, in FAZ vom 9.2.2000, S. 2, (zitiert: FAZ vom 9.2.2000, S. 2, Finkenzeller, Rechtsprüfung)
Glos, Michael	Energiepolitik in Deutschland – unter besonderer Berücksichtigung der Kernenergie, in atw 2001, Heft 3, S. 167-171 (zitiert: Glos, Energiepolitik)
Grewlich, Klaus W.	Umweltschutz durch „Umweltvereinbarungen" nach nationalem Recht und Europarecht, in DÖV 1998, Heft 2, S. 54-62 (zitiert: Grewlich, Umweltschutz)
Haedrich, Heinz	Zur Zulässigkeit der Wiederaufarbeitung abgebrannter Brennelemente aus deutschen Kernkraftwerken in anderen EG-Mitgliedstaaten, in NVwZ 1993, Heft 11, S. 1036-1044 (zitiert, Haedrich, Wiederaufarbeitung)
Hartung, Sven	Zur Grundrechtsfähigkeit der Betreiber von Kernkraftwerken, in DÖV 1992, Heft 9, S. 393-400 (zitiert: Hartung, Grundrechtsfähigkeit)
Heintschel v. Heinegg, Wolff	Wiederaufarbeitung und Völkerrecht –Die völkerrechtliche Verpflichtung der Bundesrepublik Deutschland gegenüber der Französischen Republik und dem Vereinigten Königreich auf dem Gebiet der Wiederaufarbeitung, et 1999, Heft 1/2, S. 72-79 (zitiert: Heintschel v. Heinegg, Wiederaufarbeitung)
Hippel, Eike von	Ausstieg aus der Kernenergie?, in ZRP 1995, Heft 11, S. 414-417 (zitiert: von Hippel, Ausstieg)
Hohlefelder, Walter	Zur Regelung der Gefahrenabwehr bei Kernenergieanlagen in der deutschen Rechtsordnung, in et 1983, Heft 6, S. 392-396 (zitiert: Hohlefelder, Gefahrenabwehr)
Kadelbach, Stefan	Die Vereinbarkeit des Verbotes der Wiederaufarbeitung im Ausland mit Völkerrecht, in ZUR 1999, Heft 5, S. 257-261 (zitiert: Kadelbach, Vereinbarkeit)

Klöck, Oliver — Der Atomausstieg im Konsens – ein Paradefall des umweltrechtlichen Kooperationsprinzips?, in NuR, Heft 1, 2001, S. 1-8 (zitiert: Klöck, Atomausstieg)

Koch, Hans Joachim — Der Atomausstieg und der verfassungsrechtliche Schutz des Eigentums, in NJW 2000, S. 1529-1535 (zitiert: Koch, Atomausstieg)

Koch, Hans-Joachim/ Roßnagel, Alexander — Neue Energiepolitik und Ausstieg aus der Kernenergie, in NVwZ 2000, Heft 1, S. 1- 9 (zitiert: Koch/Roßnagel, Energiepolitik)

Knüppel, Hans-Christian — Zur Zulässigkeit der Einrichtung von Kompaktlagern in Kernkraftwerken, in DÖV 1981, Heft 1, S. 19-21 (zitiert: Knüppel, Kompaktlager)

Komorowski, Alexis v. — Rechtsfragen des Atomausstiegs, in Jura Heft 1/ 2001, S. 17-21 (zitiert: Komorowski, Rechtsfragen)

Komorowski, Alexis v. — Europa- und völkerrechtliche Probleme eines bundesgesetzlichen Wiederaufarbeitungsverbots, in NuR, Heft 8, 2000, S. 432-438 (zitiert: Komorowski, Probleme)

Kramer, Rainer — Die nach dem Atomgesetz erforderliche Schadensvorsorge als Grundrechtsproblem, in NJW 1981, Heft 6, S. 260-265 (zitiert: Kramer, Schadensvorsorge)

Kruis, Konrad — Der gesetzliche Ausstieg aus der „Atomwirtschaft" und das Gemeinwohl, in DVBl. 2000, Heft 7, S. 441-451 (zitiert: Kruis, Atomwirtschaft)

Krull, Wilfried — Deutschland bei Nuklearforschung bald Entwicklungsland? Konsequenzen der vorgesehenen Atomgesetznovellierung für Forschungsreaktoren, in atw 1999, Heft 2, S. 92-94 (zitiert: Krull, Nuklearforschung)

Kuxenko, Michael — Liberalisierung und Deregulierung im Energiewirtschaftsrecht, in DÖV 2001, Heft 4, S. 141-150 (zitiert: Kuxenko, Liberalisierung)

Langenfeld, Christine — Die rechtlichen Rahmenbedingungen für einen Ausstieg aus der friedlichen Nutzung der Kernenergie, in DÖV 2000, Heft 22, S. 929-941 (zitiert: Langenfeld, Rahmenbedingungen)

Leidinger, Tobias — Das Genehmigungsverfahren für standortnahe Zwischenlager, in RdE 2001, Nr. 3, S. 103-110 (zitiert: Leidinger, Genehmigungsverfahren)

Maichel, Gert — Die Zukunft der Kernenergie, in atw 2001, Heft 3, S. 157-162 (zitiert: Maichel, Zukunft der Kernenergie)

Leidinger, Tobias Paschke, Mirko — Der EURATOM-Vertrag als Maßstab und Grenze eines nationalstaatlichen Kernenergie-Ausstiegsgesetzes, in ZNER 2000, Heft 3, S. 177-184 (zitiert: Leidinger/Paschke, EURATOM)

Leisner, Walter — Eigentumsschutz von Nutzungsmöglichkeiten – Aufopferungsentschädigung für nicht realisierte Nutzungen in der Marktwirtschaft, in BB 1992, Heft 2, S. 73-79 (zitiert: Leisner, Eigentumsschutz)

Müggenborg, Hans-Jürgen	Formen des Kooperationsprinzips im Umweltrecht der Bundesrepublik Deutschland, in NVwZ 1990, Heft 10, S. 909-917 (zitiert: Müggenborg, Kooperationsprinzip)
Oebbecke, Janbernd	Die staatliche Mitwirkung an gesetzesabwendenden Vereinbarungen, in DVBl. 1986, Heft 16, S. 793-799 (zitiert: Oebbecke, gesetzesabwendende Vereinbarungen)
Ossenbühl, Fritz	Verfassungsrechtliche Fragen eines Ausstiegs aus der friedlichen Nutzung der Kernenergie, in AöR Band 124 (1999), S. 1-54 (zitiert: Ossenbühl, Verfassungsrechtliche Fragen)
Ossenbühl, Fritz	Vorsorge als Rechtsprinzip im Gesundheits-, Arbeits- und Umweltschutz, in NJW 1986, Heft 3, S. 161-171 (zitiert: Ossenbühl, Vorsorge)
Pelzer, Norbert	Die geplante Neukonzeption der atomrechtlichen Deckungsvorsorge, in DVBl. 2000, Heft 1, S. 13-20 (zitiert: Pelzer, Deckungsvorsorge)
Robbers, Gerhard	Der Grundrechtsverzicht – Zum Grundsatz „volenti non fit iniuria" im Verfassungsrecht, in JuS 1985, Heft 12, S. 925-931 (zitiert: Robbers, Der Grundrechtsverzicht)
Rodi, Michael	Grundlagen und Entwicklungslinien des Atomrechts, in NJW 2000, Heft 1, S. 7-14 (zitiert: Rodi, Grundlagen)
Roll, Evelyn	Eine Runde, bei der ein Punktsieg nicht zählt, in SZ vom 16.1.1992, S.3 (zitiert: Roll, Runde)
Roller, Gerhard	Die Vereinbarkeit der nachträglichen gesetzlichen Befristung atomrechtlicher Genehmigungen mit Art. 14 GG, in ZUR 1999, S. 244-249 (zitiert: Roller, Vereinbarkeit)
Roser, Thomas	Zur Problematik der Wiederaufarbeitung, Rechtliche Grenzen und entsorgungspolitische Probleme, in atw 1999, Heft 11, S. 650-653 (zitiert: Roser, Wiederaufarbeitung)
Roßnagel, Alexander	Zum rechtlichen und wirtschaftlichen Bestandsschutz von Atomkraftwerken –Ist ein „Ausstieg aus der Atomenergie" rechtlich möglich?-, in JZ 1986, S. 716-720 (zitiert: Roßnagel, Bestandsschutz)
Roßnagel, Alexander	Europäische Marktfreiheiten und atomrechtliche Entsorgungsvorsorge, in DÖV 1996, Heft 23, S. 984-992 (zitiert: Roßnagel, Marktfreiheiten)
Rubner, Jeanne	Plutonium macht Atommeiler unsicher –Mischoxid-Elemente und höherer Abbrand schaffen neue Probleme, in SZ vom 5.12.1991, S. 66 (zitiert: Rubner, Plutonium)
Schulte-Beckhausen, Sabine	Stromhandel – Möglichkeiten und Grenzen im neuen europäischen und nationalen Ordnungsrahmen für Energie, in RdE 1999, Heft 2, S. 51-59 (zitiert: Schulte-Beckhausen, Stromhandel)
Sendler, Horst	Anwendungsfeindliche Gesetzesanwendung – Ausstiegsorientierter Gesetzesvollzug im Atomrecht - , in DÖV 1992, Heft 5, S. 181-189 (zitiert: Sendler, Gesetzesanwendung)

Schnorbus, Axel	HEW: Vereinbarung zu Lasten Dritter, in FAZ vom 16.6.2000, S. 17 (zitiert: FAZ, 16.6.2000, S. 17, Schnorbus, HEW)
Schäfers, Manfred	Die Deutschen Stromversorger arrangieren sich mit dem Atomausstieg, in FAZ vom 16.6.2000, S. 17 (zitiert: FAZ, 16.6.2000, S. 17, Schäfers, Deutschen Stromversorger)
Scherzberg, Arno	Grundfragen des verwaltungsrechtlichen Vertrages, in JuS 1992, Heft 3, S. 205-215 (zitiert: Scherzberg, Grundfragen)
Schmidt-Preuß, Matthias	Atomausstieg und Eigentum, in NJW 2000, Heft 21, S. 1524-1529 (zitiert: Schmidt-Preuß, Atomausstieg)
Schmidt-Preuß, Matthias	Konsens und Dissens in der Energiepolitik – rechtliche Aspekte, in NJW 1995 (Band I), Heft 15, S. 985-992 (zitiert: Schmidt-Preuß, Konsens)
Schorkopf, Frank	Die „vereinbarte" Novellierung des Atomgesetzes, in NVwZ 2000, Heft 10, S. 1111-1114 (zitiert: Schorkopf, Novellierung)
Sturbeck, Werner	Wiedergewonnene Rechtssicherheit ist für RWE der größte Erfolg, in FAZ vom 16.6.2000, S. 17 (zitiert: FAZ, 16.6.2000, S. 17, Sturbeck, Rechtssicherheit)
Steinberg, Rudolf	Handlungs- und Entscheidungsspielräume des Landes bei der Bundesauftragsverwaltung unter besonderer Berücksichtigung der Ausführung des Atomgesetzes, in AöR Band 110 (1985), S. 419-446 (zitiert: Steinberg, Bundesauftragsverwaltung)
Stüer, Bernhard/ Spreen, Holger	Ausstieg aus der Atomenergie – Das Beispiel Krümmel, in NuR 1999, Heft 1, S. 16-23 (zitiert: Stüer/Spreen, Krümmel)
Stüer, Bernhard/Loges, Sandra	Ausstieg aus der Atomenergie zum Nulltarif ?, in NVwZ 2000, Heft 1, S. 9-15 (zitiert: Stüer/Loges, Nulltarif)
Wagner, Hellmut	Ausstieg ohne Realitätsbezug, in NVwZ 2000, Heft 10, S. 1140-1142 (zitiert: Wagner, Realitätsbezug)
Wagner, Hellmut	Ausstieg aus der Kernenergie? –Eine Erwiderung auf v. Hippel, ZRP 1995, 414 ff., in ZRP 1997, Heft 6, S. 225-227 (zitiert: Wagner, Ausstieg)
Warg, Gunter / Hanenburg, Erik	Atomausstieg und Internationales Recht, in JZ 2000, S. 88-92 (zitiert: Warg/Hanenburg, Atomausstieg)

Abkürzungsverzeichnis:

a.A.	anderer Ansicht
Abl. EG	Amtsblatt der Europäischen Gemeinschaften
Abs.	Absatz
AG	Aktiengesellschaft
AKW	Atomkraftwerk=Kernkraftwerk
AöR	Archiv des öffentlichen Rechts (Zeitschrift)
Art.	Artikel
AtG	Atomgesetz
AtG-E	Entwurf eines neuen Atomgesetzes
atw	Atomtechnik – Atomwirtschaft (Zeitschrift)
Aufl.	Auflage
BauONS	Bauordnung Niedersachsen
BauONW	Bauordnung Nordrhein-Westfalen
BB	Der Betriebs-Berater (Zeitschrift)
Bd.	Band
BfS	Bundesamt für Strahlenschutz
BGB	Bürgerliches Gesetzbuch
BGH	Bundesgerichtshof
Bull. EG	Bulletin der Europäischen Gemeinschaften
Bull. EU	Bulletin der Europäischen Union
BVerfG	Bundesverfassungsgericht
BVerfGE	Amtliche Sammlung der Entscheidungen des Bundesverfassungsgerichts
BVerfGG	Bundesverfassungsgerichtsgesetz
BVerwG	Bundesverwaltungsgericht
BVerwGE	Amtliche Sammlung der Entscheidungen des Bundesverwaltungsgerichts
BT-Drs.	Drucksache des Deutschen Bundestages
BImSchG	Bundes-Immissionsschutzgesetz
bzgl.	bezüglich
bzw.	beziehungsweise
ca.	zirka
CDU	Christlich Demokratische Union
CO_2	Kohlendioxid
CSU	Christlich Soziale Union
DÖV	Die Öffentliche Verwaltung (Zeitschrift)
DVBl.	Deutsches Verwaltungsblatt (Zeitschrift)
EAGV	Vertrag zur Gründung der Europäischen Atomgemeinschaft
EBM-Rl	Elektrizitätsbinnenmarkts-Richtlinie
EG	Europäische Gemeinschaft
EGV	Vertrag zur Gründung der Europäischen Gemeinschaft
EMRK	(Europäische) Konvention zum Schutze der Menschenrechte und Grundfreiheiten
EnWG	Energiewirtschaftsgesetz
EPR	European Pressurized Water Reactor
et	Energiewirtschaftliche Tagesfragen (Zeitschrift)
etc.	et cetera
EU	Europäische Union (European Union)
EuGH	Europäischer Gerichtshof
EURATOM	Vertrag zur Gründung der Europäischen Atomgemeinschaft
EVU	Energieversorgungsunternehmen
EWG	Europäische Wirtschaftsgemeinschaft
FAZ	Frankfurter Allgemeine Zeitung
FDP	Freie Demokratische Partei
GG	Grundgesetz
GGO	Gemeinsame Geschäftsordnung der Bundesministerien
gem.	gemäß
GenTG	Gesetz zur Regelung der Gentechnik
HEW	Hamburgische Electricitäts-Werke AG
h.L.	herrschende Lehre
h.M.	herrschende Meinung

HTR	Hochtemperaturreaktor
JA	Juristische Arbeitsblätter (Zeitschrift)
Jura	Juristische Ausbildung (Zeitschrift)
JuS	Juristische Schulung (Zeitschrift)
JZ	Juristenzeitung (Zeitschrift)
KKW	Kernkraftwerk = Atomkraftwerk
kWh	Killowattstunde
Mio.	Millionen
MOX	Mischoxid-(Brennelemente)
Mrd.	Milliarden
MW	Megawatt
n.F.	neue Fassung
NJW	Neue Juristische Wochenschrift (Zeitschrift)
Nr.	Nummer
NuR	Natur und Recht (Zeitschrift)
NVwZ	Neue Zeitschrift für Verwaltungsrecht (Zeitschrift)
OLG	Oberlandesgericht
PDS	Partei Demokratischer Sozialisten
RdE	Recht der Energiewirtschaft (Zeitschrift)
RSK	Reaktorsicherheitskommission
S.	Satz/Seite
s.o.	siehe oben
sog.	so genannte
SPD	Sozialdemokratische Partei Deutschlands
Slg.	Sammlung
StrSchV	Strahlenschutzverordnung
StWG	Gesetz zur Förderung der Stabilität und des Wachstums der Wirtschaft
Sv	Sievert
SWR	Siedewasserreaktor
SZ	Süddeutsche Zeitung
t	Tonnen
tWh	Terrawattstunde
u.a.	unter anderem
USA	United States of Amerika (Vereinigte Staaten von Amerika)
VDEW	Vereinigung Deutscher Elektrizitätswerke
Verf.	Verfasser
vgl.	vergleiche
WVÜ	Wiener Übereinkommen über das Recht der Verträge
z.B.	zum Beispiel
ZNER	Zeitschrift für neues Energierecht
ZRP	Zeitschrift für Rechtspolitik (Zeitschrift)
ZUR	Zeitschrift für Umweltrecht

I. Aufgabenstellung

Mit den Konsensgesprächen und der am 15. Juni 2000[1] zwischen der Bundesregierung und vier Energieversorgungsunternehmen geschlossenen Vereinbarung über die Stillegung der 19 noch in Betrieb befindlichen deutschen Kernkraftwerke (KKW) scheinen die Gegner der Nutzung der Kernenergie ihren Zielen ein großes Stück näher gekommen zu sein. Diese Vereinbarung wurde nach einem Regierungswechsel im Herbst 1998[2] geschlossen.
Zu einer sofortigen Stillegung, die größte juristische Probleme, z.B. die Frage einer möglichen Enteignung, aufgeworfen hätte, kam es nicht; vielmehr wurden Reststrommengen vereinbart.

> „1. Für jede einzelne Anlage wird festgelegt, welche Strommenge sie gerechnet ab dem 01.01.2000 bis zu ihrer Stilllegung maximal produzieren darf (Reststrommenge). Die Berechtigung zum Betrieb eines KKW endet, wenn die vorgesehene bzw. durch Übertragung geänderte Strommenge für die jeweilige Anlage erreicht ist.“[3]

Die Eckpunkte der Konsensvereinbarung sollten in einem Änderungsgesetz zum AtG umgesetzt werden. Ein Entwurf dieses Änderungsgesetzes liegt vor[4].
§ 7 Ia) AtG-E (n.F.) regelt:

> „Die Berechtigung zum Leistungsbetrieb einer Anlage zur
> Spaltung von Kernbrennstoffen zur gewerblichen Erzeugung von Elektrizität erlischt, wenn die in Anlage 3 Spalte 2 für die Anlage aufgeführte Elektrizitätsmenge oder die sich aufgrund von Übertragungen nach Absatz 1b ergebene Elektrizitätsmenge produziert ist. ...“

Diese Regelung und die weiteren Eckpunkte der Konsensvereinbarung wurden am 14.12.2001 im Bundestag gesetzlich umgesetzt, als der Gesetzentwurf des „Entwurf eines Gesetzes zur geordneten Beendigung der Kernenergienutzung zur gewerblichen Erzeugung von Elektrizität“ –Bundestag Drucksachen 14/6890 und

---

[1] Die Vereinbarung wurde erst am 11. Juni 2001 unterzeichnet. Auf Grundlage der Konsensvereinbarung entstand ein Entwurf zur Änderung des Atomgesetzes.
[2] Anstelle der Regierungskoalition von CDU und FDP stellten seit Herbst 1998 die SPD mit dem Bündnis 90/Die Grünen die Regierung.
[3] II. Nr. 1. Der Vereinbarung, S. 4.
[4] Entwurf eines Gesetzes zur geordneten Beendigung der Kernenergieenutzung zur gewerblichen Erzeugung von Elektrizität, S. 1ff; BT-Drs. 14/6890.

14/7261- durch Beschluss angenommen wurde[5]. Dieses Gesetz trat am 27.4.2002 in Kraft.

Trotzdem, oder gerade deshalb bestehen weiterhin rechtliche Fragen.

Inwieweit ist ein Ausstieg aus der Nutzung der Kernenergie durch eine einfache Vereinbarung oder Gesetz möglich?

- Bedarf es einer Verfassungsänderung?
- Wer hat die Kompetenzen hierzu?

Was muss ein „Ausstiegsgesetz" regeln? Reicht es, das Atomgesetz in seiner Zielrichtung zu ändern? Ist ein Ausstieg so zu regeln, dass er unumkehrbar wäre?

Das Ausstiegsgesetz muss mit der Verfassung zu vereinbaren sein. Die Regelung der Reststrommengen, die den Hauptkern der Vereinbarung darstellt, darf nicht gegen die Grundrechte verstoßen. Hier bietet sich eine Prüfung des Grundrechts auf Berufsfreiheit (Art. 12 GG), des Eigentumsgrundrechts (Art. 14 GG), des Grundrechts aus Art. 3 GG und allgemeiner rechtsstaatlicher Grundsätze an.

Als weitere Prüfung soll das Ausstiegsgesetz an dem Gemeinschaftsrecht gemessen werden. Verstöße gegen den EURATOM-Vertrag, den EAGV oder gegen anderes Gemeinschaftsrecht kommen in Betracht.

In letzter Zeit wieder aktuell ist die Frage nach der Wiederaufarbeitung. Deren Verbot, in § 9a I AtG n.F. geregelt, muss mit dem Gemeinschaftsrecht und der deutschen Verfassung vereinbar sein.

---

[5] Im folgenden werden die neuen Regelungen des AtG mit „AtG n.F." (neue Fassung), die alte Fassung mit „AtG a.F." bezeichnet. Bleibt es bei der alten Regelung erfolgt die Bezeichnung „AtG".

II. Einleitung

a) Historische Entwicklung der Kernenergiegewinnung in Deutschland

Nach dem 2. Weltkrieg entwickelte sich die Erforschung und Nutzung der Kernenergie zu friedlichen Zwecken. Führend waren zunächst die USA und Großbritannien. 1956 wurde das erste Kernkraftwerk in Calder Hall in Betrieb genommen. In Deutschland wurden in Karlsruhe, Jülich und Garching Forschungsreaktoren errichtet und 1961 die erste Versuchsanlage zur Stromerzeugung in Kahl am Main fertiggestellt.

Der Anteil der Kernkraft an der Stromerzeugung stieg dann stetig an.

Der Bau und die Nutzung von deutschen Kernkraftwerken fiel in eine Zeit, in der nach der Wiederaufbauphase die zunehmende Industrialisierung und Automatisierung in der Wirtschaft einen ungeheuren Hunger nach Energie auslöste[6].

Anfangs wurde die Nutzung der Kernenergie durch weite Teile der Politik unterstützt.

Selbst die damalige SPD-Opposition verlangte Maßnahmen, um das „Atomzeitalter" noch schneller zu erreichen[7].

Der Bund allein konnte und wollte[8] die flächendeckende Entwicklung der Stromerzeugung durch Kernenergienutzung nicht allein durch Verwaltungsmittel erreichen; er betrieb vielmehr eine enge und auf längere Zeit angelegte Zusammenarbeit mit der deutschen Energiewirtschaft[9].

Aber es entwickelte sich auch eine Antiatombewegung. Nach dem Einsatz zweier Atombomben im 2. Weltkrieg gegen die japanischen Städte Hiroshima am 6.8.1945 und Nagasaki am 9.8.1945 wurde das Ausmaß einer Zerstörung durch Kernwaffen deutlich. Es erfolgte ein Wettrüsten zwischen den Machtblöcken Ost und West. Gerade in dem durch viele alliierte Bombardierungen erschütterten Deutschland stieg die Angst vor solchen Vernichtungswaffen 1963 kam es dann

---

[6] Rauscher, Nutzung, S. 5.
[7] Radkau, Atomwirtschaft, S. 95 f.; 161; 424.
[8] Da im militärischen Bereich eine Nutzung von Atomwaffen/Kernforschung nicht gewollt war und auch im wirtschaftlichen Bereich der Staat nicht als Träger der Kernenergie auftreten sollte.

zum Atomteststopp-Abkommen von Moskau und fünf Jahre später folgte der Vertrag über die Nichtverbreitung von Kernwaffen.

Diese Ablehnung gegenüber Kernwaffen übertrug sich in Deutschland aber zunächst nicht auf die friedliche Nutzung der Kernenergie. Die Planung und der Bau von Kernkraftwerken waren bis in die Mitte der siebziger Jahre hinein größtenteils nicht umstritten[10]. Befürwortet wurde die friedliche Nutzung der Kernenergie nicht nur von den Liberalen und den christlichen Unionsparteien, sondern auch durch die Sozialdemokratie, die sich teilweise als Hauptträger des wirtschaftlichen und sozialen Fortschritts wähnte[11]. Es gab aber kleine Bewegungen, die eine kritischere Einstellung zum Wirtschaftswunder und zur Kernenergie hatten.

Allerdings führte der sich vergrößernde Wohlstand auch zu einer geringeren Risikobereitschaft in der Bevölkerung; Sicherheit erhielt einen höheren Stellenwert.

Eine entscheidende Wende erfuhr die Frage der Kernenergie mit den Unfällen in Anlagen in Windscarter (1957, heute Sellafield), in den USA und in der Ukraine.

In dem amerikanischen Kernkraftwerk Three Mile Island in der Nähe von Harrisburg kam es 1979 zu einem schweren Unfall. Der Reaktorkern schmolz zwar teilweise, doch wurden die radioaktiven Stoffe innerhalb des Sicherheitsbehälters zurückgehalten. Die Sicherheitsmaßnahmen hatten sich erfolgreich bestätigt, doch änderte sich das öffentliche Bewusstsein in der Weise, dass nun die Möglichkeit eines Unfalls befürchtet werden musste.

Wesentlich einschneidender war aber die Katastrophe von Tschernobyl 1986. Einer der vier Kernreaktoren des ukrainischen Kernkraftwerkes Tschernobyl wurde durch eine Explosion zerstört. Hauptursachen für die Havarie des Reaktors waren erhebliche Verletzungen der technischen Vorschriften durch das Bedienungspersonal, aber auch schwerwiegende Konstruktionsfehler des Reaktors[12]. Die großen Fehler, die beim Ausbau der Atomanlage Tschernobyl kurz vor der Havarie gemacht wurden und die Konstruktion des Reaktortyps RBMK lassen *Karisch* zu dem Schluss kommen, dass die Havarie kein „Unglück“ war, „sondern viele benennbare Ursachen hatte“[13] Der Reaktor war schlecht konzipiert, wurde in einem

---

[9] Di Fabio, Nutzung der Kernenergie, S. 1.
[10] Rauscher, Nutzung, S. 7.
[11] Rauscher, Nutzung, S. 7.
[12] Karisch, in Karisch, Tschernobyl-Schock, S. 31.
[13] Karisch, in Karisch, Tschernobyl-Schock, S. 33.

instabilem Zustand gefahren, und ein relativ gefährlicher Versuch wurde kurz vor der Havarie durchgeführt[14].

Große Mengen an radioaktiven Stoffen konnten, da ein Sicherheitsbehälter fehlte, entweichen und wurden über weite Teile Europas verstreut. Tausende Menschen erlitten Strahlenschäden und große Landstriche wurden verseucht.

Für die Öffentlichkeit wurde deutlich, dass ein sehr großes Gefährdungspotential mit enormen Schadensfolgen in der friedlichen Nutzung der Kernenergie liegt. Die eher technisch/wissenschaftlich geführte Diskussion über die Sicherheit von deutschen Kernkraftwerken wurde immer mehr zu einer emotionalen Frage, die rationale Argumente mehr und mehr verdrängte. Die Havarie fiel in Deutschland ferner mitten in die „Anti-Wackersdorf-Kampagne" der Atomkraftgegner, die wenige Wochen vorher ihren Höhepunkt mit einer Demonstration von 80.000 Teilnehmern auf dem Baugelände in der Oberpfalz erreicht hatte[15].

Mit der Etablierung der Anti-Atombewegung sank die Befürwortung der Kernenergie. Projekte wie der Schnelle Brüter in Kalkar und die geplante Wiederaufarbeitungsanlage in Wackersdorf mussten unter anderem wegen der anwachsenden Antiatom-Bewegung aufgegeben werden. Eine Wiederaufarbeitung wurde vielmehr in Frankreich und Großbritannien vorgenommen.

Das Siemens „Atomdorf" in Hanau, in dem Uran- und Plutoniumverarbeitung für Brennelemente betrieben wurde, wurde stillgelegt. In Hamm-Uentrop wurde der Hochtemperaturreaktor (HTR) aufgegeben, obwohl diese Kraftwerkslinie zukunftsweisend erschien.

Letztlich wurde die Wiederaufarbeitung nur noch von der Regierungskoalition getragen. Ein allgemeiner Energiekonsens, wie er bis in die siebziger Jahre hinein bestand, konnte danach nicht mehr etabliert werden[16]. Der massive Ausbau der Atomindustrie in Deutschland erfolgte größtenteils unter der sozialliberalen Koalition, mit der politischen Niederlage im Jahre 1983 setzten sich in der SPD nach großen Auseinandersetzungen die Kernkraftwerksgegner durch[17].

---

[14] Birkhofer, in Karisch, Tschernobyl-Schock, S. 48.
[15] Wille, in Karisch, Tschernobyl-Schock, S. 72.
[16] Wille, in Karisch, Tschernobyl-Schock, S. 72.
[17] Bayer/Huber, Rechtsfragen, Ronellenfitsch, S. 142.

Im Koalitionsvertrag der neuen Regierungsparteien wurde 1998 zwischen den Grünen und der SPD vereinbart, so schnell wie möglich aus der Atomenergie auszusteigen[18].

b) Aktueller Stand

Im Dezember 2001 befanden sich 19 Kernreaktoren (Kernkraftwerksblöcke) in Betrieb.

Die deutschen Kernkraftwerke gingen zwischen 1969 (Obrigheim) und 1989 (Neckarwestheim 2) ans Netz.

Deutsche im Betrieb befindliche KKW:

Anlage	**Beginn des kommerziellen Leistungsbetriebs**
Obrigheim	01.04.1969
Stade	19.05.1972
Biblis A	26.02.1975
Neckarwestheim 1	01.12.1976
Biblis B	31.01.1977
Brunsbüttel	09.02.1977
Isar 1	21.03.1979
Unterweser	06.09.1979
Philippsburg 1	26.03.1980
Grafenrheinfeld	17.06.1982
Krümmel	28.03.1984
Grundremmingen B	19.07.1984
Philippsburg 2	18.04.1985
Grohnde	01.02.1985
Grundremmingen C	18.01.1985
Brokdorf	22.12.1986
Isar 2	09.04.1988
Emsland	20.06.1988

[18] „Wir werden die emeuerbaren Energien verstärkt fördem, die Rahmenbedingungen schaffen, um den Energieverbrauch deutlich zu senken und so schnell wie möglich aus der Atomenergie aussteigen." ,Kapitel IV. 1. Koalitionsvereinbarung.

Neckarwestheim 2	15.04.1989

1. Funktionsweise der einzelnen Kernkraftwerkstypen

Kernkraftwerke haben mehrere Gemeinsamkeiten mit anderen Kraftwerken wie z.B. den Kohlekraftwerken, da sie mit vielen Bestandteilen ausgerüstet sind, die auch in Kohlekraftwerken zur Stromerzeugung dienen. In einem Wasser-Dampf-Kreislauf wird Wasserdampf erzeugt, der über eine Turbine strömt, und diese dann einen Generator zur elektrischen Stromerzeugung antreibt. Nach Passage der Turbine wird der Wasserdampf im Kondensator soweit abgekühlt, dass er wieder flüssig wird und ein weiteres Mal erhitzt werden kann (Kreislauf).
Ein Unterschied besteht aber in der Art, wie die Wärme zur Dampferzeugung entsteht. In einem Kohlekraftwerk wird Kohlenstaub unter hohen Temperaturen verbrannt. In einem Kernkraftwerk erzeugen heiße Stäbe (Brennstäbe), die ähnlich einem Tauchsieder das Wasser erhitzen, die erforderliche Wärme.

Im Druckwasserreaktor wird das Wasser des Primärkreislaufs in den Reaktordruckbehälter eingeleitet und zum unteren Teil des Behälters geleitet, von wo es durch den Reaktorkern nach oben strömt. Der Reaktorkern besteht aus mehreren tausend Brennstäben, die jeweils in Gruppen von 20 bis 250 zu Brennelementen zusammengefasst sind. Zwischen einige Brennstäbe können durch Führungsrohre Regelstäbe eingefahren werden, die den Betrieb des Reaktors regeln, also an- und abfahren können.
Die Brennstäbe selbst bestehen aus einem Hüllrohr, in dem sich der Brennstoff Urandioxid befindet[19]. Der Brennstoff erhitzt sich durch nukleare[20] Vorgänge und verbrennt nicht im herkömmlichen Sinne.
In einem Siedewasserreaktor (SWR) siedet das Wasser schon im Reaktordruckbehälter und strömt dann über eine Turbine. Im Unterschied hierzu siedet das Wasser des Primärkreislaufs in einem Druckwasserreaktor (DWR) nicht, da es unter hohem Druck steht[21]. In einem Wärmetauscher wird die Wärme des Primär-

[19] Zur teilweise unterschiedlichen Zusammensetzung insbesondere bei Mox-Brennelementen siehe unten.
[20] Die genaue Beschreibung der Kernspaltung würde den Rahmen dieser Arbeit sprengen.
[21] Das Wasser siedet trotz der hohen Temperaturen von über 300 Grad Celsius nicht.

kreislaufs an einen Sekundärkreislauf weitergegeben, dessen Wasser verdampft und dann den Turbosatz (Turbine und Generator) antreibt. Diese beiden Reaktortypen wurden weltweit am meisten gebaut. Anstelle des „normalen“ leichten Wassers kann aber auch schweres Wasser (D_2O)[22] als Kühlmittel und Moderator[23] verwendet werden. Vorteil dabei ist, dass Natururan ohne Anreicherung des spaltbaren Isotops U-235 als Kernbrennstoff dienen kann. Der Betrieb ist dabei günstiger, die Investitionskosten sind aber höher als bei Leichtwasserreaktoren.

Energieumwandlung in einem KKW:

Gespeicherte Energie im Uran

Kessel (bei Druckwasserreaktoren dann über Wärmetauscher)

Im Dampf gespeicherte Energie

Turbine

Rotationsenergie

Generator

Elektrische Energie

2. *Der Anteil der Kernenergie an der Stromerzeugung*

Der Anteil der Kernenergie an der Stromerzeugung in Deutschland erreichte im Jahre 1999[24] 30,8 % (170,0 von 551,4 Milliarden Kilowattstunden), danach lag der Anteil der Steinkohle bei 25, 6 % , der Braunkohle bei 24,7 %, des Erdgases 9,4 % und des Wassers bei 4,2 %. Den Primärenergieverbrauch deckte die Kernenergie

---

[22] Oder andere Flüssigkeiten oder Gase.

[23] Ein Moderator ist ein Material, mit dem schnelle Neutronen auf eine niedrige Geschwindigkeit abgebremst werden (z.B. leichtes Wasser, schweres Wasser und Graphit).

[24] Anteil der Kernenergie an der Stromproduktion 1997 35 % und 1998 33 %; siehe Quelle: VDEW http://www.strom.de/zf_sz_3_5.htm.

an vierter Stelle mit 13,1 % hinter dem Mineralöl mit 39,4 %, dem Erdgas mit 21,3 %, der Steinkohle mit 13,4 %, und der Braunkohle mit 10,3 %[25].

Die Stromerzeuger in der Europäischen Union produzierten 1999 35 % des Stroms aus Kernenergie (821 Milliarden Kilowattstunden). Dies waren knapp 13 Mrd. kWh mehr als im Vorjahr. Nach Aussage des VDEW (Vereinigung Deutscher Elektrizitätswerke) wurden durch die EU-KKW rund 500 Millionen Tonnen Kohlendioxid (CO_2) weniger produziert. Dies entspricht etwa der gesamten CO_2-Emission Großbritanniens. In Frankreich lag der Anteil der Kernenergie an der Stromerzeugung bei 75 %, in Belgien 58 %, Schweden 47 %, Finnland 33 %, Deutschland etwa 31 % (s.o.), Spanien 30 %, Großbritannien 26 % und in den Niederlande 4 %.

Außerhalb der EU produzierten 1999 Litauen 73 % und die Schweiz 35 % ihres Stroms durch Nutzung der Kernenergie.[26]

Innerhalb Deutschlands wurde 1998 in fünf von 16 Bundesländern Strom in Kernkraftwerken produziert. Spitzenreiter war dabei Schleswig-Holstein mit 78 % (1997 waren es sogar 84 %), dahinter lag Niedersachsen mit 63 % (1997: 69 %), dann Bayern mit 66 % (1997: 68), dann Hessen mit 64 % (1997: 63 %) und zuletzt Baden-Württemberg mit 61 % (1997: 63 %).[27]

Innerhalb Deutschlands wurden durch den Einsatz von Kernenergie und regenerativen Energieträgern 1998 bei der Stromproduktion etwa 185 Millionen Tonnen (1997: 193 Mio. t) CO_2 vermieden. Dabei entfielen etwa 162 Mio. t CO_2 (1997: 170 Mio. t) auf den Betrieb der 19 KKW. Die restlichen 23 Mio. t wurden durch die Nutzung von Wasser-, Wind-, Biomasse- und Sonnenenergie eingespart[28].

3. Liberalisierung des Strommarktes

Das alte Energiewirtschaftsgesetz[29] von 1935 etablierte in Deutschland geschlossene, wettbewerbsverhindernde Versorgungsgebiete, die den ansässigen EVU

---

[25] Siehe Grafik in Kernkraft in Deutschland, in FAZ vom 16.06.2000, Nr. 138, S. 17.
[26] Zahlen aus Quelle: Eurostat zu finden unter http://www.strom.de/zf_sz_36.htm.
[27] Zahlen aus Quelle: VDEW zu finden unter http://strom.de/zf_sz_3_5.htm
[28] Dabei wird davon ausgegangen, dass die CO2- freien Energieträger den Einsatz von Stein- und Braunkohle überflüssig machten; bzw. sonst von diesen Energieträgern hätten ersetzt werden müssen. Zahlen aus http://strom.de/zf_sz_34.htm.
[29] Gesetz zür Förderung der Energiewirtschaft (Energiewirtschaftsgesetz) vom 13.12.1935, RGBl. 1935 Teil I/2, S. 1451.

eine Monopolstellung gewährten, die Situation war daher geprägt von einer umfassenden Staatsaufsicht[30], die gerade im Bereich der Preiskontrolle eingriff.
Dieses alte Energiewirtschaftssystem galt bis 1998. Durch die im europäischen Bereich voranschreitende Liberalisierung sollten Innovationsfreudigkeit, Kostendruck und Serviceverbesserung als positive Effekte erreicht werden.
Zur Schaffung eines europäischen Binnenmarktes im Energiesektor und zur Verstärkung des Wettbewerbs wurde am 19. Dezember 1996 die Elektrizitätsbinnenmarkts-Richtlinie (EBM-RI)[31] erlassen.
Hauptinstrument der Richtlinie sollte dabei der freie Netzzugang sein[32], unterstützt durch Entflechtung und Transparenz der Tätigkeitsbereiche der Energieversorger und Wettbewerbsregeln auf Erzeugerebene.
Zur Umsetzung dieser Richtlinie ist recht zügig das neue Energiewirtschaftsgesetz (EnWG)[33] von 1998 am 29. April 1998 in Kraft getreten. Nach einer Ansicht wird durch dieses Gesetz wesentlich mehr Materie geregelt, als dies erforderlich gewesen wäre[34]. Ziel des Gesetzes[35] war neben der Wettbewerbseröffnung auch die Deregulierung des Energiesektors[36].
Das Energiewirtschaftsrecht wurde grundlegend geändert, die ursprünglich geschlossenen Versorgungsgebiete öffneten sich dem Wettbewerb.

Durch die Liberalisierung des Strommarktes in Deutschland sind die Strompreise stark gefallen, Deutschland liegt mit seinen Strompreisen nicht mehr im europäischen Spitzenbereich, sondern im Mittelfeld[37]. Diese Preisreduzierung geht hauptsächlich zu Lasten der Stromerzeuger, da die Durchleitungspreise größtenteils stabil geblieben sind[38].

---

[30] Eine weiter Möglichkeit der staatlichen Einflussnahme bestand in der staatlichen Kapitalbeteiligung an vielen Energieversorgungsunternehmen.
[31] Richtlinie 96/92/EG v. 19.12.1996, ABl. EG Nr. L 27/20.
[32] Erwägungsgrund Nr. 12 der Richtlinie 96/92/EG.
[33] Gesetz zur Neuregelung des Energiewirtschaftsrechts vom 24. April 1998, BGBl. 1998 I Nr. 23, S. 730-736.
[34] Schulte-Beckhausen, Stromhandel, S. 52; Schneider, Liberalisierung, S. 441 f..
[35] Eine ausführliche Besprechung der gesetzlichen Neuregelungen würde hier den Rahmen sprengen, sie findet sich bei: Kuxenko, Liberalisierung, S. 146 ff..
[36] Büdenbender, Energierechtsreform, S. 62.
[37] Hohlefelder, Kernenergie hat Zukunft, S. 109.
[38] Hohlefelder, Kernenergie hat Zukunft, S. 110 mit Preisrechnungen.

Dieser Preisdruck löst wiederum einen Kostendruck aus. Die Produktionskosten müssten demnach bei nuklearen und konventionellen Stromerzeugungsanlagen gesenkt werden. Der Spielraum ist bei konventionellen Anlagen größer, da an den Sicherheitsinvestitionen bei Kernkraftwerken nicht gespart werden kann. Der Vorsprung, den heutige KKW noch vor konventionellen Anlagen haben, wird sich dann verringern.[39]

In Deutschland lässt sich die Energieversorgung in drei Bereiche unterteilen: die Energieerzeugung in Kraftwerken, die Übertragung durch Hoch- und Höchstspannungsleitungen und die Verteilung bis zum Endverbraucher. Dabei sind die deutschen Energieversorgungsunternehmen (EVU) in drei Tätigkeitsebenen aktiv: als Betreiber von Kraftwerken, die als Verbundunternehmen auch im überregionalen Energieaustausch tätig sind, als regionale Energieversorger, die auf der Verteilerstufe die Endverbraucher und lokalen Versorgungsunternehmen beliefern und als örtliche Versorgungsunternehmen, die als kommunale Unternehmen die Endverbraucher versorgen und kleinere Erzeugungsanlagen betreiben.[40]

c) Risikoerwägungen

Die friedliche Nutzung der Kernenergie birgt mehrere Risiken in sich. Die Sozialverträglichkeit der Nutzung der Kernenergie soll hier nicht thematisiert werden, vielmehr stehen die Risiken, die durch Strahlenschäden an Menschen und Umwelt entstehen können (radiologischen Risiken), im Blickpunkt der Öffentlichkeit.

Ferner besteht auch ein Problem der Endlagerung des Atommülls, da noch kein geeignetes Endlager für den gesamten Abfall aus der Kernenergienutzung existiert und schon die Anforderungen an in solches Lager nicht abschließend feststehen.

1. Gesundheitsrisiken

Von radioaktiven Elementen ausgehende Alpha- Beta-, Gamma-, Röntgen-, oder Neutronenstrahlen (ionisierende Strahlen) können auf die Umwelt, insbesondere

---

[39] Hohlefelder, Kernenergie hat Zukunft, S. 111.
[40] Kuxenko, Liberalisierung, S. 141 f..

auf den menschlichen Organismus erheblich einwirken. Die Strahlung kann von außen oder von innen her[41] auf den menschlichen Körper einwirken. Entscheidend für die Auswirkungen radioaktiver Strahlen auf den menschlichen Körper ist die Energiedosis, wobei die Verweildauer eines Nuklids im Körper wichtig ist. Radioisotope können Krankheiten erzeugen oder Erbanlagen verändern (mutagene Wirkung). Die Erhöhung der Strahlendosis wirkt sich im statistischen Mittel bzgl. eines Schadenseintritts wahrscheinlichkeitserhöhend aus. Es gibt keine Strahlenuntergrenze, an der Strahlenschäden gänzlich auszuschließen sind[42]. Bei vererbbaren Defekten und malignen Erkrankungen wie z.B. Leukämie und Krebs geht die Strahlenschutzkommission davon aus, dass es keine Schwellendosis gibt. Die Schädigung einer einzigen Zelle kann hier genügen, Erkrankungen auszulösen[43]. Für epidemiologische Untersuchungen, ob z.B. Wohnen in der Nähe von KKW zu erhöhter Leukämiegefahr (Blutkrebs) führen kann, bestehen größte Probleme darin, dass sich die Ergebnisse nur auf eine geringe Datenmenge stützen können. Für statistisch abgesicherte Aussagen über verhältnismäßig kleine Risiken (da verschiedenste Strahlenquellen neben der Kernenergienutzung bestehen) bräuchte man eine besonders große Vergleichspersonengruppe. Da aber nur wenige Fälle von Leukämieerkrankungen z.B. in der Nähe des KKW Krümmel erfasst wurden, ist es schwierig, eine sichere Aussage darüber zu treffen, ob durch das KKW die Leukämiegefahr erhöht worden ist.

Ist die Strahlenexposition hoch, können beim Menschen somatische Frühschäden wie z.B. Hautverbrennungen, Haarausfall, Organfunktionsstörungen und Veränderungen des Blutbildes auftreten, sogar ein Exitus ist möglich. Etwa ab einer Äqui-

---

[41] Inhalation von Radionukliden mit der Atemluft oder durch Inkorporation der Radionukliden bei der Nahrungsaufnahme (Ingestion).

[42] Borgmann, Möglichkeiten, S. 46 (mit weiteren Nachweisen).

[43] Bundesregierung, Berichte über die Umweltradioaktivität und Strahlenbelastung in den Jahren 1989 und 1990, BT-Drs. 12/69, S. 11 „Bei den vererbbaren Defekten muß nur eine Keimzelle geschädigt werden, damit es nach deren Beteiligung an einer erfolgreichen Befruchtung zu einer Mutation in der Folgegeneration kommt. ... Aufgrund der vorhandenen Erkenntnisse über den Wirkungsmechanismus ionisierender Strahlung und der Entstehung der Mutationen in Keimzellen, die zu vererbbaren Defekten führen, steht es in der wissenschaftlichen Diskussion heute weitgehend außer Zweifel, daß eine Dosiswirkungsbeziehung ohne Schwellendosis existiert und damit auch bei niedriger Dosisleistung mit entsprechend geringer Wahrscheinlichkeit Mutationen auftreten können" und BT-Drs. 12/2677, S. 39 „Bei der Induktion von Leukämie und Krebs wird angenommen, daß die maligne Transformation einer Zelle ausreichend ist, um eine derartige Erkrankung zu verursachen".

valentdosis von 0,5 Sv (Sievert[44]) können Sofortschäden in Gestalt von Blutbildveränderung, Durchfall und Übelkeit auftreten. Bei einer Dosis von 2 Sv kann innerhalb weniger Wochen der Tod eintreten, etwa 5 Sv sind tödlich.[45]

Geringere Strahlenbelastungen können die DNS des Menschen schädigen, so dass bei der Zellteilung die Zellen verändert werden können; das führt zu einer Erhöhung des Krebsrisikos. Außerdem können veränderte Erbanlagen zu embryonalen Missbildungen führen. Es ist aber schwer abzuschätzen, wann es zu solchen Veränderungen kommt. Eine schwächere Strahlenbelastung führt nicht zu geringeren Schäden, sondern lässt den Schaden an sich in einer Population seltener vorkommen[46].

Da die Zellen eines jüngeren Menschen sich schneller teilen als bei einem älteren, sind jüngere Personen stärker gefährdet.

2. *Strahlenquellen*

Die ionisierende Strahlung entsteht nicht nur bei der friedlichen Nutzung der Kernenergie. Zum einen gibt es die natürliche, zum anderen die zivilisatorische Strahleneinwirkung.

Die natürliche ionisierende Strahlung, z.B. die kosmische Strahlung, die terrestrische Strahlung, die Eigenstrahlung des menschlichen Körpers durch inkorporierte radioaktive Stoffe oder Inhalation von Radon[47], wirkt auf den menschlichen Körper, ohne dass es zu erwiesenen Schäden gekommen wäre[48].

Die zivilisatorisch bedingte Strahleneinwirkung kommt im wesentlichen durch folgende Anwendungen zustande: Strahleneinsatz in der Medizin (Bereich Diagnos-

---

[44] Sievert ist eine Einheit für die Strahlendosis. Sie löste die früher übliche Einheit rem ab (1 Sv = 100 rem). Die Einheiten rem und Sievert berücksichtigen die unterschiedliche biologische Wirkung verschiedener Strahlenarten auf den Menschen.

[45] Borgmann, Möglichkeiten, S. 47.

[46] Gleiche Veränderungen sind somit zu erwarten, wenn 10.000 Personen mit 1 Sv und 1.000.000 Personen mit 1 mSv bestrahlt würden. So Borgmann, Möglichkeiten, S. 47.

[47] Die äußere Bestrahlung des Menschen macht etwa ein Drittel, die innere Bestrahlung etwa zwei Drittel der natürlichen Strahlenbelastung aus. Die innere Bestrahlung erfolgt dabei größtenteils durch die Inhalation von Radon. Siehe: Volkmer, Kernenergie Basiswissen, S. 99.

[48] Bei der Einwirkung von hohen Dosen an terrestrischer oder kosmischer Strahlung, z.B. bei langen Flügen in großen Höhen, kann es natürlich auch zu größeren Schäden kommen. Ein Nachweis, dass natürliche Strahlung für Krebserkrankungen, Missbildungen und Mutationen ursächlich ist, wurde aber nicht erbracht.

tik oder Therapie), Betrieb von kerntechnischen Anlagen, Fallout von Kernwaffenversuchen (z.B. Bikini Atoll oder Muroroa), Fallout nach dem Unfall in Tschernobyl, Anwendung von ionisierenden Strahlen in Technik und Wissenschaft, durch Störstrahler (z.B. Fernsehgeräte) und den Einsatz von radioaktiven Stoffen in verschiedenen Geräten (z.B. Leuchtzifferblatt von Uhren).[49] Einen wesentlichen Anteil an der zivilisatorischen Strahlenbelastung des Menschen liefert die Anwendung ionisierender Strahlen in der Röntgendiagnostik. Im Jahr 1988 betrug für einen Einwohner der Bundesrepublik Deutschland die mittlere effektive Äquivalentdosisleistung etwa 4 mSv/a, davon ca. 2,4 mSv/a natürliche Strahleneinwirkung, ca. 1,55 mSv/a zivilisatorische Strahleneinwirkung und ca. 0,04 mSv/a Strahleneinwirkung durch den Reaktorunfall in Tschernobyl. Die natürliche Strahlenbelastung schwankte dabei zwischen 1,5 mSv/a und 4 mSv/a. Somit ergab sich eine Gesamtbelastung zwischen 3,1 mSv/a und 5,6 mSv/a.[50]

Unklar ist, wie viel künstliche Strahlung der menschliche Körper neben der natürlichen Strahlung ohne Erkrankungen oder Erbschäden verträgt.
Der Nachweis von Veränderungen in Erbanlagen lässt sich wegen der späten Auswirkungen nur schlecht führen. Gerade diese Unsicherheit ist für teilweise bestehende Angst vor der künstlichen Strahlung ursächlich.

Der Schutz vor künstlicher Strahlung wird u.a. in der StrSchV (Strahlenschutzverordnung) normiert.
Die Strahlenschutzgrundsätze sind in § 28 I StrSchV festgeschrieben:

> „(1) Wer eine Tätigkeit nach § 1 dieser Verordnung ausübt oder plant, ist verpflichtet,
>
> 1. jede unnötige Strahlenexposition oder Kontamination von Personen, Sachgütern oder der Umwelt zu vermeiden,
> 2. jede Strahlenexposition oder Kontamination von Personen, Sachgütern oder der Umwelt unter Beachtung des Standes von Wissenschaft und Technik und unter Berücksichtigung aller Umstände des Einzelfalles

[49] Volkmer, Kernenergie Basiswissen, S. 100.
[50] Volkmer, Kernenergie Basiswissen, S. 105.

auch unterhalb der in dieser Verordnung festgesetzten Grenzwerte so gering wie möglich zu halten."

Es ergibt sich somit ein Minimierungsgebot für die Strahlenexposition, das auch weltweit in dem ALARA-Prinzip (as low as reasonably achievable) anerkannt ist[51].

Des weiteren soll hier untersucht werden, in welchen Bereichen bei der friedlichen Nutzung der Kernenergie Strahlung auftreten kann.

Die Gefahr, einer künstlichen Strahlung ausgesetzt zu werden, besteht bei der friedlichen Nutzung der Kernenergie in mehren Phasen.

In der ersten Phase, der Brennstoffgewinnung, wird der Uranbrennstoff als Uranerz im Tagebau oder unter Tage gewonnen. Das abgebaute Gestein enthält meist nur 0,5 % Uranoxid, dieses wird durch Säuren oder Laugen aus dem Gestein gelöst. Es entsteht das Konzentrat Ammoniumdiuranat (bei Säuren als „Yellow Cake", wegen der gelben Farbe bekannt). Dieses enthält 70 bis 90 % Natururan und wird für die weitere Verarbeitung dem Transport zugefügt. Bei diesem gesamten Gewinnungsprozess werden radioaktive Stoffe freigesetzt[52].

Für den Betrieb von Leichtwasserreaktoren wird das Uranisotop U-235 benötigt. Da dieses im Natururan lediglich zu etwa 0,7 % vorhanden ist, wird der Anteil von Uran 235 künstlich durch Urananreicherung auf 3,5 % erhöht. Der „Yellow Cake" wird in Uranhexafluorid (UF_6) konvertiert. Das Gewicht der U-235 F_6-Moleküle ist etwas geringer als das der U-238 F_6-Moleküle, so dass durch den Einsatz von Zentrifugen der erforderliche Anteil erreicht werden kann. Gefahr besteht bei diesem Vorgang durch eine mögliche Freisetzung des UF_6. Diese erfolgt im Normalbetrieb aber nicht. Die chemische Toxizität des Uranhexafluorids ist dabei wesentlich gefährlicher als eine mögliche radioaktive Strahlung[53].

---

[51] BT-Drs. 13/11350, S. 42. Mit weiterem Hinweis auf das Verhältnismäßigkeitsprinzip, „... das als Verfassungsgrundsatz stets zu berücksichtigen ist".

[52] Zur Folgeproblematik des Uranbergbaus im Bereich Wismut siehe BT-Drs. 14/4104, S. 7 f., BT-Drs. 14/2358, S. 7 und BT-Drs. 14/6905, S. 11. Zu den Risiken des Uranabbaus allgemein, Borgmann, Möglichkeiten, S. 51 ff..

[53] Borgmann, Möglichkeiten, S. 55.

Die Brennelemente der Leichtwasserreaktoren werden aus bis zu 250 Brennstäben assembliert (zusammengesetzt). Die Brennstäbe sind gasdicht verschweißte Rohre aus einer hochfesten Zircaloylegierung mit einer Länge von etwa 4 m und einem Durchmesser von etwa 11 mm. Im Normalfall enthalten Brennstäbe den Kernbrennstoff Urandioxid (UO_2) in Form von Brennstofftabletten mit einer Länge von 10 bis 15 mm und einem Gewicht von etwa 10 Gramm (Pellets).
Aus dem angereicherten Uranhexafluorid wird chemisch Urandioxid gewonnen, in Tabletten gepresst und bei etwa 1700 Grad Celsius verfestigt.[54]
Es werden aber auch Brennelemente, die anstelle von U-235 mit Plutoniumoxid angereichert sind, als Mischoxid-(MOX)-Brennelemente verwendet. Dadurch reduziert sich der Plutoniumabfall um etwa ein Drittel. Ein Nachteil sind die wesentlich höheren Kosten als bei der „normalen" Brennelementeherstellung[55].
Gefahren bestehen insbesondere bei unverantwortlichem Umgang mit radioaktiven Abfällen und Unfällen bei der Herstellung von MOX-Brennelementen[56]

Letztendlich bestehen Risiken bei dem Betrieb eines Kernkraftwerkes[57]. Im Normalbetrieb tritt ionisierende Strahlung durch die Kernspaltung auf, die Spaltprodukte sind meist radioaktiv und strahlen ionisierende Strahlung während des Zerfallsprozesses aus. Auch inaktives Material wie das Kühlmittel oder der Reaktorkern werden aktiviert durch ständigen Kontakt mit radioaktivem Material. Dies führt dazu, dass auch bei vollständig planmäßigem Betrieb des Reaktors geringe Radioaktivität austritt. Z.B. kann bis heute das in Wassermolekülen gebundene radioaktive Tritium nicht restlos aus dem Abwasser beseitigt werden. Daneben werden radioaktiven Edelgase Krypton und Xenon und das leichtflüchtige Jod ne-

---

[54] Borgmann, Möglichkeiten, S. 55 f..
[55] Zur Ableitung radioaktiver Stoffe aus kernbrennstoffverarbeitenden Betrieben in den Jahren 1998 und 1999 siehe BT-Drs. 14/2358, S. 34 und BT-Drs. 14/4104, S. 34.
[56] Auflistung einiger Zwischenfälle in den Hanauer Brennelemente-Werken findet sich bei Borgmann, Möglichkeiten, S. 57 ff..
[57] Eine Zusammenstellung der Bevölkerungszahlen in der 25 km-Zone um deutsche und grenznahe ausländische Anlagen findet sich bei BT-Drs. 11/755, S. 34, Anlage 2. Beispielsweise lebten um Hanau 1986 ca. 1.383.000 Menschen, um Phillipsburg ca. 956.000 Menschen und um Cattenom ca. 21.000.

ben verschiedenen Aerosolen mit der Abluft freigesetzt[58]. Diese Emissionen[59] sind aber vernachlässigbar.

Im Ergebnis liegen die Jahresableitungen[60] im allgemeinen deutlich unter den Grenzwerten, die für jedes KKW separat behördlich genehmigt wurden[61], oft sogar bei nur wenigen Prozent der Grenzwerte; die daraus berechneten Werte der Strahlenexposition der Bevölkerung sind in der Regel kleiner als 10 % der in der Strahlenschutzverordnung festgelegten Dosisgrenzwerte.[62]

Als besonders gefährlicher Stoff ist Plutonium einzustufen. Plutonium entsteht, wenn Neutronen von dem nicht spaltbaren Uran–Isotop 238 eingefangen werden. In einem Leichtwasserreaktor wandeln sich etwa 1 % der U-238 Atome innerhalb von 3 Jahren in Plutonium um. Das Plutonium-Isotop 239 hat eine Halbwertszeit von 24.110 Jahren. Seine Alpha-Teilchen haben im menschlichen Organismus eine karzinogene Wirkung. Ein Millionstel Gramm Plutonium 239 kann akute Lungenschäden oder Lungenkrebs verursachen.[63]

3. Sicherheitskonzepte-Stand der Technik

aa) Konstruktion der KKW / Sicherheitssysteme

Um sicherzugehen, dass beim Betrieb eines KKW die zulässige Strahlendosis zum Schutz der Bevölkerung und des Betriebspersonals von KKW nicht überschritten wird, sind KKW so konstruiert, dass die radioaktiven Quellen abgeschirmt

---

[58] Borgmann, Möglichkeiten, S. 63; Gespräch mit Horst Feidle bei einem Besuch im KKW-Grafenrheinfeld.

[59] Eine tabellarische Auflistung der Ableitung radioaktiver Stoffe mit der Fortluft aus deutschen KKW im Jahre 1996 findet sich in BT-Dr. 13/11350, S. 46, Tabelle 15-2; Eine tabellarische Auflistung der Ableitung radioaktiver Stoffe mit dem Abwasser aus deutschen KKW im Jahre 1996 findet sich in BT-Drs. 13/11350, S. 47, Tabelle 15-3; Ferner BT-Drs. 14/4104, S. 32 f.; BT-Drs. 14/2358, S. 29 ff.. Daten für das Jahr 2000 siehe BT-Drs. 14/6905, S. 15 f..

[60] Die Exposition (der Strahlendosis) im Normalbetrieb der KKW ist nicht messbar, es werden aber Werte von unter 10 Mikro-Sievert pro Jahr geschätzt. So Atomforum, Strahlung, S. 1.

[61] Aus den ermittelten Werten der Jahre 1998, 1999 und 2000 für die Ableitung radioaktiver Stoffe durch kerntechnische Anlagen mit der Abluft oder dem Abwasser geht hervor, dass die festgelegten Höchstwerte (für jährliche Emissionen) in allen Fällen eingehalten worden sind. So BT-Drs. 14/2358, S. 14, BT-Drs. 14/4104, S. 13 und BT-Drs. 14/6905, S. 14.

[62] BT-Drs. 13/11350, S. 45.

[63] Rubner, Plutonium, S. 66; Roll, Runde, S. 3; in SZ vom 10.8.1993, S. 5, dw, Plutonium.

werden. Die Strahlendosis wird ständig überwacht, und die Zugänglichkeit von Räumen mit erhöhtem Strahlenpegel wird beschränkt.[64]

Schleusen, Unterdruckhaltung und Kontrollen sollen verhindern, dass radioaktive Luft unkontrolliert austritt oder radioaktives festes Material aus dem KKW verschleppt wird.

Innerhalb des KKW bestehen mehrere Sicherheitsbarrieren, um das radioaktive Material von der Umwelt fernzuhalten. Die Spaltprodukte werden im Atomgitter des Urandioxids, das als Brennstoff dient, festgehalten. Die gasförmigen Spaltprodukte werden im gasdichten Hüllrohr eingeschlossen. Die gesamten Brennelemente werden vom Reaktordruckbehälter umgeben, der nukleare Teil der Anlage wird wiederum von einem druckfesten, dichten Stahl-Sicherheitsbehälter umschlossen. Ferner ist bei bundesdeutschen Anlagen der Sicherheitsbehälter zusätzlich von einem dickwandigen Stahlbetonmantel umgeben, der sogar einen Düsenjägerabsturz überstehen soll.[65] Die Alpha- und Betateilchen werden bereits annähernd zu 100 % durch die Metallwand der Brennstäbe und das sie umgebende Wasser zurückgehalten. Die Gamma- und Neutronenstrahlen werden beim Durchdringen des stählernen Reaktordruckbehälters deutlich abgeschwächt und dann durch den 2 m dicken Stahlbetonmantel, der den Reaktorbehälter umgibt, nahezu vollständig abgeschirmt. Die ursprüngliche Direktstrahlung wird dadurch auf ein Billionstel reduziert.[66]

Die Betreiber der KKW müssen die Umgebung der Kraftwerke ständig auf austretende Radioaktivität überwachen[67].

Das Atomgesetz regelt das genaue Verfahren der Genehmigung, des Baus und des Betriebs eines KKW.

Nicht nur die ständigen Sicherheitsüberprüfungen sollen die Sicherheit erhöhen, sondern auch die Störfallvorausplanung spielt eine wichtige Rolle.

Redundante Sicherheitssysteme, wie z.B. mehrere unabhängig voneinander funktionierende Notkühlsysteme, sollen mögliche Ereignisse kontrollierbar werden lassen.

---

[64] IK, Nutzen der Kernkraft, S. 22.
[65] IK, Nutzen der Kernkraft, S. 22.
[66] Volkmer, Radioaktivität, S. 84.

Die Notfallplanung befasst sich auch mit möglichen Vorfällen, bei denen z.B. die Kühlung komplett ausfällt. Dann käme es zur Kernschmelze; der Sicherheitsbehälter soll dann aber den massiven Austritt von Radioaktivität verhindern.[68]
Die Reaktortechnik wird in Deutschland fortwährend weiterentwickelt. Siemens z.B. entwickelt weitere Reaktorlinien, die nach eigenen Angaben ein erhöhtes Sicherheitsniveau aufweisen, wie z.B. den SWR-1000 und zusammen mit Framatome den European Pressurized Water Reactor (EPR)[69].

bb) Notfallvorsorge

Über die beherrschbaren Auslegungsstörfälle hinaus besteht in Deutschland eine Notfallvorsorge bei schweren Störfällen.
Auswirkungen auf die Umgebung sollen verhindert oder zumindest verringert werden. Dies geschieht im Rahmen des anlageninternen Notfallschutzes[70], der im Verantwortungsbereich des Betreibers liegt und des Katastrophenschutzes[71] im Kompetenzbereich der einzelnen Bundesländer. Die zuständigen Landesbehörden stimmen dabei ihre Planungen mit den Betreibern der KKW ab.
Den rechtlichen Rahmen hierfür bilden das AtG, die Strahlenschutzverordnung, die Katastrophenschutzgesetzgebung der einzelnen Bundesländer und das Strahlenschutzvorsorgegesetz. Es bestehen ferner Richtlinien und Empfehlungen.[72]

4. Der Risikobegriff / Die Risikobewertung

Im Rahmen der Diskussionen über die Sicherheit der friedlichen Nutzung der Kernenergie spielt die Einschätzung der von ihr ausgehenden Risiken eine entscheidende Rolle. Dabei werden unterschiedliche Risikobegriffe verwendet und diese auch nicht einheitlich definiert.

---

[67] Außerdem überwachen auch amtliche Stellen die deutschen KKW.
[68] IK, Nutzen der Kernkraft, S. 23.
[69] Voges, Kernenergie hat Zukunft, S.98.
[70] BT-Drs. 13/11350, S. 50.
[71] BT-Drs. 13/11350, S. 51.
[72] BT-Drs. 13/11350, S. 49.

aa) Risikobegriff in der Praxis

In der Praxis war der Gefahr- und Risikobegriff und der sich hieraus ergebende Umfang des Tatbestandes des § 7 II Nr. 3 AtG nicht eindeutig geklärt. Mit dem Wyhl-Urteil des BVerwG[73] trat ein Klärung ein.
Demnach besteht der Begriff des Risikos aus zwei Komponenten:

> Der Eintrittswahrscheinlichkeit eines bestimmten Ereignisses und dem daraus resultierenden Ausmaß des potentiellen Schadens[74].

In der staatlichen Genehmigungspraxis erfolgte meist eine Beschränkung des Tatbestandes des § 7 II Nr. 3 AtG auf die Gefahrenabwehr[75].
Für das technische Sicherheitsrecht wird der polizeiliche Gefahrenbegriff aber erweitert. Die Schadenswahrscheinlichkeit ist nicht nur nach der allgemeinen Lebenserfahrung, sondern auch nach dem Stand der wissenschaftlichen Erkenntnis zu prognostizieren[76]. Nimmt die Gefahr ab, so verringern sich die zu treffenden Maßnahmen. Die Gefahrenabwehr findet letztendlich ihre Grenze an den Dosiswerten des § 45 StrlSchV.
Eine weitere Restrisikominimierung liegt im Ermessen der Genehmigungsbehörde und endet, sobald der zu erreichende Sicherheitsgewinn nur noch mit unverhältnismäßigem Aufwand zu erreichen ist[77].

bb) Risikobegriff der Literatur

In der Literatur wird diskutiert, die Gefahrenabwehr im Tatbestand des § 7 II Nr.3 AtG um eine gefahrenunabhängige Risikovorsorge zu erweitern.
Nach *Breuer* soll auch unterhalb der Schädlichkeitsschwelle eine Pflicht zur Risikovorsorge bestehen[78]. Dies ergebe sich aus dem vorsichtigen Gesamtcharakter

---

[73] BVerwGE 72, 300 (301,315 f.).
[74] Stüer/Spreen, Krümmel, S. 18; Bender, Gefahrenabwehr, S. 1425: "Bekanntlich umfaßt der Begriff des Risikos zwei Komponenten: -einmal die „Eintrittswahrscheinlichkeit", im technischen Bereich also die (mehr oder weniger exakt quantifizierbare) Wahrscheinlichkeit des Versagens einer Anlagenkomponente oder eines Anlagensystems bzw. der Wahrscheinlichkeit des Eintritts bestimmter (anlageninterner) Störfallabläufe, -zum anderen das „potentielle Schadensausmaß", also Art und Ausmaß der (anlagenexternen) Schäden, die vom Eintritt des nicht beherrschten Störfalles mit diesem oder jenem Wahrscheinlichkeitsgrad verursacht werden könnten."
[75] Hohlefelder, Gefahrenabwehr, S. 394; Ossenbühl, Vorsorge, S. 162 u. 168.
[76] Steinberg, in Schneider/Steinberg, Schadensvorsorge, S. 18.
[77] Steinberg, in Schneider/Steinberg, Schadensvorsorge, S. 19.

des Atomgesetzes[79] und auch aus der vergleichbaren Regelung des § 5 Nr. 2 BImSchG[80]. Dabei soll die Grenze zwischen erforderlicher Gefahrenabwehr und gefahrenunabhängiger Risikovorsorge dort gezogen werden, wo ein Schadenseintritt nach Erkenntnis der führenden Naturwissenschaftler und Techniker nicht mehr vorstellbar und damit praktisch ausgeschlossen ist[81]. Technische Risiken sollen anhand ihrer erkannten oder nicht erkannten Gefahrenqualität unterschieden werden[82]. Bei den erkannten Risiken besteht unabhängig von der Eintrittswahrscheinlichkeit ein positiv feststellbarer Kausalzusammenhang zwischen dem Störfallereignis und der Schadensfolge. Dieser Kausalzusammenhang lässt sich gerade bei der nicht erkannten Gefahrenqualität weder feststellen noch ausschließen.[83]
Nach *Bender* muß gegen erkannte Risiken mit erheblichem Schadensausmaß, auch wenn deren Eintrittswahrscheinlichkeit sehr gering ist, Gefahrenabwehr betrieben werden. Er begründet dies mit den möglichen katastrophalen Auswirkungen.[84]

cc) Risikobegriff des BVerfG

Das BVerfG erläutert seinen Risikobegriff im Kalkar-Urteil[85]:

> „... Diese Überlegungen gelten auch im Hinblick auf das sogenannte Restrisiko, das im Rahmen des § 7 Abs. 2 Nr. 3 AtomG in Betracht zu ziehen ist. Während diese Vorschrift, wie noch darzulegen ist, einen Restschaden aus der Errichtung oder dem Betrieb einer Anlage nicht in Kauf nimmt, läßt sie Genehmigungen dann zu, wenn die Wahrscheinlichkeit eines künftigen Schadens nicht mit letzter Sicherheit auszuschließen ist. Das Gesetz trifft nicht selbst die Bestimmungen darüber, welches Restrisiko für die Erteilung einer Genehmigung noch hingenommen werden darf; für bestimmte Risiko-

---

78 Breuer, Gefahrenabwehr, S. 836.
79 OVG Lüneburg, Beschl. v. 22.11.1976, DVBl. 1977, Heft 7, S. 340-345 (341).
80 Breuer, Gefahrenabwehr, S. 836.
81 Breuer, Gefahrenabwehr, S. 836.
82 Stüer/Spreen, Krümmel, S. 18.
83 Bender, Gefahrenabwehr, S. 1426.
84 Bender, Gefahrenabwehr, S. 1428: „Ist das verbleibende Risiko trotz einer minimalen Ablaufwahrscheinlichkeit wegen etwaiger katastrophaler Unfallfolgen zu gewichtig und läßt es sich nicht mehr wesentlich mindern, so ist die Erteilung der Genehmigung unzulässig."
85 In diesem Urteil stellte das BVerfG die Verfassungsmäßigkeit des § 7 AtG a.F., soweit dieser die Genehmigung von KKW des Typs des sogenannten Schnellen Brüters zuließ, fest (BVerfGE 49, 89 [91]). In Kalkar sollte eine Schneller Brutreaktor wirtschaftlich genutzt werden.

bereiche enthält es insoweit Ermächtigungen zum Erlaß von Rechtsverordnungen (vgl. §§ 10 bis 12 AtomG). Das Gesetz überläßt es damit weithin der Exekutive, ... , über Art und insbesondere über das Ausmaß von Risiken, die im Einzelfall hingenommen oder nicht hingenommen werden, zu befinden ..."[86]

In dem Beschluss wird weiterhin deutlich, dass die Exekutive bei den Genehmigungen auf die bestmögliche Gefahrenabwehr und Risikovorsorge verpflichtet ist:

„... und daß die Wahrscheinlichkeit des Eintritts eines Schadensereignisses, die bei der Genehmigung hingenommen werden darf, so gering wie möglich sein muß, und zwar um so geringer, je schwerwiegender die Schadensart und die Schadensfolgen, die auf dem Spiel stehen, sein können ..."[87]

Dabei sah das BVerfG Genehmigungen nur dann als zulässig an, wenn Schadensereignisse nach dem Stand von Wissenschaft und Technik praktisch ausgeschlossen erscheinen[88], also ausreichend unwahrscheinlich sind.

„... Ungewißheiten jenseits dieser Schwelle praktischer Vernunft haben ihre Ursache in den Grenzen des menschlichen Erkenntnisvermögens; sie sind unentrinnbar und insofern als sozial-adäquate Lasten von allen Bürgern zu tragen. ..."[89]

Diese Ungewissheiten sind daher nach Auffassung des BVerfG als Restrisiko hinzunehmen.

<u>dd) Neuere Ansicht des BVerwG</u>

Das BVerwG entfernte sich in seinem Wyhl-Urteil[90] von den Feststellungen des BVerfG. Die Vorsorge in § 7 II Nr. 3 AtG umfasst demnach neben der Abwehr von Gefahren auch solche Schadensmöglichkeiten, die nach heutigem Wissensstand nicht beurteilt werden können und insoweit nur einen Gefahrenverdacht bzw. ein Besorgnispotential darstellen[91]. Dieses Besorgnispotential wurde erstmals in den §

[86] BVerfGE 49, 89 (137 f.).
[87] BVerGE 49, 89 (138).
[88] BVerfGE 49, 89 (143).
[89] BVerfGE 49, 89 (143).
[90] BVerwGE 72, 300.
[91] BVerwGE 72, 300 (301, 315 f.).

7 II Nr. 3 AtG hineingenommen und nicht nur im Rahmen des Versagungsermessens berücksichtigt[92].

ee) Risikostudien

Seit Beginn der Nutzung der Kernenergie wird versucht, das Risiko dieser neuartigen Technik anhand von Studien konkret zu berechnen.
Der sog. Brookhaven-Bericht[93] aus dem Jahre 1957 beschäftigte sich im wesentlichen mit der Erforschung des maximalen Schadensausmaßes beim Auftreten von Störfällen. Hier sollten versicherungstechnische Fragen geklärt werden; berechnet wurde aber nicht die Größe des Risikos, da der Bericht keine Aussagen über die Eintrittswahrscheinlichkeiten enthielt. Mit dieser Frage beschäftigte sich erst der amerikanische Rasmussen-Report von 1975[94]. Diese Studien waren aber nicht auf die deutschen Verhältnisse übertragbar, da die deutschen Reaktorentypen sich von den amerikanischen unterschieden, und auch die deutsche Bevölkerungsdichte nicht mit der amerikanischen Bevölkerungsdichte vergleichbar war.[95]

Maßgeblich in Deutschland sind die Risikostudien der Gesellschaft für Reaktorsicherheit in Phase A (1979) und Phase B (1989). Hierfür wurde weitgehend die amerikanische Studienmethodik übernommen, als Referenzkraftwerk wurde Biblis B herangezogen, und die deutschen Gegebenheiten wurden besonders berücksichtigt (z.B. Bevölkerungsdichte). Die Phase A errechnete für die nicht beherrschten Ereignisabläufe insgesamt eine Häufigkeit von $9*10^{-5}$ pro Jahr. Das Ergebnis der Phase B beträgt $3*10^{-5}$ pro Jahr, ist also um ca. den Faktor 3 geringer.[96]
Unter Berücksichtigung anlageninterner Notfallmaßnahmen kommt es zu Kernschmelzen unter niedrigem Druck mit einer Häufigkeit von $4*10^{-6}$ und zu Kernschmelzen unter hohem Druck von $5*10^{-7}$ pro Jahr[97].

---

92 Steinberg, in Schneider/Steinberg, Schadensvorsorge, S. 30. Im Stade-Urteil des BVerwG (BVerwGE 61, 256 (263)) wurden Besorgnispotentiale nur im Versagungsermessen berücksichtigt.
93 Zitiert nach: Atomforum, Sicherheit, S. 5
94 Von Prof. Rasmussen vom Massachusetts Institute of Technology vorgelegt (Reaktor Safety Study, WASH 1400), zitiert nach: Atomforum, Sicherheit, S. 5.
95 Atomforum, Sicherheit, S. 5.
96 Atomforum, Sicherheit, S. 6.
97 Atomforum, Sicherheit, S. 6.

Festhalten lässt sich, dass das Eintreten von nicht beherrschten Ereignisabläufen sehr unwahrscheinlich ist.

ff) Ergebnis:

Das Risiko hat sich mangels entscheidender neuer Erkenntnisse nicht grundlegend verändert. Vielmehr liegt teilweise eine Neubewertung der schon bestehenden Risiken vor, was auf geänderte politische Verhältnisse in Deutschland zurückzuführen ist.
So bewertet die Regierungskoalition aus SPD und den Grünen, die Kernenergienutzung wegen „... ihrer großen Sicherheitsrisiken mit der Gefahr unübersehbarer Schäden... (als) nicht zu verantworten“[98]. Ob dies aber bedeutet, dass neue Risikofaktoren eine gänzlich neu einzuschätzende Risikolage ergeben, ist fraglich. Nach einer Meinung[99] wurde die Wahrscheinlichkeit eines Unfalls in Kernkraftwerken bislang unterschätzt. Die bisherigen probabilistischen Methoden (Wahrscheinlichkeitsberechnungen) zur Berechnung des Risikos kommen zu unterschiedlichen Ergebnissen, was u.a. durch die unterschiedlichen Rahmenbedingungen und Berechnungsmethoden bedingt ist. *Koch/Roßnagel* kritisieren, dass in den bisherigen probabilistischen Studien nur bekannte Versagensfälle, jedoch menschliches Versagen, Störungsmaßnahmen Dritter, Terrorismus, Sabotage und Krieg eben nicht berücksichtigt würden[100]. Neuere Risikostudien bewerteten „... innerhalb der Risikorelation das Gewicht des Schadenspotentials erheblich höher ...“[101] Ferner ist auch der Hinweis auf die ungeklärte Frage der dauerhaften Entsorgung berechtigt.

Es kann aber nicht von einer grundsätzlichen Veränderung der Risikosituation seit Beginn der Kernenergienutzung ausgegangen werden; heute ins Feld geführte Probleme waren zumindest in ihren Grundlagen schon seit Beginn der Kernenergienutzung bekannt.

---

[98] Kapitel IV, Nr. 3.1 Koalitionsvertrag.
[99] Koch/Roßnagel, Energiepolitik, S. 3.
[100] Koch/Roßnagel, Energiepolitik, S. 3.
[101] Hier wurden die Deutsche Risikostudie Kernkraftwerke, Phase A (Gesellschaft für Reaktorsicherheit [GRS], Deutsche Risikostudie Kernkraftwerke, Phase A, 1979, Hauptband) mit der Deutschen Risikostudie Kernkraftwerke, Phase B miteinander verglichen; Koch/Roßnagel, Energiepolitik, S. 3.

Die Veränderung der Sicherheitsphilosophie ist daher nicht auf grundlegende neue Erfahrungen oder Erkenntnisse, die eine neue Risikoeinschätzung erforderte, gestützt, sondern begründet sich in der Neubewertung alter Fakten[102].

[102] Ossenbühl, Verfassungsrechtliche Fragen, S. 48.

III. Administrativer Ausstieg

Der Ausstieg aus der friedlichen Nutzung der Kernenergie könnte durch einen gesetzlichen Ausstieg (s.u.) oder durch administrative Maßnahmen ohne eine Veränderung des Atomgesetzes versucht werden.

a) Einleitung

Gerade zu Zeiten einer für die Nutzung der Kernenergie eintretenden Bundesregierung[103] (bis 1998) wurde der administrative Ausstieg aus der friedlichen Nutzung der Kernenergie diskutiert. Es ergaben sich Konflikte zwischen der Bundesregierung und Bundesländern, die einen Ausstieg befürworteten.

Die Normen des AtG über die Genehmigungsrücknahme (§ 17 II AtG), den Genehmigungswiderruf (§ 17 III Nr. 2 AtG[104]) oder über den obligatorischen Widerruf (§ 17 V AtG) sollten „ausstiegsorientiert[105]" von den durch die Opposition regierten Bundesländer ausgelegt werden[106]. Z.B. sah man den Entsorgungsnachweis durch die Wiederaufarbeitung als nicht erbracht an.

Es war vorgesehen, den ausstiegsorientierten Vollzug durch eine variable Sicherheitsphilosophie, also einer Neubewertung der Risiken, ohne dass neue Erkenntnisse bestanden, durchzuführen. Auch der Restrisikobereich sollte von der Risikovorsorge umfasst werden; dies hätte immense Kosten für die Betreiber verursacht. Der damals zuständige Bundesminister[107] musste des öfteren die vollzugsunwilligen Bundesländer anweisen, Genehmigungen etc. zu erteilen. Diese Weisungen bestätigte das BVerfG[108], und die Genehmigungsverfahren konnten weitergeführt werden.

---

[103] Bei einer CDU/CSU/FDP Koalition im Bundestag.

[104] Dieser löst regelmäßig Entschädigungspflichten nach § 18 AtG aus.

[105] Sendler hat den Begriff „ausstiegsorientierten Gesetzesvollzug" geprägt, Sendler, Gesetzesanwendung, S. 182.

[106] Grundlegend: Bender, Abschied, 814 ff.; Rodi, Grundlagen, S. 13.

[107] Zum Weisungsrecht allgemein und zu den ergangenen bundesaufsichtlichen Weisungen siehe Büdenbender/Heintschel von Heinegg/Rosin, Energierecht I, S. 725 ff., Rn. 1281 ff..

[108] BVerfGE 81, 310(330 ff.); 84, 25(31 ff.).

Nach Art. 85 II bis IV GG konnte die bisherige Bundesregierung durch Weisungen und Konkretisierungen einen Ausstieg durch Erschwerung des Vollzugs des Atomgesetzes noch verhindern[109].

Der Gesetzgeber hatte 1959 zur Klärung aller Fragen bezüglich der friedlichen Nutzung der Kernenergie ein Gesetz über die friedliche Verwendung der Kernenergie und den Schutz gegen ihre Gefahren (Atomgesetz[110]) erlassen. Mit dem AtG hat der Gesetzgeber zumindest grundsätzlich seine Zustimmung zur wirtschaftlichen Nutzung der Kernenergie erkennen lassen.
In § 1 AtG a.F. war neben der Förderung dieser Technologie auch der vorrangige Zweck des Schutzes von Leben, Gesundheit und Sachgütern vor den Gefahren der Kernenergie und der mit ihr verbundenen Strahlung aufgeführt.
Der § 7 AtG a.F. war als präventives Verbot mit Erlaubnisvorbehalt ausgestaltet. Er fasste die Genehmigungsvoraussetzungen zusammen. Dabei wird der zuständigen Behörde aber aufgrund der besonderen Gefahren ein Versagungsermessen eingeräumt.
Lag ein genehmigungsbedürftiges Vorhaben gem. § 7 I AtG a.F. vor, waren die Voraussetzungen des § 7 II Nr. 3 AtG zu erfüllen. Demnach bedurfte es für eine Genehmigung der nach dem Stand von Wissenschaft und Technik erforderlichen Vorsorge gegen Schäden. Diese Formulierung war für die Zukunft offen gehalten. Es wurde ein dynamischer Grundrechtsschutz mit bestmöglicher Verwirklichung des Schutzzwecks erreicht. Diese Klausel ist vom BVerfG als rechtmäßig bestätigt worden:

> „5. Die in die Zukunft hin offene Fassung des § 7 Abs. 2 Nr. 3 AtomG dient einem dynamischen Grundrechtsschutz. Sie hilft, den Schutzzweck des § 1 Nr. 2 AtomG jeweils bestmöglich zu verwirklichen"[111]

Diese Generalklausel zog zwar weitreichende grundrechtsbetreffende Auswirkungen nach sich, dem Grundsatz des Gesetzesvorbehaltes gem. Art. 20 III GG wurde aber mit dem Erlass des Atomgesetzes genüge getan[112].

---

109 Di Fabio, Ausstieg, S. 6.
110 Atomgesetz vom 23. Dezember 1959 (BGBl. I, S. 814) in der Fassung der Bekanntmachung vom 15. Juli 1985 (BGBl. I, S. 1565)(BGBl. III, 751-1), geändert durch Gesetz vom 5. März 2001 (BGBl. I, S. 326.) und zuletzt geändert durch Beschluss am 14.12.2001 (s.o.).
111 BVerfGE 49, 89(90).

Dem administrativen Ausstieg stand somit schon die grundsätzliche Entscheidung für die Nutzung der Kernenergie[113], wie sie aus dem AtG a.F. deutlich wurde, entgegen[114].
Der Gesetzeszweck änderte sich am 14.12.2001, er ist nun u.a. die geordnete Beendigung der Nutzung der Kernenergie zur gewerblichen Erzeugung von Elektrizität (§ 1 Nr. 1 AtG n.F.). Trotzdem wäre auch jetzt ein ausstiegsorientierter Gesetzesvollzug verfassungswidrig[115], da Art. 14 I GG den abrupten Atomausstieg (Sofortausstieg) nicht erlaubt (s.u.).

Heute könnte geltend gemacht werden, dass die Genehmigungsvoraussetzung des § 7 II Nr. 3 AtG, die erforderliche Schadensvorsorge, nicht mehr gewährleistet sei, wenn es den Behörden möglich wäre, aufgrund einer neuen Sicherheitsphilosophie eine bisher als hinnehmbares Restrisiko qualifizierte Schadensmöglichkeit nunmehr als vorsorgebedürftig zu erachten[116]. Dies wäre aber wiederum nur eine politische Änderung der Sicherheitsphilosophie, die allein den Bestandschutz der genehmigten Anlagen nicht überwinden kann.

b) Regierungspolitikwechsel

Diese Problematik ist mit dem Regierungswechsel 1998 in den Hintergrund getreten, da seitdem primär ein legislativer Ausstieg seitens der Regierungsparteien angestrebt und umgesetzt wurde[117].

Es könnten aber wegen der im Konsens vereinbarten großen Reststrommengen (und damit langen Restlaufzeiten), die sich auch im AtG-Gesetzentwurf wieder-

---

[112] BVerfGE 49, 89 (126 f.).
[113] Die aktuelle Fassung des Atomgesetzes hat nun die entgegengesetzte Motivation, nämlich die wirtschaftliche Nutzung der Kernenergie zu beenden. Dies darf aber nicht so verstanden werden, dass nun ein administrativer Ausstieg entgegen der bestehenden Genehmigungen einfach durch völlige „Uminterpretationen" der AtG-Normen erfolgen kann.
[114] Detjen, Ausstieg, S. 61; Komorowski, Rechtsfragen, S. 18.
[115] Langenfeld, Rahmenbedingungen, S. 940.
[116] Grundlegend: Rossnagel, Bestandsschutz, S. 717 ff..
[117] Siehe auch die konkrete Ausgestaltung des gesetzlichen Ausstiegs im Entwurf eines Gesetzes zur geordneten Beendigung der Kernenergienutzung zur gewerblichen Erzeugung von Elektrizität; BT-Drs. 14/6890.

fanden und mit § 7 Ia AtG n.F. umgesetzt wurden, wieder Stimmen laut werden, die einen restriktiven Verwaltungsvollzug anstreben, um den Ausstieg doch früher zu verwirklichen. Ferner könnte die ausstiegsorientierte Bundesregierung durch Inanspruchnahme ihres Weisungsrechtes versuchen, den Weg des administrativen Ausstiegs zu gehen[118]. Auch die Besetzung der Beratungsgremien (Reaktorsicherheitskommission, Strahlenschutzkommission) des Bundes mit Kernenergiegegnern kann dazu genutzt werden, das untergesetzliche Regelwerk kernenergiekritisch zu verändern[119].

c) Bedrohung durch Terror / Genehmigungswiderruf ?

In jüngster Zeit werden nach den Terroranschlägen in den USA am 11.9.2001 Stimmen laut, die einen Genehmigungswiderruf gem. § 17 V AtG fordern[120], da eine erhebliche Gefährdung durch Attentate auf deutsche KKW bestünde.
Dem ist entgegenzuhalten, dass keine konkreten Anhaltspunkte für Aktivitäten gegen deutsche KKW bestehen und ein gewisses Risiko auch in diesem Bereich schon früher bestand.
Das Bundesministerium für Umweltschutz hat die Reaktorsicherheitskommission (RSK) am 17.9.2001 zu einer Stellungnahme bezüglich dieser Bedrohung durch Terroristen, also die „Sicherheit deutscher Kernkraftwerke gegen gezielten Absturz von Großflugzeugen mit vollem Tankinhalt“, aufgefordert. Eine „... umfassende Behandlung der Fragen ...“ ist nach Ansicht der RSK noch nicht möglich[121].
Die bestehenden Anlagen seien unterschiedlich gegen Flugzeugabstürze geschützt. Bauliche Anlagen, welche die Auslegungsanforderungen der RSK-LL für DWR (wenn 1. Teilgenehmigung nach 1973) erfüllen[122], gewährleisten einen Schutz gegen einen zufallsbedingten Absturz einer Militärmaschine (Aufprallge-

---

[118] Büdenbender/Heintschel von Heinegg/Rosin, Energierecht I, S. 732, Rn. 1296.
[119] Diesen Weg hat die Bundesregierung 1999 schon beschritten. Büdenbender/Heintschel von Heinegg/Rosin, Energierecht I, S. 732, Rn. 1297.
[120] Bundesumweltminister *Jürgen Trittin* sieht in dem Ausstieg aus der Kernenergienutzung durch Gesetz auch eine Risikominimierung. Die offene Gesellschaft sei verwundbar, da das Risiko einer Kernschmelze durch einen Terrorangriff bestehen würde. Die KKW durch Gesetz schneller abzuschalten würde eine rasche Maßnahme zu Risikominimierung darstellen. Rede des Bundesumweltministers am 14.12.2001 im Bundestag, download über bmu.de (http://bmu.de/reden/rede_trittin011214.php).
[121] Stellungnahme der RSK, S. 1, download über bmu.de (http://bmu.de/download/dateien/stellungnahme_rsk.pdf).
[122] Ältere Anlagen haben einen geringeren Schutzgrad.

schwindigkeit 774 km/h), somit auch einen „Grundschutz gegen ein großes Spektrum möglicher Abstürze ziviler Maschinen“[123]. Untersuchungen bezüglich eines gezielten Absturzes einer Verkehrsmaschine gibt es noch nicht; hier müssten ein höheres Flugzeuggewicht und eine höhere Aufprallgeschwindigkeit, aber wohl auch eine erheblich größere Lastauftreffläche, eine zeitliche Entzerrung der Lastanteile und auch ein unterschiedlicher Auftreffwinkel der Flugzeugkomponenten berücksichtigt werden.[124]

Als kurzfristige Maßnahmen könnten die Anlagen in einen kalten, unkritischeren Zustand abgefahren werden, was zu längeren Karenzzeiten für Notfallmaßnahmen sorgen würde. „Eine drastische Verringerung des radioaktiven Inventars könnte durch die Entladung der Brennelemente aus dem Brennelement-Lagerbecken und deren Verbringung in ein gesichertes Lager erreicht werden.“ Dies würde aber mehrere Monate dauern, da die Brennelemente erst einmal abklingen müssten, ferner stünden auch nicht genügend Behälter zur Verfügung. Daher wäre die wirksamste Maßnahme, „... die Eintrittshäufigkeit eines derartigen Ereignisses durch ein gestaffeltes Schutzkonzept mit gezielten administrativen und technischen Maßnahmen im Bereich der Flugsicherheit soweit wie möglich zu reduzieren...“. Weitere Untersuchungen seien aber noch vorzunehmen.[125]

---

[123] Bisher wurde für einen solchen Unfall eine Aufprallgeschwindigkeit von 350 bis 400 km/h unterstellt.

[124] Stellungnahme der RSK, S. 1, download über bmu.de (http://bmu.de/download/dateien/stellungnahme_rsk.pdf).

[125] Stellungnahme der RSK, S. 2, download über bmu.de (http://bmu.de/download/dateien/stellungnahme_rsk.pdf).

IV. Der Ausstieg durch Gesetz (legislativ)

a) Bisherige Entwicklung

Nach der Reaktorkatastrophe von Tschernobyl 1986 gab es mehrere Gesetzgebungsinitiativen zum Ausstieg aus der Nutzung der Kernenergie.

Ein Volksbegehren in Nordrhein-Westfalen von 1986[126] wurde nicht zugelassen, weil es gegen die Gesetzgebungskompetenz des Bundes aus Art. 74 Nr. 11 a GG verstieß. Hierbei bestand die Ausstiegsstrategie in einer Sozialisierung des Eigentums an den atomtechnischen Anlagen, die dem Bundesland dann die Möglichkeit geben sollte, den Betrieb der jeweiligen Anlagen einzustellen[127].

Die Bundestagsfraktion der SPD entwarf ein Kernenergieabwicklungsgesetz[128] (19.2.1987), die Bundestagsfraktion der Grünen ein Atomsperrgesetz[129] (29.8.1986).[130]

Das Atomsperrgesetz sah nach einer Übergangsfrist von einem halben Jahr die sofortige Einstellung aller Kraftwerke, Brennelementfabriken etc. vor. Eine Entschädigung war nicht vorgesehen, da es sich nur um eine entschädigungsfreie Inhalts- und Schrankenbestimmung des Eigentums handeln sollte.

Nach heutiger Auffassung würde dieses Gesetz wohl wegen der Nichtbeachtung der Grundrechte der Betreiber (insbesondere Art. 14 GG) nicht mit der Verfassung zu vereinbaren sein.

Moderater sollte das Kernenergieabwicklungsgesetz[131] den Ausstieg erreichen. U.a. sollten das AtG in vielen Vorschriften verändert und ein Ausstieg nach einer Restlaufzeit erreicht werden.

---

[126] Verfassungsgerichtshof Nordrhein-Westfalen, in Entscheidungen der OVG Münster und Lüneburg (OVGE), Band 39, S. 299 ff..

[127] Roßnagel, in Roßnagel/Roller, Beendigung, S. 12.

[128] BT-Drs. 11/13, S. 1 ff..

[129] BT-Drs. 10/1913, S. 1 ff. Gesetzentwurf der Fraktion Die Grünen, Entwurf eines Gesetzes über die sofortige Stillegung von Atomanlagen in der Bundesrepublik Deutschland (Atomsperrgesetz).

[130] Einen guten Überblick bietet Roßnagel, in Roßnagel/Roller, Beendigung, S. 11 ff..

[131] BT-Drs. 11/13, S. 1 ff..

Keine dieser Initiativen wurde erfolgreich umgesetzt.

Ein Gesetzesinitiative der Fraktion der PDS vom 23.4.1999[132], das Ziel des Atomgesetzes in die schnellstmögliche Beendigung der Kernenergienutzung zu ändern und das Verbot der Wiederaufarbeitung ab Januar 2000 festzuschreiben u.a., wurde im Bundestag am 6.4.2000 abgelehnt[133].

Seit dem Regierungswechsel 1998 betrieb die Regierung der Fraktion SPD und Bündnis 90/Die Grünen[134] eine Ausstiegspolitik aus der friedlichen Nutzung der Kernenergie. Der Koalitionsvertrag der beiden Parteien (geschlossen im Oktober 1998) befasste sich umfänglich mit der Erneuerung der Energiepolitik und dem Ausstieg aus der Nutzung der Kernenergie[135].
Die neue Bundesregierung setzte sich zum Ziel, eine zukunftssichere, umweltverträgliche und kostengerechte Versorgung mit Energie zu erreichen. Dabei wurde festgestellt, dass

> „... wegen ihrer großen Sicherheitsrisiken mit der Gefahr unübersehbarer Schäden ... die Atomkraft nicht zu verantworten (sei). Deshalb wird die neue Bundesregierung alles unternehmen, die Nutzung der Atomkraft so schnell wie möglich zu beenden. ... Gemeinsam mit der Energiewirtschaft sollen die Weichen gestellt werden für den Weg zu einem neuen, zukunftsfähigen Energiemix ohne Atomkraft."[136]

Erreicht werden sollte dies durch Entwicklung zukunftsfähiger Energieversorgungssysteme und durch Energieeinsparungen. Der Marktzugang sollte regenerativen und heimischen Energiequellen gleichberechtigt ermöglicht werden. Da ins-

---

[132] BT-Drs. 14/841.
[133] Verhandlungen des Deutschen Bundestages 14. Wahlperiode 1998, Band 201, S. 9187 ff. (9189).
[134] Für Die Grünen geht es bei de Frage des Ausstiegs aus der Kernenergienutzung um eine Frage der Selbstidentifikation, da der kleinere Koalitionspartner aus der Anti-Atomkraftbewegung entstanden ist. So Bayer/Huber, Rechtsfragen, Ronellenfitsch, S. 142 f..
[135] Kapitel IV., Abschnitt 3.2. der Koalitionsvereinbarung.
[136] Kapitel IV., Abschnitt 3.1. der Koalitionsvereinbarung.

besondere die Energieeinsparung Ziel ist, sollten die Einspartechnologien gefördert werden.[137]

> „Der Ausstieg aus der Nutzung der Kernenergie wird innerhalb dieser Legislaturperiode umfassend und unumkehrbar gesetzlich geregelt"[138].

Dazu sollte zuerst ein 100-Tage Programm eingebracht werden, das u.a. im AtG den Förderungszweck streichen, die Entsorgung auf die direkte Endlagerung beschränken und die Deckungsvorsorge erhöhen sollte. Innerhalb eines Jahres sollte dann ein Konsens mit den Energieversorgungsunternehmen geschlossen werden, mit dem Inhalt, die Nutzung der Kernenergie zu beenden und die Entsorgung neu zu regeln.

> „Als dritten Schritt wird die Koalition nach Ablauf dieser Frist (ein Jahr nach Amtsantritt) ein Gesetz einbringen, mit dem der Ausstieg aus der Kernenergienutzung entschädigungsfrei geregelt wird; dazu werden die Betriebsgenehmigungen zeitlich befristet. Der Entsorgungsnachweis wird angepasst."[139]

Bezüglich der Entsorgung waren die Koalitionspartner sich einig, das jetzige Konzept hin zu einer direkten Endlagerung zu ändern; ein Endlager sollte bis etwa 2030 gefunden werden. In Kraftwerksnähe sollen Zwischenlager eingerichtet werden.[140]

Im wesentlichen gab es zwei Konzepte für ein Ausstiegsgesetz. Zum einen das Konzept des hessischen Bündnisgrünen *Baake*[141] und zum anderen das Konzept des niedersächsischen SPD-Umweltministers *Jüttner*[142].[143]

Neu am Baake-Konzept war die Abkehr vom Sofortausstieg hin zu längeren Übergangslösungen, da Entschädigungspflichten befürchtet wurden.

---

[137] Kapitel IV., Abschnitt 3.1. der Koalitionsvereinbarung.
[138] Kapitel IV., Abschnitt 3.2. der Koalitionsvereinbarung.
[139] Kapitel IV., Abschnitt 3.2. der Koalitionsvereinbarung.
[140] Kapitel IV., Abschnitt 3.2. der Koalitionsvereinbarung.
[141] Der nun als Staatssekretär im Bundesministerium für Umwelt etc. tätige Baake war auch an den Konsensgesprächen mit den Energieversorgern, die zur Konsensvereinbarung vom 14. Juni 2000 führten, beteiligt.
[142] Zum Jüttner-Konzept s.u..
[143] Di Fabio, Ausstieg, S. 7.

Wesentliche Eckpunkte für ein neues Atomgesetz fanden sich in der Anlage 5 des Atomkonsenses[144] zwischen der Bundesregierung und vier Energieversorgungsunternehmen[145].

Diese Eckpunkte, die auch in dem neuesten Änderungsgesetz[146] zum AtG umgesetzt werden, sollen im wesentlichen den Prüfungsschwerpunkte dieser Arbeit beschränken.

Dies sind folgende wesentliche Änderungen[147]:

- Der Förderzweck wird durch den Gesetzeszweck ersetzt, die Nutzung der Kernenergie zur gewerblichen Erzeugung von Elektrizität geordnet zu beenden und bis dahin den geordneten Betrieb sicherzustellen.

- Für neue Anlagen sollen keine Genehmigungen mehr erteilt werden dürfen.

- Die Betriebsgenehmigung sollen mit Erreichen der vereinbarten Reststrommenge erlöschen.

- Eine periodische Sicherheitsüberprüfung wird gesetzlich festgeschrieben.

- Die Entsorgung wird ab 1. Juli 2005 auf die direkte Endlagerung beschränkt.

- Es wird eine Pflicht zur Errichtung und Nutzung von standortnahen Zwischenlagern normiert.

- Der Entsorgungsvorsorgenachweis wird angepasst.

- Die Deckungsvorsorge für KKW wird erhöht.

---

[144] Vereinbarung, Anlage 5, S. 8 ff..

[145] Dieser Konsens wurde am 11.6.2001 unterzeichnet.

[146] Entwurf eines Gesetzes zur geordneten Beendigung der Kernenergienutzung zur gewerblichen Erzeugung von Elektrizität; BT-Drs. 14/6890. Dieser Entwurf wurde am 14.12.2001 im Bundestag beschlossen (s.o.).

[147] BT-Drs. 14/6890, S. 2.

- Die umstrittenen Änderungen der achten Atomgesetznovelle vom 6. April 1998 werden aufgehoben.

b) Konsensvereinbarung / Entwurf des Änderungsgesetzes zum AtG

Entsprechend der grundsätzlichen Zielsetzung der Regierungskoalition, aus der wirtschaftlichen Nutzung der Kernenergie auszusteigen, welche im Koalitionsvertrag 1998 festgeschrieben worden war, wurden Verhandlungen mit führenden Energieversorgungsunternehmen geführt. Die unterschiedlichen Auffassungen über die einzuhaltenden Prämissen, soweit es um die Stilllegung derzeit betriebener KKW ging und über die Beendigung der Wiederaufarbeitung von abgebrannten Kernbrennstäben, sollten durch Verhandlungen erörtert und dann ein Kompromiss gefunden werden. Dieser Konsens sollte größere Streitigkeiten der Beteiligten ausräumen und insbesondere gerichtliche Verfahren verhindern.
Ein Konsens wurde am 14.6.2000 paraphiert und am 11.6.2001 unterschrieben[148].

1. Grundsätzliches

Die Haltung der Vereinbarungsbeteiligten wurde schon zu Beginn der paraphierten Vereinbarung deutlich.

> „Unbeschadet der nach wie vor unterschiedlichen Haltungen zur Nutzung der Kernenergie respektieren die EVU die Entscheidung der Bundesregierung, die Stromerzeugung aus Kernenergie geordnet beenden zu wollen“[149].

Die beteiligten EVU nahmen zur Kenntnis, dass die AtG-Novelle ein Neubauverbot für Atomkraftwerke und eine Verpflichtung zur Errichtung und Nutzung von standortnahen Zwischenlagern enthalten sollte[150]. Gem. Nr. IV/3 der Vereinbarung sollen diese Zwischenlager spätestens in fünf Jahren betriebsbereit sein. Ab Juli

---

[148] Der Bund-Länder-Streit im Zusammenhang mit der Nachrüstung des KKW Biblis, Block A, wurde vom BVerfG mit Urteil vom 19.2.2002 –Az. 2 BvG 2/00- zu Lasten des Landes Hessen entschieden. Dabei wollte die Landesregierung Hessen festgestellt wissen, dass das Bundesumweltministerium durch Erklärungen im sogenannten Atomkonsens bezüglich des KKW Biblis A und verschiedene Gespräche mit den RWE gegen Art. 30 und 85 GG sowie gegen den Grundsatz des bundesfreundlichen Verhaltens verstoßen hat. Dieser Antrag wurde durch das BVerfG abgelehnt. Der Atomkonsens im Rahmen eines Ausstiegs aus der friedlichen Nutzung aus der Kernenergie ist eine reine Bundesangelegenheit, das Land hat insoweit keine Mitwirkungsrechte. Da hier ferner das informale Handeln des Bundes von einem konkreten Verwaltungsverfahren so weit entfernt war, musste das Land weder allgemein noch über Einzelschritte informiert werden.

[149] Vereinbarung, S. 1.

[150] Die Betreiber sollen gem. Nr. IV/1 der Vereinbarung an den Standorten der AKW oder in deren Nähe Zwischenlager errichten. Nach § 9 a III S. 1 AtG ist die Zwischenlagerung Aufgabe der Länder.

2005 soll eine Entsorgung nur noch in Endlagern möglich sein, die Wiederaufarbeitung (§ 9 a I AtG) wird zu diesem Zeitpunkt eingestellt[151].

Demgegenüber sicherte die Bundesregierung den EVU zu, dass bis zum Ausstieg der „ungestörte Betrieb der Kernkraftwerke wie auch deren Entsorgung" gewährleistet werde.

2. Anhebung der Deckungsvorsorge

Die Deckungsvorsorge durch die EVU, also die von den KKW-Betreibern zu erbringende Vorsorge für die Erfüllung gesetzlicher Schadensersatzverpflichtungen, sollte erheblich gesteigert werden[152].

Pelzer begrüßt die Anhebung der obligatorischen Deckungsvorsorge auf einen Höchstbetrag von 5 Milliarden DM, er sieht darin eine substanzielle Verbesserung des Opferschutzes[153]. Die EVU sollen aber damit rechnen dürfen, dass die Bundesregierung ihre „Sicherheitsphilosophie" nicht zu Lasten der Atomwirtschaft ändern wird.

§ 13 III 1 AtG n.F. schreibt eine Verzehnfachung der Deckungsvorsorge entgegen der alten Regelung auf 2,5 Mrd. € vor.

3. Strommengenmodell

Der Vereinbarung lag das sogenannte „Strommengen-Modell" zu Grunde. Die 19 Kernkraftwerke dürfen zusammen noch 2623 Terrawattstunden[154] (TWh) Strom produzieren. In Anhang I der Vereinbarung wurde festgelegt, welche Reststrommenge jedes einzelne Kernkraftwerk ab dem 1. Januar 2000 bis zu seiner Stillegung maximal produzieren darf. Dann endet auch die Genehmigung dieser Anlage[155]. Diese Kontingente dürfen die Betreiber aber unter ihren Anlagen verrechnen,

[151] Nr. IV/2 der Vereinbarung.
[152] Von 500 Millionen auf 5 Milliarden DM.
[153] Pelzer, Deckungsvorsorge, S. 20. Er bezieht sich dabei aber noch auf den Referentenentwurf des BMU zur Änderung des Atomgesetzes (1999).
[154] Dies entspricht 2623 Milliarden Kilowattstunden (KWh).
[155] Nr. II/1 der Vereinbarung. Auch in § 7 Ia AtG-E.

also ältere Anlagen früher stilllegen und neuere Anlagen später abschalten (grundsätzlich nicht andersherum[156]).

Die Nettoreststrommenge wurde gem. Ziffer II Nr. 2 der Vereinbarung berechnet, indem für jede Anlage auf der Grundlage der Regellaufzeit von 32 Kalenderjahren ab Beginn ihres kommerziellen Betriebs, die seit Januar 2000 verbleibende Restlaufzeit ermittelt wurde. Dabei gilt für das älteste noch in Betrieb befindliche Kernkraftwerk Obrigheim eine Übergangsfrist bis Ende 2002.
In der jeweiligen Restlaufzeit wurde für die Stromerzeugung eine „Referenzmenge" pro Jahr zu Grunde gelegt, die sich wie folgt berechnete:
Aus dem Durchschnittswert der fünf höchsten Jahres-Stromproduktionen im Zeitraum 1990 bis 1999 ergab sich die Referenzmenge.
Dieser wurden noch 5,5 % wegen der zwischenzeitlich erreichten technischen Verbesserungen und der veränderten Reservepflicht zur Stabilisierung der Netze aufgeschlagen.
Die so errechneten Strommengen wurden in der Anlage 1 der Konsensvereinbarung und in der Anlage 3 zum AtG n.F. festgehalten[157].

Das Problem des KKW Mühlheim-Kärlich, dessen Betreibern eine Erste Teilgenehmigung erteilt worden war, bei dem sich dann aber herausstellte, dass ein sicherer Betrieb nicht gewährleistet werden konnte (u.a. Anfälligkeit gegen Erdbeben), wurde gelöst, indem man der RWE Energie AG 107,25 TWh gutschrieb[158]. Die RWE Energie AG sollte auf etwaige Schadensersatzansprüche gegen das Land Rheinland-Pfalz auf Grund der rechtswidrig erteilten Ersten Teilgenehmigung verzichten und den Genehmigungsantrag für dieses AKW zurückziehen[159].

---

156 „... Sollten Strommengen von neueren auf ältere Anlagen übertragen werden, bedarf dies des Einvernehmens zwischen den Verhandlungspartnern im Rahmen der Monitoring-Gruppe (vgl. Ziffer VII) unter Beteiligung des betroffenen EVU; dies gilt nicht bei gleichzeitiger Stilllegung der neueren Anlage." Ziffer II Nr. 4, S. 5 der Vereinbarung. Ferner geregelt in § 7 Ib AtG-E.
157 Die beiden Anlage unterscheiden sich u.a. bei der „Summe" und Gesamtsumme" um 0,01 TWh.
158 Nr. II/5 der Vereinbarung.
159 Das AKW Mühlheim-Kärlich war 1988 nach 13 Monaten Betrieb vom Netz gegangen, da das BVerwG die Erste Teilgenehmigung vom 9.Januar 1975 aufgehoben hatte. BVerwGE 80, 207 (207 f.).

4. Forschung

Ein weiterer Punkt ist die Frage der Zukunft der deutschen Kernforschung. Befürchtungen, Deutschland könnte die besondere internationale Stellung in der Nuklearforschung verlieren[160], haben sich nicht bestätigt. In der summarischen Darstellung einer Novelle des Atomgesetzes heißt es: „1.3. Forschung auf dem Gebiet der Kerntechnik, insbesondere der Sicherheit bleibt frei“[161]. Was dies genau bedeutet, ist heute noch unklar. Ein ursprünglich geplantes Verbot von Forschungsreaktoren mit einer Leistung über 1 MW ist in die Konsensvereinbarung nicht übernommen worden. Es ist davon auszugehen, dass Forschungsreaktoren über 1 MW Leistung auch in Zukunft noch betrieben werden dürfen.

In diesem Sinne ist auch der § 1 Nr. 1 AtG n.F. gefasst :

> „... die Nutzung der Kernenergie zur gewerblichen Erzeugung von Elektrizität geordnet zu beenden ...“

Die Forschungsreaktoren fallen somit nicht unter § 1 AtG n.F.. So heißt es in der Begründung zum Reformentwurf:

> „Die Forschungsfreiheit (Art. 5 Abs. 3 des Grundgesetzes) wird dadurch nicht berührt. Frei bleiben insbesondere die Reaktorsicherheits- und Endlagerforschung ebenso wie Nutzungen im medizinischen Bereich. Unberührt bleiben die Forschungsreaktoren, deren Bedeutung zum Beispiel für die Grundlagenforschung, die Materialforschung, die Isotopenforschung für medizinische Zwecke (u.a. Krebstherapien), für biologische Maßnahmen (u.a. Umweltanalytiken) sowie zur Erzeugung von Tracern weiterhin anerkannt wird. Diese Reaktoren stellen sowohl aufgrund ihrer Funktionen als auch aufgrund ihrer Einbindung in europäische und bilaterale, völkerrechtlich verbindliche Forschungskooperationen einen Sonderfall gegenüber Leistungsreaktoren dar. Sie dienen nicht der Erzeugung von Elektrizität und stellen aufgrund ihrer deutlich niedrigeren Leistung ein geringeres Risikopotential dar.“[162]

---

[160] Krull, Nuklearforschung, S. 92 f..
[161] Anlage 5 zur Vereinbarung.
[162] Begründung zum AtG-E, Entwurf eines Gesetzes zur geordneten Beendigung der Kernenergienutzung zur gewerblichen Erzeugung von Elektrizität S. 54; BT-Drs. 14/6890, S. 19.

Zu klären bleibt aber noch, ob auch die Forschungsreaktoren in Deutschland von dem geplanten Wiederaufarbeitungsverbot ab 1.7.2005 betroffen sind.
Die besondere Situation bei Forschungsreaktoren macht es erforderlich, diese explizit aus dem Wiederaufarbeitungsverbot auszunehmen[163].
So brennen z.B. die Brennstäbe nur minimal ab, eine chemische Separation ist daher wirtschaftlich sehr sinnvoll[164]. Radioaktives Material Mo_{99} wird in sogenannten Generatoren wöchentlich an Kliniken weiterversendet und nach einer Nutzung wieder aufgearbeitet. Dieses Material wird in der Diagnosetechnik der heutigen Medizin häufig verwendet und spielt somit eine wichtige Rolle. Ferner wurde mit dem US-Department of Energy eine Rücknahme des amerikanischen Urans bis zum 12. Mai 2009 vereinbart.

Aus dem Wortlaut des § 9a I 2 AtG n.F.:

> „Die Abgabe aus dem Betrieb von Anlagen zur Spaltung von Kernbrennstoffen zur gewerblichen Erzeugung von Elektrizität stammenden bestrahlten Kernbrennstoffen zur schadlosen Verwertung an eine Anlage zur Aufarbeitung bestrahlter Kernbrennstoffe ist vom 1.Juli 2005 an unzulässig."

kann aber gefolgert werden, dass die Wiederaufarbeitung im Rahmen von Forschung und Medizintechnik, da diese nicht zur gewerblichen Erzeugung von Elektrizität dient, nicht vom Wiederaufarbeitungsverbot umfasst wird. Indiz dafür ist weiterhin, dass in der Begründung zum Ausstiegsgesetzentwurf die Forschungsreaktoren von der Verpflichtung aus § 9 II 3 AtG-E (Errichtung und Betrieb eines standortnahen Zwischenlagers) ausgenommen werden[165]. Eine deutlichere Regelung wäre aber wünschenswert gewesen.

Mit dem Verbot der Wiederaufarbeitung wird auch das Proliferationsrisiko, also die Gefahr des illegalen Handels mit Plutonium, gesenkt, da weniger Plutonium entsteht.
Das weitere Anwachsen der aus der Wiederaufarbeitung stammende Plutoniummengen soll nämlich durch das Verbot der Wiederaufarbeitung verhindert werden.

---

[163] Krull, Nuklearforschung, S. 93.
[164] Krull, Nuklearforschung, S. 93.

c) Stimmen über den Ausstieg

Insgesamt wird die Vereinbarung unterschiedlich bewertet. Der *Hamburger Stromkonzern HEW*, selbst an den Verhandlungen zu Beginn nicht beteiligt, fühlte sich zu Recht (s.u.) an den Konsens ursprünglich nicht gebunden[166]. Als dann die großen Energieversorgungsunternehmen am 11.6.2001 die Vereinbarung unterschrieben, wurde auch sie beteiligt. Der Konsens galt nun auch für die HEW.

Aus Sicht der Energieversorger geht der Kompromiss an die Grenze dessen, „... was sie gegenüber ihren Beschäftigten und Aktionären verantworten können."[167]

So erklärte *Barth*[168], dass zwar die Politik grundsätzlich sich für oder gegen die Nutzung der Kernenergie entscheiden könne, die Wirtschaft aber durch ihren Expertenrat beteiligt werden müsse, damit die Unternehmensinteressen vertreten seien. Der Ausstieg sei aus Expertensicht ein Irrtum, da die Situation insgesamt und nicht isoliert betrachtet werden müsse. Die Möglichkeiten die Klimaprobleme zu lösen und realistische Ersatzenergiequellen zu finden, sei gerade unter der Prämisse zu werten, dass die regenerativen Energiequellen auf absehbare Zeit keinen völligen Ersatz schaffen könnten. Ferner seien durch den Ausstieg an die 150.000 Arbeitsplätze betroffen.

Der nun gewährleistete ungestörte Betrieb der Kraftwerke bis zum Erreichen der Reststrommenge und die Entsorgung sind im Sinne des Energieversorger ausgehandelt. Ferner werden auch die „wirtschaftlichen und steuerlichen Rahmenbedingungen ... nicht einseitig zu Lasten der Kernenergie verändert". Die Transporte von abgebrannten Brennelementen wurden wieder aufgenommen, und an den Kraftwerksstandorten wurden Genehmigungsanträge für die dezentralen Standortlager eingereicht. Da wesentliche Konsenspunkte somit in die „... politische und

---

[165] Entwurf eines Gesetzes zur geordneten Beendigung der Kernenergienutzung zur gewerblichen Erzeugung von Elektrizität, S. 68; BT-Drs. 14/6890, S. 24.
[166] FAZ, 16.6.2000, S. 17, Schnorbus, HEW.
[167] Stellungnahme der Energieversorger vom 11.6.2001, S. 1.

betriebliche Praxis umgesetzt worden (sind) ..." lagen aus Sicht der Atomwirtschaft die Voraussetzungen für die Unterzeichnung des Konsenses vor. Es wurde aber darauf hingewiesen, dass Grundlage für die Unterzeichnung war, dass die AtG-Änderungsnovelle sich an das Vereinbarte halten sollte.[169]

Die beteiligten EVU seien mit der Vereinbarung an die Grenze dessen gegangen, was sie ihren Beschäftigten und Aktionären gegenüber verantworten können[170].

> „Die Vereinbarung ist ein pragmatischer Kompromiss und damit ein Erfolg für beide Seiten. Sie lässt die unterschiedlichen Vorstellungen über die Zukunft der Kernenergie unberührt. Einen umfassenden und parteiübergreifenden Energiekonsens kann die Vereinbarung jedoch nicht ersetzten. Einen solchen Konsens wiederherzustellen, in den auch die Länder einbezogen sein sollten, bleibt Aufgabe der Politik."[171]

Das *Deutsche Atomforum*[172] bezeichnet den Atomausstieg aus ökologischen wie ökonomischen Gründen unverändert für falsch[173].

Greenpeace kritisiert, das Konsenspapier habe mit einem Atomausstieg nichts zu tun, sondern garantiere vielmehr eine Betriebsgenehmigung auf Lebenszeiten[174].

Bundeskanzler *Schröder* meinte, dass das Abkommen helfen werde, den tiefen gesellschaftlichen Konflikt um die Atomkraft zu beenden[175].
Bundesumweltminister *Trittin* vermerkt nach der Unterzeichnung des Konsenses am 11. Juni 2001:

---

168 Thomas Barth, Leiter des Rechtsbereichs der Bayernwerk AG, in Butzke/Storr, Atomausstieg, S. 222. Dieser Redebeitrag erfolgte im Rahmen einer Tagung am 14./15. Januar 2000, also noch vor dem Abschluss des Energiekonsenses am 14. Juni 2000.
169 Stellungnahme der Energieversorger vom 11.6.2001, S.1.
170 Stellungnahme der Energieversorger vom 11.6.2001, S. 1.
171 Stellungnahme der Energieversorger vom 11.6.2001, S.1. Das Änderungsgesetz war nicht zustimmungsbedürftig (s.u.).
172 Das Deutsche Atomforum e.V. besteht aus Unternehmen, Institutionen, öffentliche und Einzelpersonen, die sich mit dem Ziel zusammengeschlossen haben, Forschung und Information über die friedliche Nutzung der Kernenergie zu fördern.
173 Informationskreis Kernenergie, Pressemitteilung 2.8.2001 (Christian Wilson, veröffentlicht: http://www.infokreis-kernenergie.org/d/news.cfm).
174 Greenpeace, Pressemitteilung vom 15.6.2000.
175 Bundeskanzler Schöder, dpa 15.6.2000.

> „Die Auseinandersetzung um die Atomenergie in Deutschland und weltweit endet nicht mit dem heutigen Tag. Aber dieser Tag ist in der Debatte sicher ein historischer Wendepunkt.“[176]

Demzufolge ist zwar ein formeller Kompromiss geschlossen worden, der aber auch nach dem neuen AtG weiterhin wohl für politischen und gesellschaftlichen Zündstoff sorgen dürfte.

---

[176] Rede des Bundesumweltministers, S. 1, veröffentlicht unter: http://www.bmu.de/reden/rede_trittin010611.htm

d) Rechtscharakter des „Energiekonsenses"

Die Vereinbarung zwischen der Bundesregierung und einigen Energieversorgungsunternehmen vom 14.6.2000 ist weitläufig als „Energiekonsens" bekannt geworden. Neben den Staatssekretären *Steinmeier* (SPD / Bundeskanzleramt), *Baake* (Bündnis 90 / Die Grünen / Bundesministerium für Umwelt, Naturschutz und Reaktorsicherheit) und *Tacke* (SPD / Bundesministerium für Wirtschaft und Technologie) haben vier Vertreter von bedeutenden AKW-Betreiberfirmen die Vereinbarung paraphiert[177], nämlich *Hohlefelder* (VEBA AG), *Hennehöfer* (VIAG AG), *Jäger* (RWE AG) und *Kasper* (Energie Baden-Württemberg AG / EnBW).

Unklar ist der Rechtscharakter dieser Übereinkunft.
Der Konsens könnte ein Vertrag[178] (verwaltungsrechtlicher Natur[179]), eine normersetzende Absprache, eine gesetzesabwendende Vereinbarung, eine unverbindliche Erklärung oder dergleichen sein.
Diese Vereinbarung passt nicht in die bekannten Kategorien des informalen Staatshandelns und wurde von einem Verfassungsorgan in seiner staatsleitenden Funktion abgeschlossen.
Auf Grundlage dieser Übereinkunft sollte die kommerzielle Nutzung der Kernenergie in Deutschland beendet werden. Das AtG sollte gemäß der Vereinbarung novelliert werden.

---

[177] Die Vereinbarung wurde dann von Vertretern der Unternehmen EnBW, E.ON, HEW und RWE am 11.6.2001 unterzeichnet. Es waren somit nicht alle Energieversorgungsunternehmen, die deutsche KKW betreiben beteiligt.
[178] Interessant ist das schon im Vorfeld des Konsenses von Bundesumweltminister *Trittin* Gesagte: „Vertragliche Vereinbarungen können, das wissen alle, immer durch Gesetz überregelt werden, und selbstverständlich können vertragliche Regelungen die Gesetzgebungsinitiative etwa des Deutschen Bundestages in keiner Weise aushebeln. Eine Konsensvereinbarung mit gegenseitigen Versprechen und einer tatsächlich auch sehr ernst gemeinten Vereinbarung, sich in bestimmter Weise zu verhalten, geht in Ordnung. Eine tatsächliche rechtliche Verbindlichkeit erlangt eine solche Vereinbarung aber durch Gesetz und nicht durch generelle Klauseln." –Koch/Roßnagel, 10. Dt. Atomrechtssymposium, Jürgen Trittin, S. 17 (23).
[179] Diskutiert wird der „Normsetzungsvertrag" z.B. im Baurecht, wo zwischen einer Gemeinde und einem Bauträger ein Vertrag geschlossen wird, in dem sich die Gemeinde zum Erlass eines auf ein bestimmtes Bauvorhaben zugeschnittenen Bebauungsplan verpflichtet und der Bauträger offen die Folgekosten des Bauvorhabens übernimmt. Solche Verträge werden aber von der herrschenden Meinung als Verletzung des für die Aufstellung eines Bebauungsplans mit Bürgerbeteiligung vorgesehenen demokratischen Satzungsgebungsverfahrens bewertet. Dieser Normsetzungsvertrag wird als unzulässig und nichtig angesehen. Dazu: Schmidt, Staatsrecht, S. 189, Rn. 240.

„Die Bundesregierung wird auf der Grundlage dieser Eckpunkte einen Entwurf zur Novelle des Atomgesetzes erarbeiten“[180].

Ein solcher Entwurf wurde erarbeitet und dann im Bundestag beschlossen (s.o.). Der Konsens ist somit eine gesetzesvorbereitende Absprache[181].

1. Öffentlich rechtlicher Vertrag / unverbindliche Absprache ?

Er ist nicht als Vertrag zu qualifizieren; also die von wenigstens zwei Personen erklärte Willensübereinstimmung über die Herbeiführung eines bestimmten rechtlichen Erfolgs[182].

Ein nicht rechtskundiger Beobachter würde zwar in der Absprache einen Vertrag sehen. Doch bleibt zu beachten, dass eine Grundlage für einen solchen Vertrag fehlt.

Es liegt kein öffentlich-rechtlicher Vertrag gem. §§ 54 ff. VwVfG vor.

§§ 54 ff. VwVfG finden nur auf verwaltungsrechtliche Verträge Anwendung.

Die Hauptgegenstände des Konsenses sind aber, mit Ausnahme der Zusicherung der Bundesregierung, die ihr im Rahmen des Vollzugs des Atomgesetzes zustehenden Verwaltungsbefugnisse gemäß Art. 85 II bis IV GG in bestimmter Weise wahrzunehmen, d.h. konkret für einen ungestörten Betrieb während der Restlaufzeit zu sorgen[183], verfassungsrechtlicher Natur.

Da somit der verwaltungsrechtliche Vertrag nicht in Frage kommt, könnte die Stellung der „Vertragsparteien“ Aufschluss über den Rechtscharakter geben.

Die Bundesregierung ist am Verfassungsleben unmittelbar beteiligt und die in Aussicht gestellten Maßnahmen wird sie in ihrer Eigenschaft als Verfassungsorgan vornehmen[184].

Schorkopf [185] folgert daher zu Recht, da nach Art. 20 III GG die Bundesregierung an Gesetz und Recht gebunden ist, dass die Vereinbarung mit den EVU mangels Rechtsgrundlage nur eine unverbindliche Absprache sein kann. Es handelt sich

---

[180] Vereinbarung, S. 3

[181] Schorkopf, Novellierung, S. 1111.

[182] Heinrichs, in Palandt, Einführung vor § 145 BGB, Rn. 1

[183] Langenfeld, Rahmenbedingungen, S. 936.

[184] Schorkopf, Novellierung, S. 1112.

[185] Schorkopf, Novellierung, S. 1112.

weder um eine „normersetzende Absprache“[186] noch um eine „gesetzesabwendende Vereinbarung“[187].

Schorkopf sieht in einer solchen gesetzesvorbereitenden Absprache einen Verstoß gegen die Verfassungstreue, da für die gesetzgebenden Körperschaften faktisch kein Entscheidungsspielraum verbliebe, da vom Deutschen Bundestag und Bundesrat[188] erwartet würde, dass sie die Novelle des AtG in der Form verabschieden, wie sie nach erneuter Abstimmung mit dem EVU und nach Beschluss des Kabinetts in den Bundestag eingebracht werden wird[189].

Ferner würde sich die Bundesregierung freiwillig inhaltlich hinsichtlich ihres Initiativrechts, Gesetze einzubringen, unzulässig binden und außerdem gegen § 47 II GGO verstoßen[190]. In der Gemeinsamen Geschäftsordnung der Bundesministerien (GGO) wird in den §§ 45 ff. das regierungsinterne Verfahren bei der Vorbereitung von Gesetzentwürfen geregelt. Nach § 47 I GGO können die Vertretungen der beteiligten Fachkreise und Verbände von einem Gesetzesvorhaben unterrichtet und um Überlassung von Unterlagen gebeten werden und können Gelegenheit zur Stellungnahme erhalten. Eine Entscheidung des Bundeskanzlers bei Gesetzentwürfen von besonderer politischen Bedeutung wurde zwar gem. § 47 II GGO zumindest konkludent eingeholt, im übrigen hätte das weitere Verfahren aber nicht den Bestimmungen der Geschäftsordnung entsprochen, da ein Aushandeln des Entwurfsinhalts mit den späteren Adressaten der Norm nicht in der Geschäftsordnung vorgesehen sei[191].

Zwar kann der Gesetzgeber zum Erlass bestimmter Gesetze, aber nicht zum Erlass von Gesetzen mit einem ganz bestimmten Inhalt verpflichtet werden[192], daher binden Zusagen der Exekutive, ein bestimmtes Gesetz zu erlassen oder nicht, die Legislative eben nicht[193].

---

[186] Dazu Kopp/Ramsauer, VwVfG, zu § 54, Rn. 9 f..
[187] Ausführlich dazu Oebbecke, gesetzesabwendende Vereinbarungen, S. 793 ff..
[188] Eine Zustimmungsbedürftigkeit durch den Bundesrat wurde nicht angenommen (s.u.).
[189] Schorkopf, Novellierung, S. 1113.
[190] Schorkopf, Novellierung, S. 1113.
[191] Schorkopf, Novellierung, S. 1114.
[192] BVerfGE 6, 257 (265).
[193] Müggenborg, Kooperationsprinzip, S. 917; Oebbecke, gesetzesabwendende Vereinbarungen, S. 796 „In keinem Fall kann ein Organ durch seine Mitwirkung an einer gesetzesabwendenden Vereinbarung die Befugnis der anderen Organe zur Gesetzgebung beeinträchtigen.“

Weiter wird eingewendet, dass die rechtsverbindliche Zusage, einer AtG-Novelle, welche der Konsensvereinbarung entspricht, gegen die Wesentlichkeitstheorie des BVerfG verstoßen würde, nach der grundrechtsrelevante Eingriffe generell dem Gesetzgeber obliegen[194]. Eine solche Umgestaltung des Atomrechts müsse allein vom Gesetzgeber beschlossen werden.
Da aber die Schutzpflichten, die sich gerade aus der grundrechtsrelevanten Materie der Nutzung der Kernenergie ergeben, ein Handeln des Gesetzgebers erforderlich machen[195], folgert *Klöck*, dass es sich nicht um eine „unzulässige Bindung des Initiativrechts der Bundesregierung“ handelt.[196]
Dem ist zuzustimmen, da sich sonst jegliche politische Einflussnahme auf die Bundesregierung oder die fachlich zuständigen Ressortminister im Vorfeld von Gesetzgebungsvorhaben als gegen die Gewaltenteilung verstoßend darstellen würde.[197]

Ein Verstoß gegen das rechtstaatlich anerkannte Koppelungsverbot[198], also das Verbot, dem Bürger durch Vereinbarung Rechtspositionen zu nehmen, die auch im Rahmen des Austauschverhältnisses nicht als gerechtfertigt anzusehen sind[199], liegt nicht vor, da zumindest die gesamte Betrachtung der Vereinbarung auch Vorteile für die Energieversorgungsunternehmen bieten, wie z.B. die faktisch längeren Laufzeiten und die Kalkulierbarkeit des weitern politischen Handelns. Bei wirtschaftlicher Betrachtung wäre die Gegenleistung der EVU wohl angemessen zu der Leistung der Bundesregierung, da die Gegenleistung, also der Verzicht auf unbeschränkt geltende Betriebsgenehmigungen etc., nicht außer Verhältnis zu der gewonnenen „Rechtssicherheit“ für den restlichen Betrieb der KKW stünde. Die Gegenleistung der EVU würde auch in einem sachlichen Zusammenhang mit der Leistung der Bundesregierung stehen.

---

[194] BVerfG, Beschluß v. 29.11.1995 – 1 BvR 2203/95, in NJW 1996, Heft 10, S. 651; Böhm, Probleme, S. 663.
[195] BVerfGE 56, 54 (73 f.).
[196] Klöck, Atomausstieg, S. 3.
[197] Langenfeld, Rahmenbedingungen, S. 938.
[198] Z.B. in § 56 I 2 VwVfG normiert.
[199] Allgemein dazu; Stern, Staatsrechts, Band III/2, S. 892.

Entscheidend ist aber, dass das Koppelungsverbot nicht zur Anwendung kommt, da der Konsens eben keine vertragliche Bindungen entfaltet.

2. Grundrechtsverzicht der Betreiber

Weiterhin ist umstritten, ob die Vereinbarungen zumindest die Energieversorger in dem Sinne bindet, dass sie wirksam einen Grundrechtsverzicht[200] bzgl. Art. 14 GG und unter Umständen bzgl. Art. 12 GG erklärt haben.
Demnach müsste ein Verzicht darüber überhaupt möglich sein. Das klassische Grundrechtsverständnis betrachtet die Grundrechte als subjektive Freiheitsrechte der einzelnen Bürger gegenüber dem Staat, über die er disponieren kann. Dementsprechend wäre ein Verzicht bezüglich einzelner Grundrechte, wie hier die ursprünglich unbefristeten Betriebsgenehmigungen, als Ausübung dieser Freiheitsrechte grundsätzlich möglich[201]. Neuere Auffassungen gehen von der objektiven Funktion der Grundrechte aus, über die der Einzelne nicht disponieren kann[202].
In der Rechtsprechung[203] und heute h.L.[204] werden beide Funktionen der Grundrechte kombiniert. Maßgeblich ist die Funktion des konkret betroffenen Grundrechts, das bestimmt, inwiefern der einzelne Bürger über das geschützte Rechtsgut disponieren kann.
Weiterhin ist für die Wirksamkeit des Grundrechtsverzichts erforderlich, dass er erkennbar, in voller Kenntnis des Sachverhalts und freiwillig zustande gekommen ist[205]. Demnach käme man bei einer gerichtlichen Überprüfung, ob die Laufzeitbegrenzung mit Art. 14 GG vereinbar ist, bei den Kraftwerksbetreibern, die den Verzicht erklärt hätten, zu dem Ergebnis, dass ein Eingriff in die Eigentumsfreiheit nicht vorläge[206] oder dieser zumindest rechtmäßig[207] wäre.

---

[200] Der Begriff „Verzicht" soll nicht darüber hinwegtäuschen, dass es sich um ein „Verfügen" über ein Grundrecht handeln kann.
[201] Dürig, Menschenwürde, S. 117 (152).
[202] FS Willi Geiger, Sturm, Gerd, S. 192ff..
[203] BVerfGE 65, 1 (41ff.), BVerfGE 9, 194 (199).
[204] Gerhard Robbers, Der Grundrechtsverzicht, S. 927 f.; Stern, Staatsrecht, Band III/2, S. 887 ff. (ausführlich).
[205] Langenfeld, Rahmenbedingungen, S. 939 mit weiteren Nachweisen.
[206] Allgemein Pieroth/Schlink, Staatsrecht II, Rn. 141.
[207] Stern, Staatsrechts, Band III/2, S. 926 ff..

Hier ist aber festzuhalten, dass nicht alle KKW-Betreiber diesen Verzicht erklärt haben[208]. Außerdem kann nicht durch die Erklärungen einzelner Betreiber der Gesetzesvorbehalt des Art. 14 I S. 2 GG überwunden werden. Der Gesetzesvorbehalt dient nicht nur dem einzelnen Bürger, sondern soll auch das rechtsstaatliche und demokratische System sichern. Das Parlament muss seiner Aufgabe als politisches Führungsorgan nachkommen, also Grundsatzentscheidungen in Kenntnis ihrer Tragweite treffen und nach außen hin deutlich kenntlich machen. Der Vorbehalt des Gesetzes[209] „... verlangt, daß staatliches Handeln in bestimmten grundlegenden Bereichen durch förmliches Gesetz legitimiert wird."[210] Durch den Vorbehalt soll für die fraglichen Entscheidungen ein Verfahren sichergestellt werden, „... das sich durch Transparenz auszeichnet, die Beteiligung der parlamentarischen Opposition gewährleistet und ... den Betroffenen und dem Publikum Gelegenheit bietet, ihre Auffassungen auszubilden und zu vertreten..."[211]

Die Neuordnung des Energierechts und die damit verbundene Neugestaltung der Eigentumsordnung muss der Gesetzgeber verfassungsrechtlich verantworten und durch Gesetz festschreiben. Das Rechtsstaats- und Demokratieprinzip gebietet, dass der Gesetzgeber in grundlegenden normativen Bereichen alle wesentlichen Entscheidungen selbst zu treffen und in vollem Umfang zu verantworten hat[212].

> „Die normative Grundsatzentscheidung für oder gegen die rechtliche Zulässigkeit der friedlichen Nutzung der Kernenergie im Hoheitsbereich der Bundesrepublik Deutschland ist wegen ihrer weitreichenden Auswirkungen auf die Bürger, insbesondere auf ihren Freiheits- und Gleichheitsbereich, auf die allgemeinen Lebensverhältnisse und wegen der notwendigerweise damit verbundene Art und Intensität der Regelung eine grundlegende und we-

---

[208] Mit der Unterzeichnung durch einen HEW Vertreter haben aber nahezu alle Energieversorger, die Kernkraftwerke durch Tochterunternehmen betreiben, die Absprache unterzeichnet.

[209] Hier müsste eigentlich von Gesetzesvorbehalt gesprochen werden, da dieser Begriff im Zusammenhang mit den Grundrechten benutzt wird und dort einen zusätzlichen Aspekt aufweist, nämlich dass grundrechtliche Gesetzesvorbehalte zunächst zu einer Grundrechtseinschränkung ermächtigen, wobei diese aber nur in Form eines Gesetzes geschehen darf, dieser letzte Aspekt entspricht aber der Bedeutung des rechtsstaatlichen Vorbehalts des Gesetzes. Da aber weitreichende Bedeutungsüberschneidungen der Begriffe bestehen, ist eine synonyme Verwendung von Gesetzesvorbehalt und Vorbehalt des Gesetzes vertretbar. -Jarass/Pieroth, GG, Jarass, zu Art. 20, Rn. 45.

[210] BVerfGE 98, 218 (251).

[211] BVerfGE 95, 267 (307 f.).

sentliche Entscheidung im Sinne des Vorbehalts des Gesetzes. Sie zu treffen ist allein der Gesetzgeber berufen."[213]

Zu einer solchen wesentlichen Entscheidung ist dabei nicht nur die Nutzung der Kernenergie an sich, sondern auch die Ausgestaltung des Ausstiegs zu zählen. Ein möglicher Grundrechtsverzicht, bzw. die Verfügung über ein Grundrecht, ist damit unwirksam.

3. Rechtsmittelverzicht der Betreiber

Die Erklärungen der beteiligten AKW-Betreiberfirmen könnte aber einen Rechtsmittelverzicht[214] darstellen. So wurde erklärt:

> „Unbeschadet der nach wie vor unterschiedlichen Haltungen zur Nutzung der Kernenergie respektieren die EVU die Entscheidung der Bundesregierung, die Stromerzeugung aus der Kernenergie geordnet beenden zu wollen. Vor diesem Hintergrund verständigen sich Bundesregierung und Versorgungsunternehmen darauf, die künftige Nutzung der vorhandenen Kernkraftwerke zu befristen."
>
> „Beide Seiten werden ihren Teil dazu beitragen, dass der Inhalt dieser Vereinbarung dauerhaft umgesetzt wird."[215]

Es wird deutlich, dass beide Seiten davon ausgehen, dass die EVU keine Rechtsmittel (Der Rechtsweg wäre gem. Art. 19 IV GG wohl die Verfassungsbeschwerde[216].) gegen die AtG-Gesetzesnovelle, bzw. Maßnahmen aufgrund des neuen AtG, einlegen werden.

Dies ist insbesondere für die Bundesregierung wichtig, da diese den entschädigungsfreien Ausstieg aus der Kernenergienutzung plant.

---

[212] BVerfGE 33, 125 (158).
[213] Kalkar-Beschluß, BVerfGE 49, 89 (127).
[214] *Pieroth/Schlink* sehen den Rechtsmittelverzicht als eine Art Unterfall des Grundrechtsverzichts – Pieroth/Schlink, Staatsrecht II, Rn 133.
[215] Vereinbarung, S. 3.
[216] Dieser Rechtsweg kommt in Betracht, da die Inzidentkontrolle des AtG im Rahmen der Überprüfung von Umsetzungsmaßnahmen nicht erfolgen kann, da die Beschränkung der Anlagengenehmigung mit Erreichen der Reststrommenge offensichtlich unmittelbar durch das AtG bewirkt werden soll. Die Erstreckung des Grundrechtsschutzes aus Art. 19 IV GG auch auf Gesetzgebungsakte erscheint daher angebracht. Langenfeld, Rahmenbedingungen, S. 940.

Ein Rechtsmittelverzicht ist zulässig, wenn eine Entscheidung erlassen wurde, oder doch zumindest im konkreten Inhalt absehbar ist[217]. Hier ist das konkrete „Auslaufen" der Betriebsgenehmigungen nach Erreichen einer Reststrommenge absehbar. Die genauen Reststrommengen wurden ausgehandelt und entsprechend in das neue AtG eingefügt. Würde das neue AtG diese Regelungen nicht enthalten, wäre der Rechtsmittelverzicht als auflösend bedingt anzusehen, und eine Bindung der beteiligten Energieversorgungsunternehmen wäre dann entfallen[218], da sich die beteiligten EVU nur bei einer entsprechenden Umsetzung des Konsenses binden wollten.

Der Verzicht müsste ferner freiwillig erklärt worden sein, also nicht unter Druck oder Täuschung zustande gekommen sein[219], und ein Verzichtswille müsste vorgelegen haben.

Die EVU befanden sich unter Druck, da die Atommülltransporte in nächster Zukunft nötig waren, um eine Überlastung der kraftwerkseigenen Lagerstätten zu vermeiden und einen ordentlichen Betrieb zu gewährleisten. Außerdem „drohte" die Bundesregierung mit weitaus schärferen Regelungen ohne Absprache mit den EVU, wenn die Verhandlungen scheitern würden[220]. Ferner bestand immer die Gefahr des ausstiegsorientierten Vollzugs des Atomrechts, der an sich zwar unzulässig gewesen wäre (s.o.), aber zu größeren Unannehmlichkeiten geführt hätte.

Dies wird man aber als normale Verhandlungsstrategien werten dürfen und nicht als Zwang ansehen[221], da die EVU auch für sie vorteilhafte Regelungen erreicht haben. So waren ursprünglich wesentlich kürzere Restlaufzeiten durch die Bundesregierung beabsichtigt. Auch die Gewährleistung eines ungestörten Betriebs[222], der für sich eigentlich eine Selbstverständlichkeit ist, gibt in Anbetracht des dro-

---

217 Pieroth/Schlink, Staatsrecht II, Rn. 140; BVerfGE 9, 194 (199).

218 Das neue AtG zeigt, dass der Atomkonsens umgesetzt wurde.

219 Ein nicht freiwilliger Verzicht würde als Rechtsentzug nichtig sein. Dazu allgemein: Scherzberg, Grundfragen, S. 212 ff.. Oder jedenfalls nach den Grundsätzen des § 119 BGB anfechtbar; Bleckmann, Staatsrecht II, S. 404.

220 Zu den Hintergründen siehe z.B. FAZ, 16.6.2000, S. 17, Schäfers, Deutschen Stromversorger; FAZ, 16.6.2000, S. 17, Sturbeck, Rechtssicherheit.

221 *Langenfeld* zweifelt zumindest an der Freiwilligkeit, Langenfeld, Rahmenbedingungen, S. 941.

henden „ausstiegsorientierten Vollzugs" den Atomstromproduzenten eine gewisse Sicherheit[223]. Somit ist auch diese Vereinbarung vorteilhaft für die Energieversorger (und ein Hauptbeweggrund zur Einigung gewesen).

Gerade die Formulierung in der Konsensvereinbarung, dass die Bundesregierung und Versorgungsunternehmen davon ausgehen,

> „... dass diese Vereinbarung und ihre Umsetzung nicht zu Entschädigungsansprüchen zwischen den Beteiligten führt"[224],

lässt auf einen Verzichtswillen schlussfolgern.
Der Streit um eine Entschädigung wäre der Hauptgrund für die Einlegung eines Rechtsmittels.

Die beteiligten Energieversorgungsunternehmen haben somit einen Rechtsmittelverzicht erklärt.

3. Ergebnis / Kooperationsprinzip

Die Vereinbarung ist grundsätzlich eine unverbindliche Absprache[225], da die beteiligten Bundesorgane sich nicht wirksam verpflichten konnten. Die beteiligten EVU erklärten aber einen Rechtsmittelverzicht, wenn die Punkte der Vereinbarung in einem Gesetz umgesetzt würden, was dann erfolgte.

Darüber hinaus hat der Energiekonsens allein keine rechtsgestaltende Wirkung; doch ließen seine Eckpunkte auf die Art und den Umfang der angestrebten Novellierung des AtG schließen. Das Gesetz zur Änderung des AtG beinhaltet genau diese vereinbarten Eckpunkte.
Dies wurde in der offiziellen Zielsetzung auch festgestellt:

---

[222] Einleitung zur Konsensvereinbarung.
[223] Die Politik der „Nadelstiche" hätte faktisch den Betrieb der Kernkraftwerke erheblich gestört.
[224] Einleitung zur Konsensvereinbarung.
[225] Da die Verwaltung an Recht und Gesetz gebunden ist, darf natürlich nur Gegenstand einer Absprache sein, was rechtlich auch gebilligt wird. Entscheidend ist somit auch, ob der Ausstieg aus der Kernenergienutzung so rechtmäßig ist (s.u.).

„Das sind die wesentlichen Elemente der Vereinbarung zwischen der Bundesregierung und den Energieversorgungsunternehmen vom 14. Juni 2000, die mit diesem Gesetzentwurf umgesetzt wird."[226]

Klöck misst der Vereinbarung zwar keine unmittelbare Rechtswirkung zu, jedenfalls nicht im Sinne einer vertraglichen Verpflichtung[227], doch sieht er in der Vereinbarung ein „gelungenes Beispiel des Kooperationsprinzips, dem Rechtswirkung zukommt"[228]. Der Energiekonsens werde hierdurch gefördert aber nicht abschließend hergestellt[229].

Das Kooperationsprinzip, von der aktuellen Bundesregierung (1998-2002) stark beansprucht, gilt neben dem Vorsorge- und dem Verursacherprinzip im Umweltrecht[230], und ihm wurde auch der Rang eins Rechtsprinzips vom BVerfG eingeräumt[231].

> „Das Kooperationsprinzip begründet eine kollektive Verantwortung verschiedener Gruppen mit unterschiedlichen fachlichen, technischen, personellen und wirtschaftlichen Mitteln, in eigenständiger Aufgabenteilung und Verhaltensabstimmung das vorgegebene oder gemeinsam definierte Ziel zu erreichen."[232]
>
> „Das Kooperationsprinzip bringt grundsätzlich zum Ausdruck, daß Umweltschutz nicht alleinige Aufgabe des Staates ist und von diesem auch nicht (durchgängig) einseitig gegen die Wirtschaft und Gesellschaft durchgesetzt werden kann (oder besser: soll), sondern die Zusammenarbeit aller betroffenen Kräfte erfordert."[233]

---

[226] Entwurf eines Gesetzes zur geordneten Beendigung der Kernenergieenutzung zur gewerblichen Erzeugung von Elektrizität, S. 1; BT-Drs. 14/6890, S. 1.
[227] Klöck, Atomausstieg, S. 3.
[228] Klöck, Atomausstieg, S. 8.
[229] Klöck, Atomausstieg, S.8.
[230] Di Fabio, Kooperationsprinzip, S. 1153; Grewlich, Umweltschutz, S. 55; Das Kooperationsprinzip hat sich im Abfallgesetz konkretisiert und gilt daher rechtsverbindlich – BVerfGE 98, 106 (130); oder im BImSchG – BVerfGE 98, 83 (98 ff.).
[231] BVerfG, Urteil v. 7.5.1998 – 2 BvR 1991/95 u. 2004/95, in NJW, Heft 32, S. 2341-2346 (2343) und BVerfG, Urteil v. 7.5.1998 – 2 BvR 1876/91, 2 BvR 1083/92 u.a., in NJW 1998, Heft 32, S.2346-2349 (2348).
[232] BVerfGE 98, 106 (121 f.)

Deutliche Kritik wird aber an der tatsächlichen Umsetzung des Kooperationsprinzips in Deutschland von *Di Fabio*[234] geübt. So sieht er am Beispiel der Neuregelung des Abfallrechts (durch Kreislaufwirtschafts- und Abfallgesetz) weniger eine Deregulierung oder freiwillige Kooperation zwischen Gleichen. Der Staat wolle sich nicht von der öffentlichen Aufgabe der Entsorgung trennen, sondern „... nur seine Kräfte durch verordnete Kooperation schonen, aber zugleich den staatlichen Einfluß wahren oder sogar erweitern ..."[235].

Es besteht die Gefahr, dass durch den Staat ein solch großer Druck ausgeübt wird, dass betroffene Kooperationspartner zu einer Kooperation gezwungen werden, um eine für sie noch schlechtere Regelung zu verhindern. Die Kooperation darf aber nicht zu einer Zwangszusammenarbeit führen[236].

Doch kann dieser Anwendung des Kooperationsprinzips auf das Atomrecht keine weitreichende, rechtsverbindliche Wirkung zukommen (s.o.). Zu stark sind die Bedenken bezüglich der Rechtmäßigkeit einer solchen Vereinbarung.

Komorowski bezeichnet den Atomkonsens sinnvoller Weise als „gentlemen`s agreement"[237].
Bei der hier vorliegenden Absprache gehen die Beteiligten ohne Rechtsgründe von der Einhaltung des Abgesprochenen aus. Es gibt zwar keine Erfüllungsansprüche und Klagemöglichkeiten, aber die staatlichen Organe sind auch bei dem schlichten Hoheitshandeln an das Recht gebunden[238]. Das Abgesprochene selbst muss also mit dem Recht zu vereinbaren sein.

---

[233] Kloepfer, Umweltrecht, S. 185.
[234] Di Fabio, Kooperationsprinzip, S. 1156.
[235] Di Fabio, Kooperationsprinzip, S. 1155.
[236] Anspielung auf möglichen Druck in BVerfGE 98, 106 (126).
[237] Komorowski, Rechtsfragen, S. 17; Noch vor Abschluss des Konsenses wurde treffender Weise festgestellt, dass „... eine solche Vereinbarung eine gemeinsame Willenserklärung zum Verständnis zentraler Ausstiegs- und Verständnisfragen des Atomrechts darstellen (könnte)." Bayer/Huber, Rechtsfragen, Barth, S. 17.
[238] Langenfeld, Rahmenbedingungen, S. 937.; Kunig, Verträge und Absprachen, S. 1197 f.; Brohm, Rechtsgrundsätze, S. 1029.

e) Möglichkeit des Ausstiegs durch Gesetz (Ermessen des Gesetzgebers)

Der Ausstieg aus der friedlichen Nutzung der Kernenergie steht im Ermessen des Gesetzgebers.

Maßgebliches führt das BVerfG in seiner Kalkarentscheidung von 1978 aus[239]:

> „b) Die normative Grundsatzentscheidung für oder gegen die rechtliche Zulässigkeit der friedlichen Nutzung der Kernenergie im Hoheitsbereich der Bundesrepublik Deutschland ist wegen ihrer weitreichenden Auswirkungen auf die Bürger, insbesondere auf ihren Freiheits- und Gleichheitsbereich, auf die allgemeinen Lebensverhältnisse und wegen der notwendigerweise damit verbundenen Art und Intensität der Regelung eine grundlegende und wesentliche Entscheidung im Sinne des Vorbehalts des Gesetzes. Sie zu treffen ist allein der Gesetzgeber berufen."

Der Gesetzgeber kann sich daher in gewissen Grenzen für oder gegen die Nutzung der Kernenergie entscheiden. Er hat bei wesentlichen Veränderungen, die eine Nutzung in Frage stellen würden, sogar die Verpflichtung, seine ursprüngliche Entscheidung zu überprüfen. *Böhm* spricht hierbei von einer Nachbesserungspflicht[240].

So das BVerfG:

> „3. Hat der Gesetzgeber eine Entscheidung getroffen, deren Grundlage durch neue, im Zeitpunkt des Gesetzeserlasses noch nicht abzusehende Entwicklungen entscheidend in Frage gestellt wird, kann er von Verfassungs wegen gehalten sein zu überprüfen, ob die ursprüngliche Entscheidung auch unter den veränderten Umständen aufrechtzuerhalten ist."[241]

Da gerade die Einschätzung der Risiken der Kernenergienutzung ungewiss ist und sich mit den veränderten Umständen ändert, stellte das BVerfG fest:

> „In dieser, notwendigerweise mit Ungewißheit belasteten Situation liegt es zuvorderst in der politischen Verantwortung des Gesetzgebers und der Regierung, im Rahmen ihrer jeweiligen Kompetenzen die von ihnen für

---

239 BVerfGE 49, 89 (127).
240 Böhm, Probleme, S. 662.
241 BVerfGE 49, 89 (90)

gierung, im Rahmen ihrer jeweiligen Kompetenzen die von ihnen für zweckmäßig erachteten Entscheidungen zu treffen."[242]

Der Gesetzgeber kann sich somit gegen die wirtschaftliche Nutzung der Kernenergie entscheiden.

f) Kompetenzen zur Regelung, Art. 74 I Nr. 11a GG (Verfassungsauftrag ?)

Die Existenz der Art. 74 I Nr. 11a GG und Art. 87c GG lässt schlussfolgern, dass der Verfassungsgeber die friedliche Nutzung der Kernenergie, auch wenn sie mit anderen Grundrechten kollidiert, an sich für verfassungskonform hielt[243].

Eine andere Frage ist aber, ob diese Normen reine Kompetenznormen sind, oder sogar einen Verfassungsauftrag für die Nutzung der Kernenergie geben. Dann wäre der Ausstieg nur über eine Verfassungsänderung mit entsprechend qualifizierter Mehrheit möglich[244].

Gem. Art. 74 Nr. 11a GG erstreckt sich die konkurrierende Gesetzgebung auf:

> „die Erzeugung und Nutzung der Kernenergie zu friedlichen Zwecken, die Errichtung und den Betrieb von Anlagen, die diesen Zweck dienen, den Schutz gegen Gefahren, die bei Freiwerden von Kernenergie oder durch ionisierende Strahlen entstehen, und die Beseitigung radioaktiver Stoffe;"

Nach *Ronellenfitsch* sei aus dieser bemerkenswerten Häufung von Detailvorgaben zu folgern, dass es sich nicht nur um eine reine Ordnungsvorschrift ohne materiellen Gehalt handeln könne; die Vorschrift verlöre ihren Sinn, wenn durch sie eine in ihr bezeichnete Anlage gänzlich verboten werden könnte. Für eine reine Ordnungsvorschrift hätte eine generelle Bezeichnung der Materie gereicht[245]. Dem Gesetzgeber bliebe dann nur eine Ausführungskompetenz[246].

---

[242] BVerfGE 49, 89 (131). Das BVerfG bezog sich dabei im speziellen auf die neue Brütertechnik.
[243] Jarass/Pieroth, GG, Pieroth, zu Art. 74 GG, Rn. 28.
[244] So Sante, Aspekte, S. 55 ff.; Bayer/Huber, Rechtsfragen, Ronellenfitsch, S. 142 f..
[245] Bayer/Huber, Rechtsfragen, Ronellenfitsch, S. 142 (Fn. 3).
[246] Bayer/Huber, Rechtsfragen, Ronellenfitsch, S. 144.

Nach *Di Fabio* besteht in dieser atomrechtlichen Vorschrift ein unantastbarer Kernbereich, der die Zulassung von Forschungsreaktoren mit eingeschränkten Nutzungsmöglichkeiten umfassen soll[247].

Dem ist nicht zu folgen, da Art. 74 I Nr. 11a GG der Legitimität des Atomausstiegs nicht entgegensteht, denn der Regelungsgehalt dieser Norm erschöpft sich im Grunde darin, dem Bund die konkurrierende Zuständigkeit für die gesetzliche Regelung des Kernenergierechts zuzuweisen[248] (vgl. Art. 70 II GG)[249]. Gerade kraft Art. 74 I Nr. 11a GG ist der Gesetzgeber auch zur „... Grundsatzentscheidung ... gegen die friedliche Nutzung der Kernenergie... berufen ..."[250].
Auch kann der Vorschrift kein Kernbereich entnommen werden, da dies dem Sinn einer Kompetenzvorschrift widerspricht, den Gesetzgeber mit der Befugnis auszustatten, Inhalt, Zweck und Ausmaß des jeweils Regelungswürdigen festzulegen[251].

g) Verfassungsauftrag aus Art. 20 I, 28 I oder 109 II GG ?

Teilweise wird versucht, einen Verfassungsauftrag für die Beibehaltung der Kernenergie aus dem Sozialstaatsprinzip, Art. 20 I, 28 I GG, und aus der staatlichen Verantwortung für das Gesamtwirtschaftliche Gleichgewicht, Art. 109 II GG zu begründen[252]. Die Sicherung der Energieversorgung stellt ein Gemeinschaftsinteresse höchsten Ranges dar, dieses kann den Staat auch zu entsprechendem Handeln verpflichten[253]. Hier ist insbesondere die sozialstaatlich fundierte Daseinsvorsorge (Art. 20 I, 28 I GG) und die staatliche Verantwortung für das gesamtwirtschaftliche Gleichgewicht (Art. 109 II GG) und die darin implizierte Vorsorge für ein stetiges und angemessenes Wirtschaftswachstum[254] zu berücksichtigen.
Doch lässt sich hieraus nicht eine bestimmte Politik zur Sicherung der Energieversorgung herleiten. Wie der Gesetzgeber eine sichere, ökonomisch und ökologisch

---

247 Di Fabio, Ausstieg, S. 79.
248 Jarass/Pieroth, GG, Pieroth, zu Art. 74 GG, Rn. 28, sieht keinen Verfassungsauftrag in der Norm.
249 Dederer, Atomausstieg, S. 821.
250 BVerfGE 53, 30 (56).
251 10. Dt. Atomrechtssymposium, Erhard Denninger, S. 167 (170).
252 Di Fabio, Ausstieg, S. 79.
253 BVerfGE 30, 292 (323 f.).
254 Denninger, Verfassungsrechtliche Fragen, S. 22; mit Verweis von Art. 109 II GG auf § 1 des Stabilitäts- und Wachstums-Gesetzes vom 8.6.1967.

günstige und sozial verträgliche Versorgung erreicht und insbesondere welcher Methoden zur Energieerzeugung er sich dabei bedient, ist ihm überlassen.

> „Das Sozialstaatsprinzip stellt also dem Staat eine Aufgabe, sagt aber nichts darüber, wie diese Aufgabe im einzelnen zu verwirklichen ist – wäre es anders, dann würde das Prinzip mit dem Prinzip der Demokratie in Widerspruch geraten: Die demokratische Ordnung des Grundgesetzes würde als Ordnung eines freien politischen Prozesses entscheidend eingeschränkt und verkürzt, wenn der politischen Willensbildung eine so und nicht anders einzulösende verfassungsrechtliche Verpflichtung vorgegeben wäre.“[255]

Ein Verfassungsauftrag zur Nutzung der Kernenergie kann daher hieraus nicht gefolgert werden[256]

h) Verwaltungskompetenz- Zustimmungsbedürftigkeit

Weiter ist zu prüfen, wer die Verwaltungskompetenz im Atomrecht hat und ob eine Änderung des AtG der Zustimmung des Bundesrates bedarf, also die neueste Änderung des AtG der Zustimmung des Bundesrates bedurft hätte.

1. Verwaltungskompetenz

Gem. Art. 87c GG i.V.m. § 24 I AtG vollziehen die Länder das Atomgesetz im Auftrag des Bundes. Der Bund hat dabei Einwirkungsmöglichkeiten (Art. 85 GG[257]) auf den Gesetzesvollzug durch Inanspruchnahme des Weisungsrechtes; er zieht dabei die Entscheidungskompetenz an sich[258]. Die Wahrnehmungskompetenz ist aber unentziehbar, da „... das Handeln und die Verantwortlichkeit nach außen, im Verhältnis zu Dritten, bleibt stets Landesangelegenheit ...“[259]. Ein Selbsteintritts-

---

[255] BVerfGE 59, 231 (263).
[256] Koch/Roßnagel, 10. Dt. Atomrechtssymposium, Erhard Denninger, S. 167 (170).
[257] Die Bundesaufsicht umfasst die Gesetzmäßigkeit und Zweckmäßigkeit der Ausführung gem. Art. 85 IV GG, dabei hat der Bund die Möglichkeit in eigener Sachkompetenz, die Entscheidungen der Fachabteilung der obersten Landesbehörde, welche im Rahmen ihrer Wahrnehmungskompetenz handelt, inhaltlich zu steuern. Bayer/Huber, Rechtsfragen, Böhm-Amtmann, S. 23.
[258] „Aber der Bund kann sie (die Sachkompetenz), indem er das ihm zuerkannte Weisungsrecht in Anspruch nimmt, nach eigener Entscheidung an sich ziehen.“ BVerfGE 81, 310 (332); 84, 25 (31).
[259] BVerfGE 81, 310 (332); in diesem Sinne auch BVerwG, 105, 6 (17).

recht oder das Recht der Ersatzvornahme besteht daher nicht[260]. Gegenüber dem Bürger wird immer nur die Landesbehörde tätig.
Der Bund kann im Verhältnis zu den Ländern Weisungen erteilen gem. Art. 85 III GG oder allgemeine Verwaltungsvorschriften gem. Art. 85 II GG erlassen.
Fraglich ist, ob das Ausstiegsgesetz Regelungen enthält, die in die unentziehbar vorbehaltene Verwaltungskompetenz der Länder fallen.
Durch die Befristung der Betriebsgenehmigungen wird keine den Ländern vorbehaltene Kompetenz auf den Bund übertragen[261]. Die politische Entscheidung, das Energierecht neu zu ordnen, welche eine geordnete, bundeseinheitliche und gleichmäßige Vorgehensweise erfordert[262], kann nur der Gesetzgeber treffen, dafür ist die Landesverwaltung nicht zuständig. Der Bund übt somit kein unzulässiges Selbsteintrittsrecht aus und nimmt den Ländern auch keine nur ihnen zustehenden Verwaltungskompetenzen.

2. Zustimmungsbedürftigkeit

Gegen eine Änderung des AtG ohne eine Beteiligung der Länder will das Bundesland Bayern das BVerfG anrufen[263].
Nach einer Ansicht[264] müssten die Länder bei einem gesetzlichen Atomausstieg gem. Art. 84 I und Art. 87c GG i.V.m. § 24 I S. 1 AtG beteiligt werden, da auch die „Nicht-Genehmigung“[265], der wesentliche Kernpunkt der Ausstiegsnovelle, die Zustimmungspflicht begründe, da die Länder zuständig seien für die „Nichterteilung von Genehmigungen“.

Gem. Art. 74 Nr. 11a GG[266] hat der Bund für die Materie des Atomrechts die konkurrierende Gesetzgebungskompetenz. Natürlich wird davon auch die Gesetzes-

---

260 Steinberg, Bundesauftragsverwaltung, 437 f..
261 Roßnagel/Roller, Beendigung, S. 73.
262 Roßnagel/Roller, Beendigung, S. 74.
263 Stellvertretend hier die Ankündigung des bayerischen Ministerpräsidenten Stoiber, in FAZ vom 16.6.2000, S. 2, Finkenzeller, Ausstieg.
264 Ein Referat der Ministerialdirigentin Edeltraud Böhm-Amtmann, Leiterin der Abteilung Kernenergie und Strahlenschutz am Bayerischen Staatsministerium für Landesentwicklung und Umweltfragen, wird inhaltlich wiedergegeben in Butzke/Storr, Atomausstieg, S. 221 f.
265 Bayer/Huber, Rechtsfragen, Böhm-Amtmann, S.37.
266 Diese Bestimmung umfasst alle Materien der Gesetzgebung in Bezug auf die Kernenergie. So von Münch, GG, Band 3, Ingo von Münch, zu Art. 74 GG, Rn. 56.

änderung des AtG umfasst. In Art. 87c GG ist aber normiert, dass der Bundesrat Gesetzen zustimmen muß, durch welche die Bundesauftragsverwaltung angeordnet wird. Wenn der Gesetzgeber also die Bundesauftragsverwaltung wählt, wozu er nicht verpflichtet ist[267], muß der Bundesrat zustimmen.
Der Streit in der Literatur besteht darüber, ob von dieser Regelung nur Verfahrensregelungen oder auch Regelungen in der Sache betroffen sind[268].

Der Ministerpräsident des Freistaates Bayern, *Stoiber* erklärte im Februar 2000, dass Bayern einem Ausstiegsgesetz im Bundesrat nicht zustimmen werde und auch die anderen CDU-geführten Länder in seinem Sinne handeln würden. Falls der Bundesrat umgangen würde, werde Bayern das Bundesverfassungsgericht anrufen. Es sollen die Bundesländer über die Zukunft der deutschen Energieversorgung entscheiden und nicht die Repräsentanten der Energiewirtschaft.[269]

Da materielle Regelungen und die Anordnung der Auftragsverwaltung nicht in dem selben Gesetz erfolgen müssen[270], kann also eine lediglich materielle Änderung des AtG erfolgen.
Diese wäre dann nicht zustimmungsbedürftig, da ein auf Grund des Art. 74 Nr. 11a GG ergangenes Gesetz nicht per se zustimmungsbedürftig ist, ansonsten wäre Art. 87c bloße Förmelei. Ein Änderungsgesetz ist jedenfalls nur zustimmungsbedürftig, wenn es selbst zustimmungsbedürftige Vorschriften enthält oder wenn es Vorschriften ändert, die eine Zustimmungsbedürftigkeit des geänderten Gesetzes ausgelöst hätten[271]. Ein Änderungsgesetz, welches nur die materiellrechtlichen Vorschriften novelliert, ist als gesetzgebungstechnische Einheit anzusehen. Es ist selbständig nach den allgemeinen Lehren zu beurteilen[272]. Daher ist ein Änderungsgesetz zu einem Zustimmungsgesetz eben nicht automatisch zustimmungsbedürftig. Anderes gilt aber dann, wenn das Änderungsgesetz solche

---

[267] Von Münch, GG, Band 3, Ingo von Münch, zu Art. 87c GG, Rn. 6.
[268] Nur für Verfahrensregelungen (h.M.): *Schmidt-Bleibtreu* in Schmidt-Bleibtreu/Klein, GG, zu Art. 87c, Rn. 3; Jarass/Pieroth, Pieroth, GG, zu Art. 87 c, Rn. 1.; von Münch, GG, Band 3, Ingo von Münch, zu Art. 87c GG, Rn. 6.
A.A.: Maunz in Maunz/Dürig, GG, Art. 87 c, Rn. 12.
[269] In FAZ vom 9.2.2000, S. 2, Finkenzeller, Rechtsprüfung.
[270] Von Münch, GG, Band 3, Ingo von Münch, zu Art. 87c GG, Rn. 6.
[271] V. Mangoldt/Klein/Starck, GG, Hans-Detlef Horn, Band 3, zu Art. 87c GG, Rn. 54.

Neuerungen in Kraft setzt, die den nicht ausdrücklich geänderten Vorschriften, welche die Zustimmungsbedürftigkeit ursprünglich ausgelöst hatten, „... eine wesentlich andere Bedeutung und Tragweite verleihen".[273]

> „Eine Totalrevision unter dem Vorzeichen eines neuen Gesetzeszwecks, das etwa den Ausstieg und die Abwicklung der friedlichen Kernenergienutzung an die Stelle seiner (bisherigen) Förderung setzt, kann gemäß Art. 87c nicht ohne Zustimmung des Bundesrates erfolgen, wenn die dadurch bewirkte grundlegende Umgestaltung der Verwaltungsaufgabe dazu führt, daß die (nicht ausdrücklich geänderten) Vorschriften über den Aufgabenvollzug in Bundesauftragsverwaltung eine neue Bestimmung erfahren, die von der zum geänderten Gesetz erteilten Zustimmung nicht mehr umfasst wird."[274]

§ 24 AtG, der die Zuständigkeit der Landesbehörden regelt, wird durch die Novellierung des AtG nicht verändert. Die entscheidende Frage ist aber, ob die Bundesauftragsverwaltung (Verwaltungsaufgabe) nun eine andere Bedeutung und Tragweite erfahren hat, die von der ursprünglichen Zustimmung nicht mehr umfasst wird.

Nach dem Änderungsgesetzentwurf kann „in den Ländern ... es im Einzelfall kurzfristig zu einem geringfügigen Haushaltsmehraufwand von einigen wenigen Stellen im Zusammenhang mit vorgezogenen Anlagestillegungen kommen, jedoch kann ein vermehrter Vollzugsaufwand durch Kostenerhebung refinanziert werden. Mittel- und langfristig werden die Kosten der staatlichen Aufsicht mit dem Betriebsende der bestehenden Atomanlagen sinken. Die Haushalte der Kommunen sind nicht betroffen".[275] Dies ist nachvollziehbar, da die Kosten für die Länder bei einer begrenzten Kernenergienutzung und der damit verbundenen Bundesauftragsverwaltung nach Auffassung des Verfassers insgesamt nicht größer sein können als eine weitere Nutzung der Kernenergie mit Neugenehmigungen und der Stilllegung veralterter Anlagen[276].

---

[272] BVerfGE 37, 363, 381 f..

[273] BVerfGE 37, 363, 383; in BVerfGE 48, 127(180) wird in anderem Zusammenhang noch hinzugefügt. „... die von der früher erteilten Zustimmung ersichtlich nicht mehr umfaßt wird".

[274] V. Mangoldt/Klein/Starck, GG, Hans-Detlef Horn, Band 3, zu Art. 87c GG, Rn. 57.

[275] Entwurf eines Gesetzes zur geordneten Beendigung der Kernenergienutzung zur gewerblichen Erzeugung von Elektrizität, S. 4; BT-Drs. 14/6890, S. 3.

[276] Eine genauere Betrachtung würde den Rahmen dieser Arbeit sprengen.

Eine wesentliche Veränderung der Auftragsverwaltung liegt damit nicht vor[277], gerade aus der Abgrenzung der Art. 74 Nr. 11 a zu Art. 87 c GG ergibt sich daher, dass eine Zustimmung bei der Novellierung des AtG nicht erforderlich war.

Letztendlich ist aber eine „... konstruktive Einbindung der Länderebene ..."[278] wünschenswert, da diese vor Ort für den reibungslosen Ablauf sorgen sollen und Verfassungsklagen etc. seitens der Länder den Ausstieg zumindest verlangsamen können.

V. Rechtmäßigkeit eines Ausstiegsgesetzes

Die einzelnen Regelungen eines Ausstiegsgesetzes müssten rechtmäßig sein.

a) Regelungsgehalt eines Ausstiegsgesetzes

Da es in der Vergangenheit schon mehrere Versuche gab, den Ausstieg gesetzlich festzuschreiben, sollen hier die Inhalte dieser Gesetzesinitiativen kurz aufgeführt werden.

1. Hessischer Entwurf

Der Entwurf eines „Kernenergieausstiegsgesetzes" des hessischen Umweltministeriums (29.6.1998) sah eine Überganszeit von absolut fünf bzw. zehn Jahren vor. Ferner sollte der zugelassene Restbetrieb durch Verschärfung der Vorschriften erschwert werden. Ziel war der möglichst schnelle Ausstieg.[279]

2. Jüttner-Konzept

Das Konzept des Niedersächsischen Umweltministers *Jüttner* sah erst einmal einen Energiekonsens mit den Energieversorgern vor. Neue KKW sollten nicht mehr genehmigt werden und die alten KKW so schnell wie möglich vom Netz gehen.

---

[277] Wenn man sogar von einer faktischen Aufhebung der Bundesauftragsverwaltung, nachdem alle KKW stillgelegt worden sind etc., ausginge, läge trotzdem keine Zustimmungsbedürftigkeit vor, da ja dann mit Aufhebung der Verwaltungsaufgabe die Aufhebung des Verwaltungstypus nicht mehr als eigene Regelung aufträte (V. Mangoldt/Klein/Starck, GG, Hans-Detlef Horn, Band 3, zu Art. 87c GG, Rn. 59).
[278] Maichel, Zukunft der Kernenergie, S. 159.
[279] Di Fabio, Ausstieg, S. 8 ff..

Die Wiederaufarbeitung müsse beendet und nur ein Endlager gefunden werden. Konkrete Auslauffristen wurden nicht gesetzt, um die Konsensverhandlungen noch zu ermöglichen.[280]

Die Drohkulisse eines Ausstiegs durch Gesetz ohne Beteiligung der Energieversorger, die aktuellen Sicherheitsprobleme bei dem Brennelementetransport und die damit verbundene Gefahr der „Verstopfung" der Lagerstätten in den KKW[281] bestand aber auch hier.

3. 100-Tage Programm

Nach der Bundestagswahl 1998 beschlossen die Koalitionsparteien SPD und Bündnis 90/Die Grünen in ihrer Koalitionsvereinbarung, aus der Kernenergie auszusteigen[282]. Im Rahmen eines 100-Tage Programms sollte das AtG geändert werden. So kam es zu einem 100-Tage Gesetzentwurf[283] zur Änderung des AtG. Dieser Entwurf sah die Streichung des Förderzwecks, die Einführung einer Verpflichtung zur Sicherheitsüberprüfung, die Klarstellung der Beweislastregelung bei begründetem Gefahrenverdacht, die Beschränkung auf direkte Endlagerung, eine Erhöhung der Deckungsvorsorge und die Aufhebung der Atomgesetz-Novelle von 1998 (außer der Umsetzung von EU-Recht) vor. Eine Regelung von Reststrommengen wies der Entwurf nicht auf.

4. Ergebnis der Konsensgespräche/ AtG-E / Änderungsgesetz

Der Entwurf zur AtG-Änderungsnovelle hatte die in den Konsensgesprächen ausgehandelten Eckpunkte zum Inhalt und wurde so im Bundestag beschlossen.

Das neue Atomgesetz trat am 27.4.2002 in Kraft[284].

---

[280] Di Fabio, Ausstieg, S. 12 ff..

[281] Butzke/Storr, Atomausstieg, S. 222.

[282] Zur Koalitionsvereinbarung und deren Inhalte s.o..

[283] Kernvorschriften des 100-Tage-Gesetzentwurfs zur Änderung des Atomgesetzes in der Fassung des Koalitionsbeschlusses vom 14.1.1999 abgedruckt in FAZ v. 15.1.1999, S. 14.

[284] Das „Gesetz zur geordneten Beendigung der Kernenergienutzung zur gewerblichen Erzeugung von Elektrizität" änderte damit das Atomgesetz von 1959 grundlegend.

b) „Unumkehrbarkeit“ des Ausstiegs

Ein wesentliches Ziel der Regierungskoalition war der unumkehrbare Ausstieg aus der Nutzung der Kernenergie[285]. Den Ausstieg rechtlich unumkehrbar zu gestalten ist nicht möglich und wurde durch die AtG Novelle auch nicht erreicht. Selbst mit Zuhilfenahme einer Verfassungsänderung, die unter den gegebenen Mehrheitsverhältnissen wohl nicht möglich wäre (Art. 79 II GG), wäre der Ausstieg rechtlich nicht unumkehrbar, da eine weitere Verfassungsänderung erfolgen könnte.
So bestätigte die CDU/CSU-Bundestagsfraktion, dass es spätestens nach einem Regierungswechsel mit der Unumkehrbarkeit des Ausstiegs vorbei sei[286].
So auch *Glos*: „... bis dahin CSU und CDU wieder an der Regierung sein werden. Wir haben mehrfach gesagt, dass wir das Ruder in der Energiepolitik wieder herumreißen und die friedliche Nutzung der Kernenergie in Deutschland wieder eine Zukunft geben werden. Dazu gehört auch die Option auf den Bau neuer, technisch weiter entwickelter Reaktoren.“[287]
Eine Gesetzesänderung könnte dann wieder in die andere Richtung erfolgen.

Gemeint ist daher mit Unumkehrbarkeit wohl eher die Weichenstellung für die Nutzung anderer Energieträger in dem Sinne, dass die Nutzung der Atomkraft für die Zukunft wirtschaftlich unattraktiv gestaltet wird. Gerade die Investition in die Kernenergie erfordert eine Rechtssicherheit über einen längeren Zeitraum und kann schlecht ad hoc initiiert werden.

c) Anspruch auf Ausstieg

Teilweise wird der Bevölkerung aus den Schutzpflichten, die im Art. 2 II S. 1 GG normiert sind, ein Anspruch auf den Ausstieg aus der Kernenergie zugesprochen[288]. Dies könnte sich dann ergeben, wenn die kerntechnische Bedrohung den Betroffenen keine Möglichkeit sich zu schützen lassen würde. Dann sind an die

---

[285] Kapitel IV., 3.1. der Koalitionsvereinbarung, „Deshalb wird die neue Bundesregierung alles unternehmen, die Nutzung der Atomkraft so schnell wie möglich zu beenden.“; Kapitel IV., 3.2., „Der Ausstieg aus der Nutzung der Kernenergie wird innerhalb dieser Legislaturperiode umfassend und unumkehrbar gesetzlich geregelt.“.
[286] Pressemitteilung der CDU/CSU-Bundestagsfraktion, 15.6.2000.
[287] Glos, Energiepolitik, S. 168.
[288] von Hippel, Ausstieg, 414 f..

verfassungsrechtliche Rechtfertigung solcher Gefährdungen höchste Anforderungen zu stellen[289]. Da der potentielle Schaden bei der friedlichen Nutzung der Kernenergie immens ist, ist sie nur mit Art. 2 II S. 1 GG vereinbar, wenn die Möglichkeit eines Schadenseintritts „... praktisch ausgeschlossen erscheint..."[290]. Menschliches Versagen ist aber nicht auszuschließen, es würde etwas Unmögliches vom Gesetzgeber verlangt werden. Daher konkretisiert das BVerfG, dass bloße „...Ungewißheiten jenseits dieser Schwelle praktischer Vernunft..." als unentrinnbare und „.. sozial-adäquate Lasten von allen Bürgern zu tragen (seien)."[291]

Was aber sind die zu tolerierenden Restrisiken? Hier ist gerade in jüngster Zeit ein Meinungsstreit entflammt. Nach einer Ansicht sind die heutigen Risiken der Kernenergienutzung, gerade im Vergleich mit anderen risikoärmeren Energieträgern, so hoch, dass die Atomenergienutzung auch nicht unter Zuhilfenahme der Rechtsfigur des „Restrisikos" mit Art. 2 II S.1 GG zweifelsfrei zu vereinbaren wäre[292].

Das Restrisiko beinhaltet u.a. die Gefahr einer Kernschmelze. Hier wird unterschieden zwischen Störfällen und Unfällen. Bei Störfällen wird zwar der laufende Betrieb unterbrochen, doch sind die Anlagen durch entsprechende Schutzvorrichtungen gegen solche Ereignisse ausgelegt. Bei Unfällen können die Schutzmaßnahmen die Auswirkungen nicht kompensieren und es erfolgt eine über die erlaubten Grenzwerte hinausgehende radioaktive Verstrahlung von Menschen.
Um u.a. einen Überblick über die Ereignisse in den KKW zu bewahren, sind die Betreiber der Atomkraftwerke in der BRD seit 1975 verpflichtet, meldepflichtige Ereignisse nach bundeseinheitlichen Meldekriterien an die atomrechtlichen Aufsichtsbehörden zu melden. Diese Meldepflicht gilt mit Inkrafttreten der derzeit gültigen Fassung der „Meldekriterien für meldepflichtige Ereignisse in Anlagen zur Spaltung von Kernbrennstoffen" zum 1.Juli 1991 auch für die Betreiber von Forschungsreaktoren, deren Höchstleistung 50 kW thermische Dauerleistung überschreitet.

---

289 Borgmann, Möglichkeiten, S. 287.
290 BVerfGE 49, 89 (143).
291 BVerfGE 49, 89 (143).
292 So Klöck, Atomausstieg, S. 5; Koch/Roßnagel, Energiepolitik, S. 3; A.A. z.B. Wagner, Ausstieg, S. 226 f. .

Die meldepflichtigen Ereignisse sind unterschiedlichen Kategorien zugeordnet, die sich unterteilen in: Kategorie S (Sofortmeldung: unverzüglich), diese Ereignisse müssen sofort gemeldet werden, damit innerhalb kürzester Frist Prüfungen eingeleitet werden oder Maßnahmen veranlasst werden können; Kategorie E (Eilmeldung: innerhalb von 24 Stunden), hier sind keine Sofortmaßnahmen geboten, aber die Ursachen müssen aus Sicherheitsgründen geklärt und in angemessener Frist behoben werden.; Kategorie N (Normalmeldung: innerhalb von 5 Tagen), dies sind Ereignisse von untergeordneter sicherheitstechnischer Bedeutung. Diese Ereignisse gehen allgemein nur wenig über routinemäßige betriebstechnische Ereignisse hinaus, sie werden erfasst und ausgewertet, um eventuelle Schwachstellen im Vorfeld bereits zu erkennen; Kategorie V (Vor Beladung des Reaktors mit Brennelementen: innerhalb von 10 Tagen), dieser Kategorie sind alle meldepflichtigen Ereignisse während der Errichtung einer Anlage zuzuordnen, über die die Aufsichtsbehörde im Hinblick auf den späteren sicheren Betrieb der Anlage informiert werden muss.[293]

Im Jahr 2000 lagen 94 gemeldete meldepflichtige Ereignisse in den Atomkraftwerken vor (81 Ereignisse in den in Betreib befindlichen und 13 Ereignisse in den in Stilllegung befindlichen Anlagen). Systematische Schwachstellen wurden bei der Analyse nicht festgestellt. Außerdem traten bei keinem der gemeldeten Ereignisse Ableitungen radioaktiver Stoffe oberhalb der genehmigter Höchstwerte für Fortluft und Abwasser auf.

Insgesamt wurden nur 2 Ereignisse in der Kategorie E (Eilmeldung) gemeldet, die anderen 92 Ereignisse lagen in der niedrigsten Kategorie N (Normalmeldung), Ereignisse der Kategorie S traten nicht auf. Nach der internationalen Bewertungsskala (von 0 bis 7) entsprachen 91 Ereignisse der INES-Stufe 0, also mit keiner oder sehr geringen unmittelbaren sicherheitstechnischer, bzw. radiologischer Bedeutung. Drei Ereignisse wurde in die INES-Stufe 1, betriebliche Störung mit keiner radiologischen Bedeutung, eingeordnet.[294].

---

[293] Z.B. Jahresbericht 2000 des BMU „Meldepflichtige Ereignisse in Anlagen zur Spaltung von Kernbrennstoffen in der Bundesrepublik Deutschland ...", S. 26. Zur internationalen Bewertungsskala (INES) siehe S. 27 des Berichtes.

[294] Jahresbericht 2000 des BMU „Meldepflichtige Ereignisse in Anlagen zur Spaltung von Kernbrennstoffen in der Bundesrepublik Deutschland ...", S. 22.

Statistisch läge nach *Stüer/Spreen*[295] die Gefahr einer Reaktorkernschmelze in einem der in Deutschland betriebenen Atomkraftwerke bei etwa 1 % in den nächsten 20 Jahren.

Eine Studie über die potentiellen Schäden eines Unfalls in einem Kernkraftwerk spricht von 14.500 direkten Todesfällen und weiteren 100.000 Opfern infolge von Spätschäden, die bei einem größtmöglichen Schaden, der überhaupt auftreten kann, zu beklagen wären[296].

Es gibt verschiedenste Risikobewertungen in der Literatur. Letztendlich festhalten lässt sich wohl, dass bei einem größtmöglich anzunehmenden Unfall Folgen auftreten, die von der Gesellschaft kaum mehr zu tragen wären.

Nach *Stüer/Spreen* lässt sich der Eingriff in Art. 2 II S. 1 GG durch die Hinnahme eines Restrisikos nicht rechtfertigen[297].

Nach *Wagner*[298] ist die Eintrittswahrscheinlichkeit von Unfällen mit erheblichen Ausmaß nicht höher als bisher angenommen wurde. Er bezieht sich dabei auf eine Risikostudie, die in ihrer zweiten Phase sogar eine Verringerung der Eintrittshäufigkeit für Kernschmelzen beschreibt[299].

> „Kernschmelzen mit nachfolgender Dampfexplosion und frühem Versagen des Sicherheitsbehälters kann ausgeschlossen werden. Außerdem zeigen die langjährigen Kernschmelzversuche im Forschungszentrum Karlsruhe (in den Jahren 1980-2000), dass eine Kernschmelze langfristig gekühlt und damit stabilisiert werden kann.“[300]

Tschernobyl kann nicht als Beispiel für mögliche deutsche Kraftwerksunfälle herangezogen werden, da sich deutsche Reaktoren deutlich von diesem Bautyp un-

---

[295] Stüer/Spreen, Krümmel, S. 21.
[296] Kramer, Schadensvorsorge, S. 263.
[297] Stüer/Spreen, Krümmel, S. 23.
[298] Wagner, Realitätsbezug, S. 1140.
[299] Risikostudie Kernkraftwerke Phase B (1989) im Vergleich zu Phase A (1979), Deutsche Risikostudie Kernkraftwerke – Phase B, S. 82-84.
[300] Wagner, Realitätsbezug, S. 1140.

terscheiden. Vielmehr ist durch den Unfall im KKW in Harrisburg 1979 (USA), einem mit deutschen Reaktoren vergleichbaren KKW, deutlich geworden, dass die Auswirkungen sich auf das Reaktorgelände beschränkt haben[301].

Wagner führt weitere Beispiele für eine Fortentwicklung der Reaktorsicherheit an und deutet Widersprüche in der Beurteilung der Sicherheit durch die Bundesregierung und des BMU an[302].

Die Diskussionen über die bestehenden Risiken der friedlichen Nutzung der Kernenergie haben gezeigt, dass eine Kernschmelze und deren katastrophale Folgen nie gänzlich auszuschließen ist. Doch muss dieses „Restrisiko" von den Bürgern solange getragen werden, wie sich der Gesetzgeber für eine Nutzung der Kernenergie entscheidet und die Betreiber die Voraussetzungen des AtG erfüllen.

Ein Anspruch auf den Ausstieg, bzw. eine absolute Unvereinbarkeit der Nutzung mit Art. 2 II S. 1 GG ist daher nicht ersichtlich. Es liegt aber grundsätzlich im Gestaltungsspielraum des Gesetzgebers, Neugenehmigungen für die Errichtung und den Betrieb von Kernkraftwerken nicht mehr zuzulassen[303].

d) Grundrechtsfähigkeit der Betreibergesellschaften

Ein Schwerpunkt der Atomausstiegsdiskussion ist die Grundrechtsbetroffenheit der Betreibergesellschaften.

Zum einen besteht die Frage, ob die Betreiber überhaupt grundrechtsfähig sind[304], und zum anderen welche Grundrechte von den Ausstiegsregelungen betroffen oder verletzt sind.

---

301 Wagner, Realitätsbezug, S. 1140; Kruis, Atomwirtschaft, S. 449.
302 Wagner, Realitätsbezug, S. 1140 f..
303 BVerfGE 49, 89 (127); Böhm, Probleme, S. 661.
304 Eine Grundrechtsfähigkeit der gemischtwirtschaftlichen Unternehmen bejahen: Hartung, Grundrechtsfähigkeit, S. 400, Di Fabio, Ausstieg, S. 87 ff., 97 f.; verneinend: Hofmann, Privatwirtschaft, S. 28 ff.; Borgmann, Möglichkeiten, S. 363 f..

Die Rechtsform der Betreibergesellschaften allein kann nicht ausschlaggebend für eine Grundrechtsfähigkeit sein, da es entscheidend darauf ankommt, ob die von dem Grundrecht geschützten Tätigkeiten auch von juristischen Personen ausgeübt werden können[305] bzw. ob die juristischen Personen sich in einer natürlichen Personen vergleichbaren Gefährdungslage befinden[306].

Die Betreibergesellschaften sind als juristische Personen des Privatrechts, Aktiengesellschaften, Gesellschaften mit beschränkter Haftung oder in der Rechtsform der GmbH & Co. KG Personengesellschaften[307]. Da sie alle ihren Sitz ausschließlich im Inland haben, sind sie inländische juristische Personen des Privatrechts. Sie können grundsätzlich gem. Art. 19 III GG grundrechtsfähig sein.[308]
Problematisch ist dies, soweit sich die Betreibergesellschaften ganz oder teilweise in öffentlicher Hand befinden (gemischtwirtschaftliche Unternehmen).[309] Die vom Staat geschaffenen juristischen Personen des Privatrechts, die Aufgaben und Funktionen der öffentlichen Verwaltung erfüllen, sind grundsätzlich keine Grundrechtsträger[310] (Ausnahme: justizielle Grundrechte, z.B. Art. 101 I GG). Dasselbe gilt für juristische Personen des Privatrechts, deren Anteile vollständig von juristischen Personen des öffentlichen Rechts gehalten werden[311].
Eine Übertragbarkeit der Grundrechte auf Betreiberfirmen, die zu 100 % in Privatbesitz stehen, dürfte unproblematisch sein.
Die Grundrechte schützen vor Eingriffen der staatlichen Gewalt, der Staat wird durch die Grundrechte verpflichtet und kann somit nicht gleichzeitig Grundrechtsberechtigter sein (Konfusionsargument)[312]. So können sich juristische Personen des öffentlichen Rechts, Hoheitsträger wie Gemeinden oder Gemeindeverbände, bei der Wahrnehmung der ihnen übertragenen öffentlichen Aufgaben, nicht auf

---

[305] BVerfGE 42, 212 (219).
[306] BVerfGE 45, 63 (79).
[307] Z.B. Kernkraftwerk Obrigheim GmbH, RWE Energie AG; Auflistung in BT-Drs. 13/11350, S. 8 f., Tabelle 6-1.
[308] Di Fabio, Ausstieg, S. 84.
[309] Eine ältere Übersicht findet sich bei Borgmann, Möglichkeiten, S. 429 ff.
[310] BVerfGE 68, 193 (213).
[311] BVerfGE 45, 63 (78 ff.); 68, 193 (212 f.).
[312] Di Fabio, Ausstieg, S. 86; BVerfGE 15, 256 (262); 21, 362 (369 f.); 61, 82 (100 f.); 68, 193 (205 f.).

den Schutz der Grundrechte berufen[313]. Ausnahmen davon bestehen dann, wenn die juristische Person unmittelbar dem durch das betreffende Grundrecht geschützten Lebensbereich zuzuordnen ist und das betroffene Grundrecht gerade die Autonomie gegenüber dem Reststaat als typische Ausdrucksform der geschützten Tätigkeit zu sichern sucht[314]. Ein Beispiel hierfür ist die Forschungsfreiheit aus Art. 5 III GG für Universitäten.

Nach dem BVerfG kommt es für die Grundrechtsfähigkeit der Betreiber nach Art. 19 III GG nicht auf die öffentlich-rechtliche oder privat-rechtliche Rechtsform der juristischen Person an[315]. Entscheidend ist vielmehr, ob die juristische Person ihrer Funktion nach den „... Vollzug gesetzlich zugewiesener und geregelter öffentlicher Aufgaben..." betreibt, insbesondere Funktionen „...der öffentlichen Verwaltung..." auszuüben hat[316].
Die vom BVerfG entwickelte Verfassungsrechtsprechung[317], juristischen Personen des öffentlichen Rechts grundsätzlich bei der Wahrnehmung der ihnen obliegenden öffentlichen Aufgaben den Schutz der Grundrechte abzusprechen, gilt auch, wenn die Hoheitsträger einen Teil ihrer Aufgaben durch Gesellschaften des privaten Rechts und in privatrechtlichen Handlungsformen wahrnehmen lassen. Dabei werden den Gesellschaften des privaten Rechts (z.B. AG oder GmbH) Aufgaben übertragen, die diese dann in privatrechtlichen Handlungsformen wahrnehmen.
So hat das BVerfG[318] der Hamburgischen Electrizitäts-Werke AG (HEW) die Grundrechtsfähigkeit abgesprochen, da sie die Stromversorgung als typische Aufgabe der Daseinsvorsorge qualifizierte und das Vorliegen einer öffentlichen Aufgabe bejahte.

---

313 BVerfGE 61, 82 (100 ff.); 68, 193 (212 f.).
314 BVerfGE 21, 271 (271 ff.); 75, 192 (197).
315 Pieroth/Schlink, Staatsrecht II, Rn. 154 ff..
316 BVerfGE 68, 193 (207, 212).
317 BVerfGE 61, 82, 100 ff.; 68, 193 (212 f.).
318 BVerfG, 1 BvR 705/88, JZ 1990, 335. Bemerkenswert ist an der Entscheidung, dass das BVerfG sich nicht nur auf die etwa 72 % Beteiligung der öffentlichen Hand bezog.

So soll die Rechtsform nur „... eine indizielle Bedeutung ...“ haben, um nicht eine ungewollte Erweiterung des Grundrechtsschutzes auf die Öffentliche Hand durch rein formale Privatisierung zuzulassen[319].

Denninger[320] weist aber zu Recht auf den Wechsel „... im Verständnis der Unterscheidung von Staat und Gesellschaft (hin)...“ Der Leistungsstaat ist zum Steuerungsstaat mit der Ablösung der öffentlichen Daseinsvorsorge durch die staatliche Infrastrukturverantwortung übergegangen[321]. Die Qualifizierung anhand allein von Begriffen wie öffentliche Aufgabe oder Daseinsvorsorge übersieht diesen Wandlungsprozess.

Auch nach der Liberalisierung des Strommarktes ist die Versorgung[322] mit Strom „im Interesse der Allgemeinheit“ (§ 1 EnWG). Ein nötiger Staatseinfluss soll dabei durch die Vorschriften des EnWG erhalten bleiben, doch bekommt dadurch die „... Energieversorgung nicht den Charakter einer öffentlichen Aufgabe.“[323] Die Stromversorgung soll nicht länger staatliche „... Daseinsvorsorge ...“[324] sein, sondern vielmehr wettbewerbsorientiert erfüllt werden[325].

Daher sei auch die HEW-Rechtsprechung des BVerfG nicht unmittelbar übertragbar, da man nicht die Energieversorgungsunternehmen mit den Energieerzeugern gleichgesetzten könne, da letztere nicht unmittelbar im Rahmen einer „Daseinsvorsorge“ mit den Endverbrauchern in Kontakt treten würden[326].

Denn fraglich sei schon, ob die Stromerzeugung oder erst die Stromversorgung unter den Begriff Daseinsvorsorge falle[327].

Nach *Di Fabio* könnten zwar die EVU gewissen Versorgungspflichten und Versorgungsbedingungen unterliegen, dies gelte aber nicht für die Betreiber von Kernreaktoren. Der Staat habe einen privatwirtschaftlichen Betrieb der kerntechnischen Anlagen gewollt, die öffentliche Gewalt habe dabei nur zur Förderung der Kern-

---

[319] BVerfGE 68, 193 (212).
[320] Denninger, Nutzung der Kernenergie, S. 34 f..
[321] Hermes, Infrastrukturverantwortung, 1 ff..
[322] Di Fabio fragt ob die Stromerzeugung bereits zur Daseinsvorsorge zählt, oder erst die Versorgung. Di Fabio, Ausstieg, S. 93..
[323] BT-Drs. 13/7274, S. 10.
[324] Noch BVerfGE 66, 248 (258).
[325] Dederer, Atomausstieg, S. 819.
[326] Di Fabio, Ausstieg, S. 89; Hartung, Grundrechtsfähigkeit, S. 394; Hartung, Atomaufsicht, S. 47; a.A. Borgmann, Möglichkeiten, S. 346 ff..

energiewirtschaft eine besonders weitreichende Kooperationsverantwortung übernommen. Im AtG werde außerdem das typische Unter- und Überordnungsverhältnis zwischen Staat und Anlagebetreibern wie im BImSchG oder GenTG deutlich, das für eine „grundrechtstypische Gefährdungslage"[328] charakteristisch ist, und daher für eine Grundrechtsfähigkeit der Betreiber spricht[329].

Ähnlich folgert *Dederer*[330], dass die gemischtwirtschaftlich organisierten Betreiber in ihrer Funktion als Stromversorger in Bezug auf Art. 14 I S. 1 GG grundrechtsfähig seien[331].

Teilweise wird abgegrenzt, wie stark die öffentliche Beteiligung besteht, ob die öffentliche Hand das Unternehmen „beherrscht"[332], oder ob überhaupt eine öffentliche Beteiligung gegeben ist. *Denninger* schließt einen Grundrechtsschutz bei einer Beteiligung der öffentlichen Hand von 95 % und mehr aus, da die wenigen privaten Anleger von dem starken öffentlichen Einfluss wüssten und wohl eher eine Alibibeteiligung vorliege.[333]

Das BVerfG hat speziell die Grundrechtsfähigkeit von Kernkraftwerksbetreibern angesprochen. Die Einräumung eines Versagungsermessens in § 7 II AtG wurde im Kalkar-Beschluss u.a. an Art. 12 I und Art. 14 I GG geprüft[334]. Diese Vorschrift im AtG richtet sich an Betreiber, dessen Grundrechte konnte das BVerfG somit nur gemeint haben. Ferner heißt es: „Bei der Genehmigung oder Nichtgenehmigung solcher Anlagen durch die Exekutive handelt es sich um Akte, die den Grundrechtsbereich von Bürgern einschneidend betreffen können. Für denjenigen, der eine derartige Anlage betreiben will, liegt es auf der Hand; solche Akte können

---

[327] Denninger, Nutzung der Kernenergie, S. 33; Di Fabio, Ausstieg, S. 93 f.
[328] So auch Hartung, Grundrechtsfähigkeit, S. 400.
[329] Di Fabio, Ausstieg, S. 97.
[330] Dederer, Atomausstieg, S. 819.
[331] So auch Di Fabio, Ausstieg, S. 97.
[332] Denninger, Nutzung der Kernenergie, S. 36. Nach *Schmidt-Preuß* kommt es auf die Beteiligungsquote nicht an. Wegen der Fungibilität der Aktien könne sich auch eine Eigengesellschaft, die zu 100 % von der öffentlichen Hand getragen werde, auf den Grundrechtsschutz berufen. –Bayer/Huber, Rechtsfragen, Schmidt-Preuß, S. 44.
[333] Denninger, Nutzung der Kernenergie, S. 36.
[334] BVerfGE 49, 89 (144 ff.).

aber auch andere betreffen."[335] Eine solche stillschweigende Unterstellung einer Grundrechtsfähigkeit der Betreiber findet sich auch im Mühlheim- Kärlich-Beschluss des BVerfG: „Zugleich kann dadurch der Staat am ehesten seiner Aufgabe genügen, unter Berücksichtigung der Allgemeinbelange einen Ausgleich zwischen den Grundrechtspositionen gefährdeter Bürger einerseits und der Betreiber andererseits herbeizuführen."[336]
Daraus ist aber nicht eine explizite Bejahung der Betreibergrundrechte durch das BVerfG zu folgern[337].

Öffentliche Gemeinwohlaufgaben können vom Staat allein, aber auch in verschiedenen Formen staatlichen und privaten Zusammenwirkens, oder nur von Privaten, erfüllt werden. [338]
In Anbetracht der immer weiter fortschreitenden Liberalisierung des Strommarktes ist mit einer stärkeren Beteiligung der privaten Hand an den Energieversorgungsunternehmen zu rechnen. Dementsprechend wird die Frage der Grundrechtsfähigkeit immer mehr zu bejahen sein. Es kommt eben nicht entscheidend auf die Art der Tätigkeit des Unternehmens (öffentliche Aufgabe/Daseinsvorsorge) an, sondern darauf ob ein ausreichender Bezug zu dem Grundrechtsschutz natürlicher Personen und eine Gefährdungslage für tätigkeitstypische Grundrechte bestehen[339].

Die EVU und die Kraftwerksbetreibergesellschaften sind somit grundsätzlich grundrechtsfähig, auch bezüglich der Grundrechte aus Art. 12 und Art. 14 GG. Eine solche Grundrechtsfähigkeit ist mit *Denninger* aber abzulehnen, wenn die Kapitalbeteiligungsquote der öffentlichen Hand so hoch ist, dass von einer Beherrschung auszugehen ist[340]

---

[335] BVerfGE 49, 89 (127).
[336] BVerfGE 53, 30 (57 f.).
[337] Hartung, Atomaufsicht, S. 48; Nach *Knüppel* hat das BVerfG den EVU „... Grundrechtsschutz zugestanden ...", Knüppel, Kompaktlager, S. 20, Fn. 12.
[338] Denninger, Nutzung der Kernenergie, S. 35.
[339] BVerfGE 61, 82 (100 ff.); 75, 192 (200).
[340] *Denninger* führt eine Beteiligungsquote von 95 % und mehr an (s.o.). Denninger, Nutzung der Kernenergie, S. 36.

e) Reststrommengen (§7 Ia AtG n.F.) und das Verbot neuer KKW (§7 I 2 AtG n.F.)

Die Regelung der Laufzeiten der bestehenden KKW in Deutschland durch das Strommengenmodell (§ 7 Ia AtG n.F.) und das Verbot, neue KKW zu errichten oder zu betreiben[341] (§ 7 I 2 AtG n.F.), stellen Kernpunkte der Konsensvereinbarung und des Entwurfs der AtG-Änderungsnovelle dar und sind Streitpunkte in der Ausstiegsdiskussion. Folgend soll die Vereinbarkeit solcher Regelungen mit der Verfassung geprüft werden.

1. Art. 12 GG

Die Ausstiegsregelungen[342] könnten gegen Art. 12 GG verstoßen.
Art. 12 GG ist seinem Wesen nach gem. Art. 19 III GG auf inländische juristische Personen anwendbar[343]. Das Grundrecht der Berufsfreiheit ist seinem Wesen nach auf private Wirtschaftsunternehmen anwendbar[344]. Die Betreiber der KKW könnten sich somit grundsätzlich auf Art. 12 GG berufen.

aa) Abgrenzung zu Art. 14 GG

Die Betreiber der KKW werden durch die Ausstiegsregelungen in ihrer unternehmerischen Dispositionsfreiheit[345] eingeschränkt.
Nach *Di Fabio*[346] ist der Betrieb eines KKW durch Art. 12 GG geschützt.
Diesem ist zuzustimmen, da das Grundrecht der Berufsfreiheit aus Art. 12 GG jede erlaubte Erwerbstätigkeit schützt.
Abgegrenzt wird der Schutzbereich des Art. 12 GG von dem des Art. 14 GG grundsätzlich, indem Art. 14 GG das Erworbene als Bestand und Art. 12 GG den zukunftsgerichteten Erwerb schützt[347]. Ferner dienen die durch Art. 12 GG gewährleisteten Grundrechte allgemein der freien Entfaltung der Persönlichkeit, daher

---

[341] Der Betrieb einer Anlage würde auch schon bei probeweiser Tätigkeit nach § 7 I AtG nach der Errichtung vorliegen; Haedrich, Atomgesetz, § 7, Rn. 12 b) (S. 200).
[342] Hier kommt ein Eingriff in die Berufsfreiheit durch das Verbot neue KKW zu errichten/betreiben und durch die Reststrommengenregelung in Betracht, da im ersten Fall die erstmalige Ergreifung/Ausübung eines Berufs und im zweiten Fall die weiter Ausübung erschwert bzw. unterbunden wird. Di Fabio, Ausstieg, S. 100.
[343] BVerfGE 50, 290 (364).
[344] BVerfGE 30, 292 (312); 50, 290 (363); 53, 1 (13); 65, 196 (209 f.); 95, 173 (181).
[345] Di Fabio, Ausstieg, S. 98.
[346] Di Fabio, Ausstieg, S. 99.

sind sie in erster Linie persönlichkeitsbezogen, das Grundrecht der Berufsfreiheit ist in hohem Maße zukunftsgerichtet. Art. 14 GG ist dementsprechend vor allem objektbezogen und stellt den Freiheitsraum im vermögensrechtlichen Bereich sicher.[348]

Das Verbot der Neuerrichtung und Neubetrieb eines KKW, wie es in § 7 I 2 AtG n.F. normiert ist, könnte gegen Art. 12 GG verstoßen. Dem Gesetzgeber ist es überlassen, neue Berufsbilder zu schaffen oder bereits bestehende näher einzugrenzen[349], somit auch die wirtschaftliche Nutzung der Kernenergie für die Zukunft zu verbieten.[350] Dabei muss der Gesetzgeber sein Verbot aber an dem Art. 12 GG messen lassen.

> So das BVerwG :"... , daß nur ein rechtswirksames gesetzliches Verbot der freien Berufsausübung Grenzen setzen kann. Das bedeutet, daß ein solches Verbot seinerseits an den Bestimmungen der Verfassung und folglich soweit die Freiheit der Berufsausübung beeinträchtigt wird, auch an Art. 12 Abs. 1 GG zu messen ist (vgl. BVerfGE 61, 291, 311)."[351]

Durch ein gesetzliches Verbot der Kernenergienutzung mit Erreichen der Reststrommenge wird die Einschlägigkeit des Schutzbereiches von Art. 12 GG nicht beseitigt. Vielmehr sind Erwerbstätigkeiten nicht erlaubt, die vorrechtlich, grundlegend und sozial übereinstimmend als nicht erlaubter Beruf verstanden werden[352] und nicht solche, die nur durch Gesetz verboten werden.

bb) Berufswahl oder Berufsausübung

Art. 12 I GG erfasst gemäß der weiten Definition des Berufsbegriffes alle frei gewählten, erlaubten Betätigungen, die in materieller und ideeller Hinsicht der Schaffung und Erhaltung einer Lebensgrundlage dienen[353]. Soweit nicht durch Art. 14

---

[347] BVerfGE 30, 292 (334 f.).
[348] Von Münch/Kunig, GG, Band 1, Manfred Gubelt, zu Art. 12, Rn. 2 und 98.
[349] Denninger, Nutzung der Kernenergie, S. 76.
[350] BVerfGE 7, 377 (377 ff.); BVerwGE 87, 37, 40f..
[351] BVerwGE 87, 37 (41).
[352] Di Fabio, Ausstieg, S. 99.
[353] Ständige Rechtsprechung, BVerfGE 7, 377 (397 ff.).

GG geschützt, fallen die Erzeugung und die Versorgung mit Strom in den Schutzbereich von Art. 12 GG.
Der Gesetzgeber kann neue Berufsgruppen schaffen und in gewissen Grenzen abschaffen.

Es stellt sich die Frage, ob ein Ausstieg aus der friedlichen Nutzung der Kernenergie sich als Eingriff in die Berufswahl- oder nur in die Berufsausübungsfreiheit darstellt.

11. Drei-Stufen-Theorie des BVerfG

Das BVerfG hat zu dieser allgemeinen dogmatischen Problematik die „Drei-Stufen-Theorie" entwickelt[354].

Hier käme nur in Betracht das Verbot des Weiterbetriebs eines KKW bzw. das Verbot einer Neuerrichtung als objektive Beschränkung zu qualifizieren, da es nicht auf subjektive Voraussetzungen der Betreiber ankommt, sondern der Betrieb gänzlich und jedem verboten würde.
Dann wäre eine Einschränkung der Berufswahlfreiheit nur zum Schutz vor nachweisbaren oder höchstwahrscheinlichen schweren Gefahren für ein überragend wichtiges Gemeinschaftsgut zulässig.

Eine Einschränkung der Berufsausübungsfreiheit dagegen wäre schon zu rechtfertigen, wenn vernünftige Erwägungen des Gemeinwohls unter Beachtung des Verhältnismäßigkeitsprinzips vorlägen[355].

Entscheidend ist, ob das Betreiben eines Atomkraftwerks ein eigenständiger Beruf ist, oder ob es sich vielmehr nur um eine spezielle Art von Kraftwerksbetrieb handelt.
Die Freiheit der Berufswahl schützt auch die Wahl untypischer Berufe[356].

---

[354] BVerfGE 7, 377 (401 ff.).
[355] Siehe auch Stüer/Loges, Nulltarif, S. 11.
[356] BVerfGE 7, 377 (397); 16, 147 (163).

„Hierunter fallen aber nicht ... Entscheidungen über die Ausgestaltung von Unternehmungen, ... die aber nach der allgemeinen Verkehrsauffassung entsprechend einer natürlichen Betrachtung als Ausübung des gleichen, typischen Berufs erscheinen."[357]

„Zwar ist der Berufsbegriff nach der Rechtsprechung des Bundesverfassungsgerichts weit auszulegen; er umfaßt jede sinnvolle erlaubte Betätigung (vgl. BVerfGE 7, 377 [397]; 54, 301 [313]). Von einem selbständigen Beruf kann aber bei solchen Tätigkeiten keine Rede sein, die nur als Bestandteil eines umfassenderen oder als Erweiterung eines anderen Berufes ausgeübt werden und deren Regelung die eigentliche Berufstätigkeit als Grundlage der Lebensführung unberührt läßt ..."[358]

Bei der Bestimmung des Schutzbereiches muss für Art. 12 I GG berücksichtigt werden, dass natürliche Personen den Schutzumfang und die Schutzintensität nicht durch die Schaffung von juristischen Personen erweitern können, vielmehr bilden stets die persönliche Tätigkeit und das persönliche wirtschaftsbezogene, auf Erwerbszwecke gerichtete Engagement den Schutzmaßstab[359].

Bei kleineren Unternehmen wird dieser personale Grundzug der Berufsfreiheit stärker verwirklicht, als in Großunternehmen[360]. Der Gesetzgeber muss also bei juristischen Personen eine generalisierende Betrachtungsweise vornehmen.

Es gibt aber keinen eigenständigen Beruf des „Kernkraftwerksbetreibers", da die KKW nicht real eigenständig wirtschaftlich geführt werden, sondern von den Muttergesellschaften, den Energieversorgern oder anderen Stromerzeugern materiell gesellschaftsrechtlich abhängig sind[361]. Die Muttergesellschaften tragen das wirtschaftliche Risiko und treffen die entscheidenden unternehmerischen Entscheidungen[362]. Auch der Vergleich mit dem Güterfernverkehr[363], den *Di Fabio* zieht[364],

---

[357] BVerfGE 16, 147 (163 f.).
[358] BVerfGE 68, 272 (281).
[359] Denninger, Nutzung der Kernenergie, S. 76.
[360] BVerfGE 65, 196 (209 f.); 50, 290 (363 f.).
[361] Denninger, Nutzung der Kernenergie, S. 77.
[362] Denninger, Nutzung der Kernenergie, S. 77; Roßnagel, in Roßnagel/Roller, Beendigung S. 31.
[363] Das BVerfG hat den Güterfernverkehr als eigenständiges Berufsbild zum Fernverkehr anerkannt, BVerfGE 40, 196 (217).

ist nicht treffend, da es kein deutsches Unternehmen gibt, das ausschließlich KKW betreibt. Ferner führt *Di Fabio* an, dass es gerade im Rahmen der Liberalisierung des Elektrizitätsmarktes zu einer Herausbildung eines selbständigen Berufsbildes des Elektrizitätserzeugers gegenüber den Energieversorgern, welche die Stromnetze betreiben, gekommen sei[365]. So seien nach §§ 5 ff. EnWG n.F. die Netzbetreiber verpflichtet, Elektrizität von anderen Energieerzeugern unter bestimmten Rahmenbedingungen abzunehmen. Dies gelte insbesondere auch für Stromerzeuger, die von ihnen wirtschaftlich abhängig seien.[366] Aus diesen Vorschriften sei eine gesetzlich gewollte Trennung von Energieerzeugern und Netzbetreibern zu erkennen. Di Fabio wertet daher das Verbot, welches absolut gelte und nicht an persönliche Voraussetzungen des Betreibers anknüpfe, als objektive Berufszulassungsregel[367].

Stüer/Loges kommen zwar zu dem Ergebnis, dass eine Berufswahlregelung mit objektiven Zulassungsbedingungen vorliegen würde, doch sei sie im Rahmen der dem Gesetzgeber zustehenden Einschätzungsprärogative zulässig.
Eine andere Risikophilosophie allein könne den Eingriff nicht rechtfertigen, da das Restrisiko allgemein hinzunehmen sei; dieses Restrisiko „... kann aber durch neue Erkenntnisse für die Zukunft durch den Gesetzgeber neu bewertet und als nicht mehr hinnehmbar eingestuft werden, wenn dazu fachwissenschaftliche Erkenntnisse über ein erhöhtes Gefährdungsrisiko vorliegen oder auch eine grundlegend andere Bewertung dieser Risiken in weiten Teilen der Bevölkerung festzustellen ist, die vom Gesetzgeber aufgegriffen werden." Diesen Bewertungsspielraum könne der Gesetzgeber ausfüllen und in der Interessenabwägung den Schutzpflichten z.B. aus Art. 2 II GG den Vorzug geben.[368]

Alle deutschen KKW-Betreiberfirmen erzeugen aber nur durch Kernenergie Strom, und sind rechtlich selbständige juristische Personen des Privatrechts. Eine Umrüstung der Kernkraftwerke auf andere Energieträger ist nicht möglich. Allerdings

---

[364] Di Fabio, Ausstieg, S. 105.
[365] Di Fabio, Aussteig, S. 104.
[366] Di Fabio, Ausstieg, S. 104.
[367] Di Fabio, Ausstieg, S. 105.
[368] Stüer/Loges, Nulltarif, S. 12.

werden alle Betreibergesellschaften von Energieversorgern beherrscht, da die E-nergieversorger große Anteile der Betreiberfirmen halten, wobei auch enge personelle Verflechtungen bestehen.
Die rechtliche Selbständigkeit hat größtenteils betriebswirtschaftliche, gesellschafts- und steuerrechtliche Gründe und zeugt nicht von tatsächlicher Unabhängigkeit[369].
Dies wurde auch letztlich dadurch deutlich, dass nicht die Betreibergesellschaften an den Konsensgesprächen beteiligt wurden, sondern die hinter ihnen stehenden EVU.
Diese EVU erzeugen auf vielfältige Weise Energie. Der Betrieb von KKW ist dabei nur eine Art der Stromerzeugung.

Borgmann[370] u.A.[371] gehen daher zu Recht davon aus, dass der Betrieb von Kernkraftwerken kein eigenständiger Beruf ist und das Verbot des Betriebs von Kernkraftwerken somit eine Regelung der Berufsausübung darstellt.

22. Zwischenergebnis:

Bei dem Betrieb eines KKW handelt es sich somit nicht um einen eigenständigen Beruf, sondern nur um eine bestimmte Art der Stromerzeugung, der beruflichen Tätigkeit des Stromerzeugers.
Der Schutzbereich des Art. 12 GG erstreckt sich somit nicht auf die Erzeugung von Strom aus der Kernenergie, sondern allgemein auf die Stromerzeugung.

<u>cc) Rechtfertigung</u>

Da eine Art der Stromerzeugung mit der Änderung des AtG wegfallen wird, stellt diese Regelung eine Berufsausübungsregelung dar.

---

369 Borgmann, Möglichkeiten, S. 392.
370 Borgmann, Möglichkeiten, S. 392.
371 Gubelt, Elektrizitätswirtschaft, S. 41 f. und von Münch/Kunig, GG, Band 1, Manfred Gubelt, zu Art. 12, Rn 12, für den Betrieb von Heizölkraftwerken; *Schmidt-Preuß* sieht in einem Verbot der Neuerteilung atomrechtlicher Genehmigungen eine Berufsausübungsregelung -Schmidt-Preuß, Rechtsfragen, 53.

Der Verhältnismäßigkeitsgrundsatz muss gewahrt bleiben. Als rechtfertigende Eingriffsgründe reichen sachgerechte und vernünftige Erwägungen des Gemeinwohls[372].

Di Fabio erweitert seine Argumentation, wenn es sich schon nicht um eine Berufswahlregelung handeln würde, doch zumindest eine Ausübungsregelung mit objektiv berufswahlregelnder Tendenz vorläge[373].
Dann sind aber trotzdem nicht die hohen Anforderungen an eine Berufswahlregelung in diesem Falle heranzuziehen, sondern vielmehr ist das Verhältnismäßigkeitsprinzip, das auch der „Drei-Stufenlehre" zu Grunde liegt, anzuwenden[374].

Mit dem Ausstieg aus der wirtschaftlichen Nutzung der Kernenergie zum Schutz der Umwelt und der Bevölkerung vor Risiken und Gefahren, die von der Nutzung der Kernenergie ausgehen, verfolgt der Gesetzgeber wichtige Belange des Gemeinwohls.
Die Bewahrung der Gemeinschaftsgüter Volksgesundheit und Umweltschutz könnten somit grundsätzlich einen Eingriff in die Berufsfreiheit rechtfertigen[375].

Nach dem BVerfG kommt es für das Gewicht der Berufsfreiheit im Rahmen der Güterabwägung entscheidend auf die Unternehmensstruktur an. Zwar werden auch Großunternehmen geschützt, doch geht bei ihnen der personale Grundzug des Grundrechts größtenteils verloren. Dies hat natürlich Auswirkungen auf die Regelungsmöglichkeiten des Gesetzgebers[376].

---

[372] Ständige Rechtsprechung, BVerfGE 30, 292 (316).
[373] Di Fabio, Ausstieg, S. 105 ff..
[374] BVerfGE 77, 84 (106) „2. Scheidet sonach ein Eingriff in die Freiheit der Berufswahl aus, läßt sich doch nicht verkennen, daß die Berufstätigkeit jedenfalls solcher Verleiher spürbar eingeschränkt wird, die vorrangig in das Baugewerbe verliehen hatten. Das Verbot ist zwar auch für diese als bloße Regelung der Berufsausübung zu beurteilen, kommt aber wegen seiner Auswirkungen einem Eingriff in die Freiheit der Berufswahl nahe; es kann demgemäß nicht mit jeder vernünftigen Erwägung des Gemeinwohls, sondern nur mit solchen Allgemeininteressen gerechtfertigt werden, die so schwer wiegen, daß sie den Vorrang vor der Berufsbehinderung der Verleiher verdienen (vgl. BVerfGE 61, 291, [311] m.w.N.).
[375] BVerwGE 62, 224 (230) „Das damit verbundene Quasi-Verwaltungsmonopol bezweckt jedoch den Schutz der Volksgesundheit und die Erhaltung einer menschenwürdigen Umwelt, ist zur Abwehr von Gefahren für diese Gemeinschaftsgüter unentbehrlich und damit trotz des mit ihm verbundenen Eingriffs in die Berufsfreiheit auch im Hinblick auf Art. 12 GG gerechtfertigt...".
[376] BVerfGE 50, 290 (363 f.).

Letztendlich muss das Verbot verhältnismäßig sein. Die Eingriffsintensität in die Berufsfreiheit nimmt aber durch die Schaffung von Übergangsfristen ab[377].

Die Restlaufzeiten der deutschen KKW sind in dem Konsens und dem neuen AtG mit 32[378] Jahren recht weit gefasst[379], zum Schutze der körperlichen Unversehrtheit und zum Umweltschutz ist ein so gewählter Ausstieg im Rahmen der Berufsfreiheit des Art. 12 GG verhältnismäßig.

dd) Grundrechte der Beschäftigten

Auch für die in den KKW Beschäftigten[380] stellt der Atomausstieg einen Eingriff in deren Berufsfreiheit dar. Es ist aber für die meisten Beschäftigten anzunehmen, dass sie auch nach dem Ausstieg, der faktisch für manche KKW erst in vielen Jahren erfolgt, in Forschungsreaktoren etc. eine Anstellung finden können oder über so weit reichende Qualifikationen verfügen (also nicht nur auf dem Gebiet der wirtschaftlichen Nutzung der Kernenergie), dass sie andere ähnliche Tätigkeiten ausüben können; ferner wird beim Rückbau der KKW ein großer Teil der Beschäftigten über einen längeren Zeitraum noch benötigt. Die Situation wird daher für die momentan Beschäftigten größtenteils damit entschärft, dass sie noch viele Jahre beschäftigt sind, die Kernanlagen zurückzubauen und zu überwachen. Drastische Probleme auf diesem Arbeitsmarktsegment sind daher nicht zu erwarten.

Selbst wenn man hier wie oben einen Eingriff in die Berufsausübungsfreiheit, die teilweise berufswahlbeschränkende Wirkungen entfaltet, annähme, wäre diese gerechtfertigt. Die Ausstiegsregelungen sind mit Art. 12 GG zu vereinbaren.

---

[377] Denninger, Nutzung der Kernenergie, S. 79; auch Di Fabio, Ausstieg, S. 107 f..

[378] Auf Seiten der Regierungskoalition war eine Befristung der Betriebsgenehmigungen deutlich unter 30 Jahre geplant, da somit schon in der Legislaturperiode 1998-2002 die ersten Anlagen vom Netz gegangen wären. - Koch/Roßnagel, 10. Dt. Atomrechtssymposium, Jürgen Trittin, S. 17 (20).

[379] Zu der Frage der ausreichenden Übergangsfristen siehe Ausführungen zu Art. 14 GG.

[380] Nach einer Quelle des Deutschen Atomforums und der Kerntechnischen Gesellschaft arbeiten rund 38.000 Beschäftigte im Bereich der Kernenergie. Davon 8.000 als KKW-Betriebspersonal, 3.600 als ständiges Fremdpersonal in den Anlagen, 3.000 Dauerarbeitsplätze durch Revisionen, 16.000 Arbeitsplätze durch Aufträge der Kraftwerksbetreiber an andere Unternehmen, 3.000 Beschäftigte im Nuklearen Brennstoff-Kreislauf, 1.100 Gutachter/Sachverständige/Forscher und 3.000 Arbeitsplätze durch kerntechnische Exporte. Veröffentlicht: VDEW Pressekonferenz 15.12.98 http://www.strom.de/zf_sz314c.htm

ee) Ergebnis:

Die Laufzeitenbegrenzung (§ 7 Ia AtG n.F.) und das Verbot der Neuerrichtung und des –betriebs (§ 7 I 2 AtG n.F.) sind als Berufsausübungsregelungen mit Art. 12 GG zu vereinbaren.

2. *Art. 14 GG*

Das Eigentumsgrundrecht könnte durch die Ausstiegsregelungen verletzt sein.

aa) Anwendungsbereich

Art. 14 GG ist seinem Wesen nach auf inländische juristische Personen anwendbar[381].

Das geplante Verbot, neue Kernkraftwerke zu errichten[382] ist allein betrachtet mit Art. 14 GG zu vereinbaren. Nach ständiger Rechtsprechung schützt Art. 14 GG das Erworbene und nicht den Erwerb, bzw. die Möglichkeit des Erwerbs.[383]

bb) Schutzgegenstand

Als Schutzgegenstände kommen mehrere subjektive Rechtspositionen der Betreiber in Betracht: die atomrechtliche Anlagengenehmigung (Betriebsgenehmigung), die mit dem Grundeigentum verbundene Nutzungsbefugnis, der eingerichtete und ausgeübte Gewerbebetrieb und die genehmigungsrechtlich ordnungsgemäß errichtete nutzbare Kernkraftanlage[384].

Die Betriebsgenehmigung an sich (§ 7 AtG) kann nicht alleiniger Schutzgegenstand sein[385], da sie zwar ein subjektives Recht, jedoch öffentlich-rechtlicher Natur ist. Die Rechtsprechung setzt aber eine erforderliche gewisse „Eigenleistung“[386] als Grund des durch Art. 14 I S. 1 GG gewährleisteten Schutzes voraus. Daher kann die vom Staat erteilte Betriebsgenehmigung nicht als Eigentum im Sinne von Art. 14 I S. 1 GG gesehen werden[387].

---

381 BVerfGE 45, 63 (63 ff.); 61, 82 (108 f.).

382 Beachte aber das Zusammenwirken der Ausstiegsregelungen; eine isolierte Betrachtung ist deshalb nicht hilfreich. Siehe gerade zu dem „Gesamtkonzept“ des Ausstiegs aus der wirtschaftlichen Nutzung der Kernenergie weiter unten.

383 BVerfGE 88, 366 (377). Siehe oben zu Art. 12 GG.

384 Ossenbühl, Verfassungsrechtliche Fragen, S. 8.

385 In der Rechtsprechung bleibt diese Frage offen, BVerfGE 17, 232 (247 f.).

386 BVerfGE 53, 257 (291 f.) mit weiteren Nachweisen.

387 Dederer, Atomausstieg, S. 820; Roßnagel, in Roßnagel/Roller, Beendigung, S. 34; Ossenbühl, Verfassungsrechtliche Fragen, S. 8, Ossenbühl weist zu Recht darauf hin, dass „... der Entzug der

Das Grundeigentum wird zwar durch Art. 14 GG geschützt, jedoch umfasst dieser Schutz nicht jedwede Nutzung des Grundstücks. Das Recht am Grundeigentum umfasst nicht die Zulässigkeit einer gewerblichen oder industriellen Nutzung[388].

Nach ständiger Rechtsprechung wird der eingerichtete und ausgeübte Gewerbebetrieb durch Art. 14 GG geschützt[389], wobei aber der Umfang dieses Schutzgutes noch unklar bleibt. Da die bislang öffentlich-rechtlich erlaubte gewerbliche Tätigkeit durch die Ausstiegsregelungen verboten würde, und dann der eingerichtete und ausgeübte Gewerbebetrieb der Kernanlage zum Erliegen käme, liegt ein Eingriff in den Schutzbereich vor[390].

Vom Schutzbereich des Art. 14 GG ist auf jeden Fall das zulässigerweise Geschaffene, also das aufgrund der erteilten Genehmigung „... ins Werk Gesetzte"[391], die genehmigungsrechtlich ordnungsgemäß errichtete nutzbare Kernkraftanlage[392] umfasst.
Schutzgegenstand des Eigentumsschutzes ist daher das bürgerlich-rechtliche Eigentum der Kernkraftwerkseigentümer an der genehmigten Anlage in Verbindung mit der Anlagengenehmigung gem. § 7 AtG[393].
Nach *Dederer* werden die KKW als „bauliche und technische Anlagen jedenfalls von Art. 14 I 1 GG geschützt. Der Bestandsschutz umfasst die Anlagen einschließlich ihrer ausgeübten Nutzung."[394]

Andere Eigentumsgüter kommen nicht in Betracht[395].

Genehmigung sich als Enteignung hinsichtlich der Kernkraftanlage auswirken kann."; aA Stüer/Loges, Nulltarif, S. 12 „Die gesetzliche Stilllegungsanordnung durch die Einschränkung der Nutzung der Kernkraftwerke stellt einen Eingriff in die unbefristete atomrechtliche Genehmigung dar, die als öffentlich-rechtliche Zulassungen vom Schutzbereich des Art. 14 GG umfasst sind. In dem Entzug dieser Betriebsgenehmigungen liegt ein Eingriff in das Eigentum."

388 Ossenbühl, Verfassungsrechtliche Fragen, S. 8.

389 BGHZ 111, 349 (349); BVerwGE 6, 247 (266); 66, 307 (309); 81, 49 (54); BVerfGE 1, 264 (277); 30, 292 (306); 50, 290 (351 f.); 77, 84 (118); 81, 208 (227 f.).

390 Ossenbühl, Verfassungsrechtliche Fragen, S. 8; Di Fabio, Ausstieg, S. 123.

391 Leisner, Eigentumsschutz, S. 76.

392 Ossenbühl, Verfassungsrechtliche Fragen, S. 9.

393 So Koch/Roßnagel, 10. Dt. Atomrechtssymposium, Erhard Denninger, S. 167 (173 f.).

394 Dederer, Atomausstieg, S. 820.

cc) Inhaltsbestimmung oder Enteignung

Hauptstreitpunkt in der Literatur ist die Frage, ob die Befristung der Betriebsgenehmigung eine Enteignung oder eine Inhalts- und Schrankenbestimmung[396] des Eigentums darstellt. Sämtliche sich in Deutschland in Betrieb befindlichen Kernkraftwerke verfügen über eine vollgültige, unbefristete und unbeschränkte Betriebsgenehmigung[397] gem. § 7 AtG. Dies war eine bewusste Entscheidung des Gesetzgebers angesichts der Langfristigkeit der Investitionen[398].
Die Möglichkeit einer Befristung dieser Genehmigungen ist ausdrücklich in § 17 I S. 4 AtG ausgeschlossen.

Lange Zeit wurde die Enteignung zur Inhalts- und Schrankenbestimmung nicht klar abgegrenzt, da nach gefestigter höchstrichterlicher Rechtsprechung von BGH und BVerwG jede schwere oder den einzelnen Eigentümer besonders belastende Eigentumsbeeinträchtigung als Enteignung oder wie eine Enteignung entschädigungspflichtig war[399]. Die Kleingarten-Entscheidung zeigte ein Abweichen von dieser Rechtsprechung[400]. Es folgten Entscheidungen des BVerfG, die immer deutlicher werden ließen, dass Eigentumsinhaltsbestimmung und Enteignung strikt voneinander zu trennen sind[401]; eine Eigentumsinhaltsbestimmung kann auch dann nicht in eine Enteignung umgedeutet werden, wenn sie die verfassungsrechtlichen Zulässigkeitsgrenzen überschreitet, sondern bleibt Eigentumsinhaltsbestimmung[402]. Das BVerfG verwendet eine formale Abgrenzung

---

395 Ossenbühl, Verfassungsrechtliche Fragen, S. 8 sieht als Eigentumsgut die auf der Grundlage der Anlagegenehmigung geschaffene Anlage; Schmidt-Preuß möchte allein auf die Anlagengenehmigung abstellen –Koch/Roßnagel, 10. Dt. Atomrechtssymposium, Matthias Schmidt-Preuß, S. 153 (154).
396 Auf die Unterscheidung von Inhaltsbestimmungen und Schrankenbestimmungen soll hier nicht eingegangen werden. „Während die Inhaltsbestimmung auf das Herstellen neuer Eigentumsrechte gerichtet ist, die dann den Schutz der grundrechtlichen Eigentumsgewährleistung genießen, zieht die Schrankenregelung alten, vorhandenen Eigentumsrechten Grenzen." So *Kempen*, in: Kempen, Eigentum, Rn. 116. Allgemein wird noch an der Gleichsetzung von Inhalts- und Schrankenbestimmung festgehalten, z.B.: BVerfGE 52, 1 (27); 21, 150 (155).
397 Die Betriebsgenehmigungen sind alle bestandskräftig.
398 Bayer/Huber, Rechtsfragen, Schmidt-Preuß, S. 42.
399 BGHZ 6, 270 (270 f..).
400 BVerfGE 52, 1 (27 f.).
401 BVerfGE 58, 137 (144 f.) „Pflichtexemplare"; 58, 300 (330 ff.) „Nassauskiesung"; 79, 174 (191 f.) „Verkehrslärm"; 83, 201 (211 f.) „Bergrechte"; 100, 226 (240 f.) „Denkmalschutz".

bestimmung[402]. Das BVerfG verwendet eine formale Abgrenzung von Inhaltsbestimmung und Enteignung: Inhalts- und Schrankenbestimmung ist: „... die generelle und abstrakte Festlegung von Rechten und Pflichten durch den Gesetzgeber hinsichtlich solcher Rechtsgüter, die als Eigentum im Sinne der Verfassung zu verstehen sind."[403] Dagegen greift der Staat mit der Enteignung „... auf das Eigentum des Einzelnen zu. Sie ist darauf gerichtet, konkrete Rechtspositionen, die durch Art. 14 Abs. 1 Satz 1 GG geschützt sind, zur Erfüllung bestimmter öffentlicher Aufgaben vollständig oder teilweise zu entziehen ..."[404].

Grundsätzlich hat sich der Anknüpfungspunkt der Eigentumsschutzprüfung verändert. Zu Zeiten des geplanten Sofortausstiegs, also des Ausstiegs mit kurzen Übergangsfristen, war das Eigentumsrecht an den bestehenden Anlagen in Verbindung mit ihren Betriebsgenehmigungen Prüfungsgegenstand.
Nach dem Konsens und den Eckpunkten für eine Atomgesetznovelle, wie sie auch im AtG n.F. wiederzufinden sind, ist Prüfungsschwerpunkt der Zeitraum nach der Stillegung, nach Erreichen der Gesamtlaufzeit, und nach der wirtschaftlichen Stillegung, also dem Zeitpunkt, zu dem sich der Betrieb des AKW wirtschaftlich nicht mehr lohnt.

Richtigerweise muss man aber dabei die <u>beiden</u> Kernelemente der gesetzlichen Ausstiegsregelung und deren Zusammenspiel berücksichtigen. Nur so kann man eine Einordnung in die vom BVerfG aufgestellten Maßstäbe zu Art. 14 GG vornehmen. Der Ausschluss der Kernenergienutzung für die Zukunft (Das Verbot der Neuerrichtung von KKW) <u>und</u> die Restlaufzeitenregelung sind somit bei der Prüfung heranzuziehen[405].

---

[402] Zu der immer noch bestehenden unterschiedlichen Auffassung des BGH bezüglich der Einordnung Inhalts- und Schrankenbestimmung gegenüber Enteignung siehe Kempen, Eigentum, S. 75 ff. Obwohl der BGH sich nach der Nassauskiesungsentscheidung des BVerfG ausdrücklich von seinem weiten Enteignungsbegriff entfernt hat, verwendet er noch eine Einordnung nach der Intensität des Eingriffs.
[403] BVerfGE 52, 1 (27).
[404] BVerfGE 100, 226 (239 f.).
[405] Treffend Bayer/Huber, Rechtsfragen, Koch, S. 70; Denninger, Nutzung der Kernenergie, S. 1 f.; Koch/Roßnagel, 10. Dt. Atomrechtssymposium, Alexander Roßnagel, S. 105 (108 f.); s.u..

Nach nun[406] gefestigter Rechtsprechung des BVerfG bestehen zwischen Inhalts- und Schrankenbestimmung und Enteignung keine fließenden Übergänge mehr, auf die Intensität oder die Zumutbarkeit des Eingriffs in das Eigentum kommt es nicht an[407]. Begründung findet dies in dem Wortlaut der Grundgesetznorm aber auch aus teleologischen und historischen Gründen; Inhalts- und Schrankenbestimmungen regeln generell-abstrakt, die Enteignung aber konkret-individuell, daher kann es zwischen beiden nicht zu Überschneidungen kommen[408].
Problematisiert[409] wird an der neueren Rechtsprechung gerade die teilweise Entziehung von Eigentumspositionen, da auch bei einer Inhalts- und Schrankenbestimmung die Eigentumsposition im neuen Recht durch die Beschränkung einzelner Eigentümerbefugnisse teilweise abgeschwächt wird. Dementsprechend könnte hier neben einer Inhalts- und Schrankenbestimmung eine Enteignung zugleich vorliegen.
Dem ist entgegenzuhalten, dass die teilweise Entziehung konkreter subjektiver Rechte bei der Enteignung gerade die Eigentumsordnung nicht ändert, sondern nur für einzelne Fälle durchbricht.[410].
Zwischen der Enteignung und der Inhalts- und Schrankenbestimmung besteht danach ein kategorischer Unterschied, der auf formale Kriterien gestützt wird. Mit der Enteignung durchbricht der Staat im Einzelfall die geltende Eigentumsordnung, um durch diesen Rechtsentzug einen Zweck des Gemeinwohls zu erreichen. Die Eigentumsordnung bleibt dabei als solche unangetastet.[411]

---

406 Früher: BGHZ 6, 270 (280); BVerwGE 5, 143 (145 f) „Denn der erkennende Senat sieht das Merkmal der entschädigungspflichtigen Enteignung in seiner Abgrenzung zur entschädigungslosen Inhaltsbestimmung des Eigentums nicht in dem erwähnten Merkmal des besonderen Opfers, sondern in dem materiellen Moment der Schwere und Tragweite des Eingriffs.".

407 BVerfGE 24, 367 (394 f.); 38, 175 (180); 42, 263 (299); „Eine verfassungswidrige Inhaltsbestimmung kann auch nicht in eine Enteignung umgedeutet und der Verfassungsverstoß nicht durch Zubilligung einer gesetzlich nicht vorgesehenen Entschädigung „geheilt" werden." 52, 1 (28); „Inhaltsbestimmung, Legalenteignung und Administrativenteignung sind jeweils eigenständige Rechtsinstitute, die das Grundgesetz deutlich voneinander absetzt." 58, 300 (331); 66, 248 (257); 70, 191 (199 f.); 72, 66 (76); 74, 264 (280); Beschluß v. 2.3.1999 –1 BvL 7/91-, NJW 1999, S. 2877 (2878).

408 Kempen, Eigentum, S. 60 f..

409 Ossenbühl, Verfassungsrechtliche Fragen, S. 18 ff.

410 Bayer/Huber, Rechtsfragen, Koch, S. 74.

411 Langenfeld, Rahmenbedingungen, S. 933.

Nach der Rechtsprechung des BVerfG ist die Enteignung durch die vollständige oder teilweise Entziehung konkreter subjektiver Rechte gekennzeichnet[412]. Teilweise wurde in der Literatur die Enteignung als sehr enger Eingriffsbegriff im Sinne eines Güterbeschaffungsvorganges gewertet[413]. Das BVerfG hat demgegenüber aber klargestellt, dass eine Enteignung nicht dadurch gekennzeichnet ist, dass ein entzogenes Objekt auf den Staat übertragen wird, sondern allein durch den Entzug des Eigentums und den dadurch bewirkten Rechts- und Vermögensverlust[414].

In einer Laufzeitenregelung sehen *Di Fabio*[415], *Ossenbühl*[416] und *Schmidt-Preuß*[417] eine Enteignung[418]. Die Betriebsgenehmigung verkörpere einen verfassungsrechtlich gesicherten Besitzstand, diesen würde eine Laufzeitbegrenzung beseitigen; dies sei ein Eingriff in das Eigentum[419]. Weiterhin würde den KKW mit Ablauf der Laufzeit die Stromerzeugungsbasis entzogen. Da die Legitimationsgrundlage verloren ginge, würde dies einen Substanzentzug für das Energieversorgungsunternehmen, somit einen Eingriff in das Recht am eingerichteten und ausgeübten Gewerbebetrieb, bedeuten[420].

Eine gesetzliche Laufzeitbegrenzung stelle eine gezielte Beseitigung von atomrechtlichen Vollgenehmigungen dar, dabei sei die objektive Zielsetzung die Beendigung der friedlichen Nutzung der Kernenergie. Eine Individualisierung ergebe sich aus der Adressierung, denn die geringe Anzahl der KKW-Betreiber sei bekannt, und aus dem Verbot eines bestimmten Brennstoffes. In diesem Stoffverbot läge ein finaler, bewusster, gewollter und gezielter Eingriff. Die Eigentumsordnung

---

412 BVerfGE 79, 174 (191).
413 AK-GG-Helmut Rittstieg, Art. 14/15, Rn. 189; Stüer/Loges, Nulltarif, S. 13; Roller, Vereinbarkeit, S. 245.
414 BVerfGE 83, 201 (211).
415 Di Fabio, Ausstieg, S. 136 f..
416 Ossenbühl, Verfassungsrechtliche Fragen, S. 29.
417 Schmidt-Preuß, Atomausstieg, S. 1525 f..
418 Dies wäre eine Legalenteignung, da sie unmittelbar durch Gesetz erfolgen würde.
419 Bayer/Huber, Rechtsfragen, Schmidt-Preuß, S. 43.
420 Bayer/Huber, Rechtsfragen, Schmidt-Preuß, S. 43; Dieses Recht wird durch Art. 14 GG geschützt- BGHZ 92, 34 (37); BVerwGE 62, 224 (226); Jarass/Pieroth, GG, Jarass, zu Art. 14, Rn. 10.

solle nicht ausgestaltet oder fortentwickelt, sondern konkret durchbrochen werden.[421]

Demnach wäre eine Entschädigung gem. Art. 14 III GG erforderlich. Diese müsste dann an der möglichen technischen Laufzeit des Atomkraftwerks bemessen werden.
Eine Novellierung des AtG, welche keine Junktimklausel für die Enteignung enthielte, wie es nach den Eckpunkten des Konsenses geplant und in dem AtG n.F. umgesetzt wurde, wäre demnach in diesem Punkt verfassungswidrig und, da das Gesetz nicht den Mindestanforderungen des Art. 14 III 2 und 3 GG entspräche, nichtig[422].

Eine andere Meinung qualifiziert eine Laufzeitbegrenzung als eine Inhalts- und Schrankenbestimmung im Sinne von Art. 14 I S. 2 GG[423]. Der Gesetzgeber könne im Rahmen einer Neubestimmung von Inhalt und Schranken des Eigentums bisher bestehende subjektive ältere Rechte nicht nur einschränken, sondern im Zuge einer generellen Neugestaltung eines Rechtsgebiets auch völlig beseitigen[424]. Eine Doppelqualifizierung einer Maßnahme als Inhalts- und Schrankenbestimmung und als Enteignung ist seit dem Nassauskiesungs-Beschluss[425] nicht mehr möglich.

Auch *Böhm* sieht in den geplanten Laufzeitenregelungen keinen Entzug des Eigentums. Der Ausstieg nach einer Gesamtlaufzeit von 25 bis 35 Jahren unterschreite nicht den Rahmen der normalen Laufzeiten von Kernkraftwerken. Nach einer von ihr zitierten Statistik[426] wurden die deutschen KKW im Durchschnitt nach

---

[421] Stellvertretend hier Bayer/Huber, Rechtsfragen, Schmidt-Preuß, S. 49.
[422] BVerfGE 58, 300 (323).
[423] Denninger, Nutzung der Kernenergie, S. 51 ff..; Koch, Atomausstieg, S. 1533ff.; Stüer/Loges, Nulltarif, S. 12 f.; Roller, in Roßnagel/Roller, Beendigung, S. 86ff.; So auch in der Begründung zum Gesetzentwurf, Entwurf eines Gesetzes zur geordneten Beendigung der Kernenergienutzung zur gewerblichen Erzeugung von Elektrizität, Begründung, S. 45: „Die Regelung in § 7 Abs. 1 und 1a bis 1d ist auch vor diesem Hintergrund als angemessene und zumutbare Bestimmung von Inhalt und Schranken des Eigentums im Sinne von Art. 14 Abs. 1 Satz 2 des Grundgesetzes anzusehen.“; BT-Drs. 14/6890, S. 16.
[424] Langenfeld, Rahmenbedingungen, S. 933.
[425] BverfGE 58, 300 (331f., 338) s.o..
[426] Zitiert nach Böhm, Probleme, S. 662, Fn. 10.

einer Laufzeit zwischen 15 und 26 Jahren stillgelegt. Nur das KKW Obrigheim ist seit 1968 am Netz und somit über 30 Jahre in Betrieb. *Böhm* spricht daher bei einer Gesamtlaufzeit von 35[427] Jahren nicht mehr von einem Ausstieg aus der Kernenergie, da nach den bisherigen Erfahrungen nach diesem Zeitpunkt eine wirtschaftliche Nutzung wohl nicht mehr in Frage käme. Sie schlägt daher vor, lediglich von einem Auslaufen der bisherigen Kernenergienutzung zu sprechen.[428]

Teilweise wird der Qualifizierung als Inhaltsbestimmung entgegengehalten, dass eine gesetzliche Maßnahme als Enteignung zu bewerten sei, wenn die enteignende Auswirkung zentraler Inhalt der gesamten gesetzlichen Regelung sei. *Ossenbühl*[429], *Di Fabio*[430] und *Schmidt-Preuß*[431] sehen in der geplanten AtG-Gesetzesnovelle gerade einen solchen Hauptzweck verwirklicht. Eine ursprünglich unbefristet erteilte Genehmigung werde nachträglich beschränkt und vorzeitig zum Erlöschen gebracht.

Dem kann aber entgegnet werden, dass das gesamte Energierecht neu geregelt wird und Mittelpunkt der AtG-Änderung der Verzicht auf die friedliche Nutzung der Kernenergie zur Stromproduktion ist und nicht das Erlöschen einzelner Betriebsgenehmigungen. Der Hauptzweck und Inhalt des neuen AtG ist das Verbot einer speziellen Art der Stromerzeugung. Aus der gesetzgeberischen Sicht ist daher die Entziehung der Altrechte im Wege der Strommengenbegrenzung nur ein notwendiger Annex der grundlegenden, für die Zukunft geltenden Eigentumsinhaltsbestimmung[432].
Koch betont diesen „Doppelcharakter“ der Ausstiegsregelungen als eine zukunftsorientierte Eigentumsinhaltsneubestimmung und eine Entziehung konkret-individueller Altrechte[433].

---

[427] Der Aufsatz bezieht sich noch auf die Diskussion vor den erfolgreichen Konsensgesprächen.
[428] Böhm, Probleme, S. 662.
[429] Ossenbühl, Verfassungsrechtliche Fragen, S. 29.
[430] Di Fabio, Ausstieg, S. 137.
[431] Schmidt-Preuß, Atomausstieg, S. 1524.
[432] Langenfeld, Rahmenbedingungen, S. 934.
[433] Bayer/Huber, Rechtsfragen, Koch, S. 74.

In neuester Rechtsprechung[434] erkennt das BVerfG, dass eine ursprüngliche Inhalts- und Schrankenbestimmung die Rechtsposition des Betroffenen so sehr verändern kann, dass nicht mehr von Eigentum auszugehen ist. Das Allgemeinwohl könne dann nur noch im Rahmen einer Enteignung gem. Art. 14 III GG durchgesetzt werden. Der Gesetzgeber hätte also von Anfang an die Enteignung und nicht die Inhalts- und Schrankenbestimmung wählen müssen.

Dederer folgert daraus, ohne eine weitere Prüfung der verfassungsrechtlichen Rechtfertigung, eine Verfassungswidrigkeit der Inhalts- und Schrankenbestimmung[435]. Er spricht dabei von einer „de facto-enteignenden Inhalts- und Schrankenbestimmung"[436]. Eine solche würde bei einem Ausstiegsgesetz vorliegen, wenn das Ende der Laufzeit vor dem Ende der wirtschaftlich-technischen Nutzungsdauer[437] des KKW läge[438].

In dem Urteil wird aber auch festgestellt: „a) Inhalts- und Schrankenbestimmungen, die für sich genommen unzumutbar wären, aber vom Gesetzgeber mit Ausgleichsmaßnahmen verbunden sind, können ausnahmsweise mit Art. 14 Abs. 1 GG in Einklang stehen."[439] Daher kann hier nicht per se von einer Verfassungswidrigkeit, bzw. von einer Pflicht zur Wahl der Enteignung ausgegangen werden.

Detjen mutet die Argumentation für eine Enteignung abenteuerlich an. Er ist der Meinung, dass dann erst eine Inhaltsbestimmung vorliegen würde, wenn eine Anzahl von Adressaten ausreichend anonymisiert wäre, was die Regelung zu einer abstrakten und generellen machen würde[440], „... hätte der (der Staat) in der Vergangenheit den Bau von weiteren Kernkraftwerken zugelassen, könnte er nun eine abstrakte Regelung erlassen. Eine solche soll aber nicht möglich sein, da ihm alle Betreiber „individuell" bekannt seien."[441]

[434] BVerfGE 100, 226 (243).
[435] Dederer, Atomausstieg, S. 820.
[436] Dederer, Atomausstieg, S. 820.
[437] Wirtschaftlich-technisch ließen sich die KKW wohl länger als 32 Jahre nutzen.
[438] Dederer, Atomausstieg, S. 820.
[439] BVerfGE 100, 226 (244).
[440] Detjen, Ausstieg, S. 60.
[441] Detjen, Ausstieg, S. 60.

Hier liegt eine Ausstiegsregelung vor, die als Entziehung alter Rechte im Zusammenhang mit der Eigentumsinhaltsneubestimmung zu werten ist. Es werden eben nicht nur alte Rechte entzogen, sondern es wird vielmehr die Eigentumsordnung im Bereich von Kernkraftwerken neu bestimmt. § 7 Ia AtG n.F. regelt den Entzug alter Rechte an den KKW mit Erreichen der jeweiligen Reststrommenge, und § 7 I 2 AtG n.F. verbietet den Bau etc. von neuen KKW, was einer Eigentumsinhaltsneubestimmung in dem Sinne entspricht, dass eine spezielle Art der Stromerzeugung für die Zukunft allgemein verboten wird. Ein geschütztes Eigentumsrecht im Sinne von Art. 14 GG kann daher nicht mehr an neuen KKW mit einer Betriebsgenehmigung entstehen.

Dies ist eine Inhalts- und Schrankenbestimmung und keine Enteignung. In diesem Sinne auch das BVerfG:

> „Art. 14 Abs. 3 GG ist jedoch dann nicht unmittelbar anwendbar, wenn der Gesetzgeber im Zuge der generellen Neugestaltung eines Rechtsgebiets bestehende Rechte abschafft, für die es im neuen Recht keine Entsprechung gibt. Der Gesetzgeber darf nicht nur nach Art. 14 Abs. 1 Satz 2 GG Eigentumsrechten einen neuen Inhalt geben. ... Selbst die völlige Beseitigung bisher bestehender, durch die Eigentumsgarantie geschützter Rechtspositionen kann unter bestimmten Voraussetzungen zulässig sein (vgl. BVerfGE 78, 58 [75]).“[442]

dd) Rechtmäßigkeit der Inhalts- und Schrankenbestimmung

Da die Ausstiegsregelungen die Entziehung alter Rechte im Zusammenhang mit der Inhalts- und Schrankenbestimmung des Eigentums beinhalten, ist nach dem BVerfG erst einmal die Verfassungsmäßigkeit der Eigentumsinhaltsneubestimmung zu prüfen, also „... unabhängig von der Frage der Beseitigung oder Einschränkung bestehender Rechtspositionen ...“[443]
Weiterhin müsste die Entziehung alter Rechte selbst verhältnismäßig sein.

---

[442] BVerfGE 83, 201 (211 f.).
[443] BVerfGE 83, 201 (212).

Eine Inhalts- und Schrankenbestimmung muss, damit sie rechtmäßig ist, verfassungsrechtliche Schranken beachten.
Inhalts- und Schrankenbestimmungen müssen, um verfassungsrechtlich gerechtfertigt zu sein, durch ein Gesetz im formellen oder materiellen Sinn festgeschrieben werden[444].
Hier würde die Inhalts- und Schrankenbestimmung durch das neue AtG, also ein Gesetz im formellen Sinne, erfolgen.
Bei der Ausgestaltung der Eigentumsordnung hat der Gesetzgeber einen verhältnismäßigen Ausgleich zwischen der Institutsgarantie des Eigentums und dem Sozialgebot herzustellen, dabei kann bei der Herstellung der Verhältnismäßigkeit unter Umständen auch eine finanzielle Ausgleichsregelung vorgesehen werden.[445]

Soweit in bestehende frühere Rechte eingegriffen wird, muss dieser Eingriff durch Gründe des öffentlichen Interesses unter Berücksichtigung des Grundsatzes der Verhältnismäßigkeit[446] und des Gleichheitssatzes gerechtfertigt sein[447].
Dabei müssen die Gründe des öffentlichen Interesses so schwerwiegend sein, dass sie Vorrang vor dem Vertrauen des Einzelnen auf den Fortbestand seines durch Art. 14 I GG geschützten Rechts haben.

Die Abwägung zwischen Allgemeinwohl und Eigentum kommt dann zum Tragen, wenn sich die Regelung für den Betroffenen wie eine Enteignung auswirkt. Der Gesetzgeber muss dann den Eingriff durch eine Entschädigungs- oder Übergangsregelung abfedern[448].

---

[444] Pieroth/Schlink, Staatsrecht II, Rn. 928.
[445] Bayer/Huber, Rechtsfragen, Koch, S. 73; BVerfGE 58, 137 (138); 100, 226 (242 ff.).
[446] Da die Schrankenbestimmungen Grundrechtseingriffe sind, unterliegen sie den Grundrechtsgarantien. Eine wichtige Funktion der Eingriffsabwehr hat dabei der rechtstaatlich begründete, im Eigentumsrecht besonders ausgestaltete Grundsatz der Verhältnismäßigkeit (Kempen, Eigentum, S. 51 f.). Eigentumsbeschränkungen die „... mit dem öffentlichen Interesse motiviert werden, müssen ... auch von daher legitimiert sein. Beschränkungen ... sind also nur zulässig, wenn und soweit das öffentliche Interesse sie unter Berücksichtigung des Grundsatzes der Verhältnismäßigkeit rechtfertigt... ." (BVerfGE 8, 71 (80).
[447] BVerfGE 83, 201 (212); Beschl. V. 2.3.1999, NJW 1999, S. 2877 (2878); BVerfGE 100, 226 (242 ff.).
[448] Langenfeld, Rahmenbedingungen, S. 934; Denninger fordert eine angemessene Überleitungsregelung wegen der Beschneidung von alten Rechten –Denninger, Nutzung der Kernenergie, S. 53.

„... Ausgleichsregelungen, die den Grundsatz der Verhältnismäßigkeit in besonderen Härtefällen wahren sollen, sind unzulänglich, wenn sie sich darauf beschränken, dem Betroffenen einen Entschädigungsanspruch in Geld zuzubilligen. Die Bestandsgarantie des Art. 14 Abs. 1 Satz 1 GG verlangt, daß in erster Linie Vorkehrungen getroffen werden, die eine unverhältnismäßige Belastung des Eigentümers real vermeiden und die Privatnützigkeit des Eigentums so weit wie möglich erhalten. Als Instrumente stehen dem Gesetzgeber hierfür Übergangsregelungen, Ausnahme- und Befreiungsvorschriften ... zur Verfügung."[449]

Nur unter ganz bestimmten Bedingungen kommt eine ersatz- oder übergangslose Beseitigung einer Rechtsposition in Betracht[450]. Wenn aber die Eigentumsinhaltsneubestimmung selbst rechtmäßig ist, und Alle aus Gemeinwohlgründen für die Zukunft auf solche „Altrechte" verzichten müssen, dann ist auch den Altrechtsinhabern dies zuzumuten. Ihr Eigentumsentzug dient dann auch der Gleichbehandlung aller Bürger. Ihr Opfer findet dann zwar noch Beachtung, jedoch in schwächerer Form als bei der Enteignung, bei der die Eigentumspositionen für andere Bürger noch bestehen bleiben würden.[451] Eine angemessene Übergangslösung ist nötig, da „... die völlige, übergangs- und ersatzlose Beseitigung einer Rechtsposition... durch das bloße Bedürfnis nach Rechtseinheit im Zuge einer Neuregelung ..." nicht gerechtfertigt wird[452].

1.1. Gemeinwohl

Was zum Wohle der Allgemeinheit geschieht, also wenn der angestrebte Nutzen für die Allgemeinheit über den durch die Rechtsentziehung als solche erreichten Vorteil hinausgeht, ist nicht streng zu beurteilen. Der Schutz vor Gefahren aus der friedlichen Nutzung der Kernenergie an sich dient dem Wohle der Allgemeinheit. Solche bestehen trotz unterschiedlichster Bewertung.

So existieren Gefahren im Bereich der Sicherheit von KKW, da durch Unfälle Schäden von größtem Ausmaß entstehen können, und für die Umwelt durch die

[449] BVerfGE 100, 226 (245).
[450] BVerfGE 83, 201 (212 f.); 100, 226 (245).
[451] Bayer/Huber, Rechtsfragen, Koch, S. 78.
[452] BVerfGE 83, 201, (213).

Belastung mit künstlichen Radioaktivität besonders in Hinblick auf die größtenteils noch ungeklärte Entsorgungsproblematik[453].
Es ist aber nicht zwingend geboten, die Allgemeinheit in dem Sinne vor solchen Gefahren zu schützen, dass die Kernenergienutzung komplett verboten wird. So entschied auch das BVerfG[454].

Dabei ist auch zu bedenken, dass der Gesetzgeber nicht einfach die Schutzpflichten vor den Gefahren aus der Kernenergienutzung in den Vordergrund rücken kann, ohne die Schutzpflichten vor Gefahren aus dem Ausstieg zu bewerten.

aaa) CO_2-Problematik

Ein großes Problem ist der Schutz vor Umweltbeeinträchtigungen, die dadurch entstehen, dass die Stromproduktion der KKW durch andere Energieträger ersetzt werden muss. Da Energieeinsparungen und die Nutzung regenerativer Energiequellen die große Stromproduktion der KKW zumindest in den nächsten Jahren nicht ersetzten können, wird ein Großteil der Stromproduktion durch die Verbrennung fossiler Brennstoffe substituiert werden müssen.
Das Uranpotential zur Stromerzeugung ist auf längere Sicht im Vergleich zu fossilen Energiequellen viel größer, da große Uranvorkommen bestehen. Die Kernenergie ist im Gegensatz zu fossilen Energieträgern wie Kohle eine CO_2-ärmere Energiequelle.[455]
Die EG und alle ihre Mitgliedstaaten haben sich im Klimaschutz-Protokoll von Kyoto zur Reduzierung der Treibhausgase verpflichtet. Darüber hinaus hat sich die Bundesrepublik innerhalb der EG verpflichtet, 21 % bis 2012, gemessen am Stand von 1990 zu reduzieren[456]. Mit Inkrafttreten des Protokolls werden diese Ziele zwingende völker- und gemeinschaftsrechtliche Rechtspflicht.
Die Pflicht des Staates, das menschliche Leben zu schützen, wird nicht nur durch unmittelbare Eingriffe des Staates ausgelöst, sie ist vielmehr umfassend und konkretisiert sich immer dort, wo Gefahren für Leben und Gesundheit der Menschen bestehen[457]. Daraus ergibt sich somit auch eine Verpflichtung

[453] Zu den Gefahren aus der friedlichen Nutzung der Kernenergie s.o..
[454] BVerfGE 49, 89 (143); 53, 30 (57).
[455] Zhou, Kernenergie, S. 29.
[456] Bull. EU –6/1998, S. 72.

bestehen[457]. Daraus ergibt sich somit auch eine Verpflichtung Deutschlands, den CO_2-Ausstoß zu verringern. Es darf eben keine Verschlechterung des Lebensschutzes im Gesamten durch das Verbot einer Art der Stromerzeugung eintreten[458].

Andere Länder wie z.B. die VR China haben einen so stark ansteigenden Energieverbrauch, dass die Kohlereserven ca. nur bis zum Jahre 2060 ausreichen[459]. So kommt *Zhou*[460] zu dem Ergebnis, dass die verstärkte Nutzung der Kernenergie für die Entwicklungsländer und auch für die Industrieländer vorteilhaft wäre.

Fossile Brennstoffe könnten in den Entwicklungsländern eher für die chemische Industrie genutzt werden, die Industrieländer könnten länger fossile Brennstoffe importieren. Die Entwicklungsländer würden von dem technischen Wissen der Industrieländer profitieren und gleichzeitig den CO_2-Ausstoß begrenzen.

Der globale Treibhauseffekt verstärkt sich erwiesenermaßen durch frei werdendes CO_2. Auch dagegen hat der Gesetzgeber die Allgemeinheit zu schützen. Diese Schutzpflicht ist auch im Rahmen des in Art. 20 a GG festgelegten Staatsziels Umweltschutz zu beachten. In den letzten Jahren erfolgte pro Jahr eine CO_2 Emissionsvermeidung von rund 170 Millionen Tonnen durch die Stromproduktion in KKW[461].

Der Ausstieg aus der Kernenergienutzung soll laut der Regierungskoalition (1998-2002) im Rahmen einer generellen Umgestaltung des Energierechts[462] erfolgen. Die ausfallende Stromproduktion durch Kernenergie soll durch Energiesparmaßnahmen, die Förderung der regenerativen Energiequellen etc. aufgefangen werden. Im Gegensatz zu einem früher angestrebten Sofortausstieg muss im Rahmen

---

[457] Kruis, Atomwirtschaft, S. 443.
[458] Kruis, Atomwirtschaft, S. 443.
[459] Interessante Vergleichsmöglichkeiten bietet Zhou, Kernenergie, S. 189 ff..
[460] Zhou, Kernenergie, S. 191 ff..
[461] Atomforum, Kernenergie, S. 8.
[462] „Die geordnete Beendigung der Kernenergienutzung ist wesentlicher Bestandteil einer Neuorientierung hin auf eine zukunftssichere, umweltverträgliche und kostengerechte Energieversorgung.", so die Regierungskoalition in BT-Drs. 14/6890, S. 2.

des nun geplanten Ausstiegs bis in etwa 20 Jahren der Ausfall des Atomstroms nach und nach kompensiert werden. Dies dürfte nach eigener Auffassung, unter Beibehaltung der Förderung regenerativer Energiequellen etc. und Erreichung der CO_2-Vorgaben, gelingen. Prognosen für die Zukunft der Umgestaltung der Energieerzeugung und das Gelingen von Energieeinsparungen sind aber wegen der nicht absehbaren technischen Entwicklung und des Zusammenwachsens des europäischen Strommarktes nicht mit letzter Sicherheit möglich. Die angestrebten Ziele sind zumindest erreichbar.

bbb) Strompreisstabilität

Ferner muss der Gesetzgeber das Sozialstaatsprinzip in Art. 20 I GG und die Erfordernisse des gesamtwirtschaftlichen Gleichgewichts nach Art. 109 II GG beachten; demnach ist der Staat verpflichtet, private Haushalte und Unternehmen mit Strom im ausreichenden und zuverlässigen Rahmen zu einem angemessenen Preis zu versorgen, bzw. eine Versorgung zu gewährleisten[463].

Gerade in dem unterschiedlichst zu bewertenden Bereich der Energieversorgung steht dem Gesetzgeber grundsätzlich eine Einschätzungsprärogative zu, da dieser Bereich von Risiken und Prognosen gekennzeichnet ist. Doch kann man die verfassungsgerichtliche Überprüfung nicht auf eine bloße Evidenzkontrolle beschränken, darauf also, ob die angeführten Gründe des Allgemeinwohls so offensichtlich fehlsam sind, dass sie vernünftigerweise keine Grundlage für gesetzgeberische Maßnahmen abgeben können[464], da die auf dem Spiel stehenden Rechts- und Gemeinschaftsgüter von hohem Rang sind[465]. Die Prognosen des Gesetzgebers müssen zumindest vertretbar sein. Was dabei als Strompreis vertretbar erscheint, ergibt sich beispielsweise aus den Verhaltensgrundsätzen des § 1 StWG, der vom Staat einen Beitrag zu einem hohen Beschäftigungsstand und einem angemessenen Wirtschaftswachstum fordert[466].

---

[463] Kruis, Atomwirtschaft, S. 444.; Langenfeld, Rahmenbedingungen, S. 934.
[464] BVerfGE 25, 1 (12, 17); 30, 292 (317); 37, 1 (20).
[465] Langenfeld, Rahmenbedingungen, S. 934.
[466] Kruis, Atomwirtschaft, S. 444.

Auch hier ist anzumerken, dass kein sofortiger Ausstieg mehr vorgesehen ist, sondern die doch recht großen Reststrommengen die Möglichkeit bieten, die Stromproduktion behutsam und auch „nachhaltig“ umzustellen. Die Liberalisierung des Strommarktes und die internationale Konkurrenz erschweren die Aussagegenauigkeit für die Zukunft. Durch erhöhten Konkurrenzdruck auch im internationalen Bereich kann günstiger Strom aus dem Ausland für eine Stabilität des deutschen Strompreises sorgen.
Daher ist von einer Stabilität des Strompreises in nächster Zeit auszugehen.

ccc) Zwischenergebnis:

Das Normsetzungsverfahren muss durch Anhörung von Experten und der betroffenen Unternehmen[467] entsprechend ausgestaltet werden, und das Ergebnis muss im Rahmen eines rationalen Abwägungsprozesses erreicht werden.
Ein Sofortausstieg, also das Abschalten der AKW innerhalb einer kurzen Übergangsfrist von einem halben Jahr, entspricht diesen Anforderungen eben nicht. Weder wäre die Substitution der Energieproduktion noch würden die weiteren Umweltbelange beachtet.
Ein längerfristiger Ausstieg, den die jetzigen Regelungen darstellen, wäre aber möglich.

2.2. Verhältnismäßigkeit

Eine Inhalts- und Schrankenbestimmung muss den Grundsatz der Verhältnismäßigkeit beachten[468]; die betreffende Regelung muss im Hinblick auf das zu erreichende Ziel geeignet sein[469], der betroffene Eigentümer darf nicht mehr beeinträchtigt werden, als es der gesetzgeberische Zweck erfordert[470]. Es darf also kein milderes Mittel zur Verfügung stehen, und die Belastung des Eigentümers muss in einem angemessenen Verhältnis zu den mit der Regelung verfolgten

---

[467] BVerfGE 50, 290 (333 f.).
[468] BVerfGE 8, 71 (80); 75, 78 (97 f.); 76, 220 (238); 92, 262 (273).
[469] BVerfGE 70, 278 (286).
[470] BVerfGE 21, 73 (86); 52, 1 (29 f.); 70, 278 (286).

einem angemessenen Verhältnis zu den mit der Regelung verfolgten Interessen stehen[471].

aaa) Geeignetheit

Die Maßnahme muss geeignet sein, den Gemeinwohlzweck zu erreichen, also die Gefahren aus der friedlichen Nutzung der Kernenergie zu beseitigen oder zumindest zu verringern.
Mit dem Verbot neuer KKW (Eigentumsinhaltsneubestimmung) werden die Gefahren aus der Nutzung der Kernenergie innerhalb von Deutschland beträchtlich verringert; sollten z.B. alle KKW stillgelegt worden sein, wäre eine Kernschmelze mit eventueller großräumiger Verseuchung nicht mehr möglich[472].

Schmidt-Preuß[473] zweifelt an der Geeignetheit, da die Nachbarstaaten der BRD weiterhin die wirtschaftliche Nutzung der Kernenergie betreiben (weit über 100 Blöcke), und wahrscheinlich Atomstrom aus dem Ausland importiert werden wird. Dass Gefahren durch Kernenergienutzung benachbarter Staaten weiterhin bestehen, darf aber nicht entscheidend entgegengehalten werden, da sonst der deutsche Staat handlungsunfähig wird. Außerdem beschränkt sich die deutsche Gesetzgebung (Staatsgewalt) im wesentlichen auf das deutsche Staatsterritorium. Würde man ausländische Tatsachen im Rahmen der Geeignetheit sehr stark berücksichtigen, so würde wohl kaum ein Gesetz dem Verhältnismäßigkeitsgrundsatz entsprechen.

Ein anderes noch gewichtigeres Problem besteht darin, dass gerade durch die Laufzeitbegrenzung und die tatsächliche Stillegung einzelner AKW die Atomwirtschaft der Nachbarstaaten gefördert wird. Durch Atomstromimporte nach Deutschland könnte die ausländischen Atomwirtschaft in ihrem Ausbau gestärkt werden. Neue AKW in Grenznähe könnten dann wiederum eine Gefährdung des Gemeinwohls darstellen.

---

[471] Die Belastung muss zumutbar sein (BVerfGE 74, 203 (214 f.); BGHZ 81, 152 (175). Dabei müssen die Belange der Allgemeinheit in ein ausgewogenes Verhältnis zu den Individualinteressen gebracht werden (BVerfGE 58, 81 (114); 72, 66 (77 f.); 87, 114 (138); BVerwGE 88, 191 (194 f.).
[472] Die Probleme mit radioaktiven Atommülls würden natürlich weiterhin bestehen.

Hier wird von Teilen der Literatur dem Gesetzgeber ein entsprechender Beurteilungsspielraum eingeräumt[474]. Ein solcher muss dem Gesetzgeber auch eingeräumt werden, da sonst die Handlungsmöglichkeiten des Staates zu sehr eingeengt würden, und eine Umstellung der Energiepolitik nicht möglich wäre. Außerdem ist es noch nicht abzusehen, ob tatsächlich in Grenznähe weitere KKW entstehen werden, oder ob nicht andere Staaten dem Beispiel der Bundesrepublik zumindest mittelfristig folgen und ihre Energiepolitik umstellen. Diese Problematik ist noch nicht zu übersehen und wird eher spekulativ diskutiert.

Die Maßnahmen sind somit geeignet, die Gefahren aus der friedlichen Nutzung der Kernenergie in Deutschland erheblich zu reduzieren.

bbb) Erforderlichkeit

Das Gebot der Erforderlichkeit wäre verletzt, wenn das Ziel einer staatlichen Maßnahme auch durch ein anderes, gleich wirksames Mittel erreicht werden könnte, welches das betreffende Grundrecht nicht oder weniger einschränkt[475].
Um die Gefahren aus der friedlichen Nutzung der Kernenergie für die Zukunft bundesweit auszuschließen, gäbe es kein anderes Mittel als das Verbot, da bei einem weiteren Betrieb immer ein Restrisiko bleibt. Der Ausstieg aus der Kernenergienutzung ist daher nur durch ein Verbot weiterer KKW in Verbindung mit einer Reststrommengenregelung bezüglich der bestehenden Anlagen möglich; ein milderes Mittel gibt es nicht.

ccc) Verhältnismäßigkeit im engeren Sinne

Die Verhältnismäßigkeitsprüfung im engeren Sinne ist die Abwägung zwischen dem Gemeinwohlziel und dem kollidierenden Eigentumsrecht. Die Substanz des Eigentumsrechts muss dabei erhalten bleiben und es muss dem Gleichheitsgebot entsprochen werden.[476]

---

[473] Zusammenfassung eines Redebeitrags in Butzke/Storr, Atomausstieg, S. 222.
[474] Langenfeld, Rahmenbedingungen, S. 935; mit Bedenken, Schmidt-Preuß, Atomausstieg, S. 159.
[475] BVerfGE 53, 135 (145 f.); 67, 157 (177); 92, 262 (273).
[476] BVerfGE 79, 174 (198); Beschl. v. 2.3.1999, NJW 1999, S. 2877 (2879)

Die Privatnützigkeit des Eigentums und die Zuordnung zu einem Rechtsträger müssen weiterhin gewahrt bleiben[477]. Die Gestaltungsmöglichkeiten des Gesetzgebers sind um so größer, je stärker die Sozialbindung des Eigentums ist, wobei auf dessen Eigenart und Funktion abzustellen ist[478]. Der Betrieb eines KKW unterliegt vielen öffentlich-rechtlichen Bindungen, das Eigentum unterliegt somit einer starken Sozialbindung. Daher sind nachträgliche Auflagen möglich. Aber allein die Neubewertung von Gefahren aufgrund politischer Umschwünge kann nicht die Sofortstillegung begründen.

Der Gesetzgeber, der die heutigen Risiken der Kernenergienutzung nicht mehr in Kauf nehmen möchte, kann im Rahmen seiner Einschätzungsprärogative die Risiken anders beurteilen. Er kann nach vorgenommener Abwägung mit der Institutionsgarantie des Art. 14 I 1 GG das Eigentum an Kernenergieanlagen zur wirtschaftlichen Stromerzeugung aus der Eigentumsordnung ausschließen[479].

ddd) Zwischenergebnis:

Die Inhalts- und Schrankenbestimmung ist mit Art. 14 GG zu vereinbaren.

3.3. Laufzeitenregelung (Strommengenmodell)

Neben der Eigentumsinhaltsneubestimmung müsste aber auch die Entziehung der alten Rechte, also des erlaubten Betriebs der bestehenden KKW, selbst verhältnismäßig sein.

Hier sei in Bezug auf die Prüfung von Zweck, Geeignetheit und Erforderlichkeit auf oben verwiesen, so dass nur die Verhältnismäßigkeit im engeren Sinne (Angemessenheit) weiter erörtert werden soll.
Die Substanz des Eigentums bleibt bei einer Übergangslösung erhalten, wenn das Bestandsinteresse des Betreibers hinreichend berücksichtigt wird. Es wird durch einen weichen Übergang das Bestandsinteresse der Betreiber durch ein Rest-

---

[477] BVerfGE 50, 290 (339).
[478] BVerfG, Beschl. v. 2.3.1999, NJW 1999, S. 2877 (2878); BVerfGE 53, 257 (292).
[479] Bayer/Huber, Rechtsfragen, Koch, S. 79; Denninger, Nutzung der Kernenergie, S. 48 ff; Ossenbühl, Verfassungsrechtliche Fragen, S. 31).

strommengenmodell, fußend auf einer Laufzeit von 32 Jahren, gewürdigt. Problematisch ist hier die zu veranschlagende Laufzeit der KKW. Hierüber gibt es verschiedenste Meinungen und Studien.

Langenfeld geht hierbei von einer tatsächlichen Nutzungsdauer eines AKW von 40 bis 45 Kalenderjahren aus. Demnach sei eine Regelung von 32 Kalenderjahren (Strommengenmodell) mit Art. 14 I GG zu vereinbaren, da mit steigendem Alter der Anlage immer kostspieligere Nachrüstungsmaßnahmen erforderlich würden. Einer weiteren Entschädigung bedürfe es dabei nicht.[480]

Teile der Wirtschaft fordern eine Laufzeitregelung, die bei wirtschaftlicher Betrachtung des normalen Lebenszyklus eines KKW aktienrechtlich vertretbar sei. Gestützt auf Studien aus den USA und der Schweiz würde sich eine Laufzeit von KKW von 50 bis 60 Jahren ergeben. Dabei seien maßgebliche Bemessungsfaktoren die Nachrüstungen, der internationale Vergleich und der Aufbau ausreichender Rückstellungen für die Finanzierung von Ersatzinvestitionen. Daher müsse eine Restlaufzeit jedenfalls 40 Jahre (35 Volllastjahren) betragen.[481]

Deutsche Kraftwerke sind auch im internationalen Vergleich noch relativ jung. Das älteste deutsche in Betrieb befindliche KKW Obrigheim ist ca. 30 Betriebsjahre alt. Dagegen gibt es in Großbritannien 19 KKW die schon 30 bis 41 Jahre betrieben werden. In den USA haben 41 KKW schon über 25 Jahre Betriebszeit. In Schweden rechnet man nach dem Ausstiegsbeschluss mit 35 sogenannten Vollastjahren.[482]

Denninger[483] zieht für die Bemessung einer dem verhältnismäßigen Investitionsschutzes gerecht werdenden Befristung folgende Parameter heran:

> „1) die Dauer der Amortisation der Investitionen inclusive einer angemessenen Kapitalverzinsung,

---

[480] Langenfeld, Rahmenbedingungen, S. 935.
[481] Thomas Barth, Leiter des Rechtsbereichs der Bayernwerk AG, in Butzke/Storr, Atomausstieg, S. 222.
[482] Bayer/Huber, Rechtsfragen, Barth, S. 15.
[483] Denninger, Nutzung der Kernenergie, S. 71 f..

2) die bisher übliche, auch im internationalen Maßstab als normal zu beobachtende Dauer des Betriebs eines gewerblichen Kernkraftwerks,

3) die zeitliche Berücksichtigung jüngerer „Nachrüstungs"maßnahmen,

4) die Berücksichtigung der Möglichkeit der Erwirtschaftung von Rückstellungen für die Finanzierung der Umstellung auf die Nutzung neuer Energieträger und Technologien,

5) die Ermöglichung eines sozialverträglichen Personalumbaues

6) die Zulässigkeit einer typisierenden Berechnungsweise des Gesetzgebers nach Kalenderjahren und nicht nach „Vollastjahren"."[484]

Er kommt somit zu einer absoluten Untergrenze einer Laufzeit von 20 Kalenderjahren und einer gesetzlich vorzusehenden Übergangsfrist von 25 bis 26 Kalenderjahren[485].

Schmidt-Preuß hingegen geht von 15 Jahren individueller nuklearer Betriebszeit bis zur Amortisation aus und rechnet dann weitere ca. 25 Betriebsjahre als „gewinnträchtige Nutzungsdauer" hinzu[486].

In einer Studie des Öko-Instituts e.V. wurde versucht, u.a. die Fragestellungen zu beantworten, wann die deutschen KKW sich amortisiert haben[487]. Dabei wurden zwei verschiedene Varianten berechnet, nämlich Dies die Variante „Auslaufen", also bis zum Ende der wirtschaftlichen und technischen Nutzungsdauer (für jedes KKW gesondert), und die Variante „Begrenzte Betriebszeit", also einer Stillegung nach 25 Kalenderjahren (und einer Stillegung im Jahre 2000, bei den KKW, die schon 25 Jahre Betriebszeit haben). Bei beiden Varianten wird eine „... starke Degression der spezifischen Kosten je kWh Strom aus Kernkraftwerken ..." berechnet.[488]

Als Hilfsgrößen sind laut der Studie

> „... für die Höhe einer Entschädigungssumme bzw. für die Bestimmung einer Übergangsfrist bis zu einer vorzeitigen Stillegung die folgenden drei

---

[484] Denninger, Nutzung der Kernenergie, S. 71 f..
[485] Denninger, Nutzung der Kernenergie, S. 75.
[486] Schmidt-Preuß, Konsens, S. 989.
[487] Öko-Institut e.V., Kernkraftwerksscharfe Analyse, S. 2.
[488] Öko-Institut e.V., Kernkraftwerksscharfe Analyse, S. 97.

Größen entscheidend: der noch nicht abgeschriebene Restbuchwert, der hier als kalkulatorischer Restwert bezeichnete Zeitwert und der noch nicht amortisierte Restwert der Kernkraftwerke."

Im Ergebnis seien die Erstinvestitionen bilanziell etwa nach 19 Jahren abgeschrieben.

> „Bei der Bestimmung des kalkulatorischen Restwertes ist die sogenannte betriebsübliche technisch-wirtschaftliche Nutzungsdauer der Anlagen entscheidend, die mit 20-25 Jahren anzusetzen ist. Nach dieser Betriebszeit von 20 bis 25 Jahren sind die kalkulatorischen Restwerte aller Kernkraftwerke gleich Null".[489]

Unter Berücksichtigung gewisser Ungenauigkeiten, da nicht alle betriebsinternen Daten zugänglich waren, kommt die Studie zu dem Ergebnis, „... dass sich alle

> laufenden Kernkraftwerke spätestens im 25. Betriebsjahr amortisiert haben, im gewichteten Mittel – je nach getroffenen Annahmen – nach 18,1 bis 19,7 Jahren. Spätestens nach 27 Jahren ... haben sich alle Kernkraftwerke nicht nur amortisiert, sondern in diesem Zeitraum zusätzlich dem Betreibern einen jährlichen Gewinn in Form einer Verzinsung des betriebsnotwendigen Eigenkapitals in der Höhe der jeweiligen Umlaufrendite öffentlicher Anleihen ermöglicht."[490]

Die Studie erkennt ferner, dass eine rein betriebswirtschaftliche Entscheidung wohl den Betrieb eines Kernkraftwerks so lange wie möglich ergeben würde.

> „Die an die Ertragswertmethode angelehnten Berechnungen zeigen, dass aus der Sicht der Anlagenbetreiber insbesondere aufgrund der zu erwartenden künftigen Nebenerträge (Zins- und Beteiligungserträge aus der Anlage der Gelder, die für die Stillegung, Rückbau und Entsorgung der Kernkraftwerke zurückgestellt werden) ein erheblicher finanzieller Anreiz für den Weiterbetrieb der Kernkraftwerke besteht."[491]

Die Ergebnisse dieser Studie sind größtenteils nachvollziehbar, so dass bei der umgesetzten „Laufzeit" von 32 Jahren (daraus wurden die entsprechenden Rest-

---

489 Öko-Institut e.V., Kernkraftwerksscharfe Analyse, S. 98.
490 Öko-Institut e.V., Kernkraftwerksscharfe Analyse, S. 98.
491 Öko-Institut e.V., Kernkraftwerksscharfe Analyse, S. 98.

strommengen errechnet s.o.), von einer verhältnismäßigen Berücksichtigung der Betreiberrechte ausgegangen werden kann, da die Interessen der KKW-Betreiber die Anlagekosten zu amortisieren und einen vertretbaren Gewinn zu erwirtschaften, erreicht werden.

Das geplante Reststrommengenmodell berücksichtigt somit in verhältnismäßiger Weise die Altrechte der Kraftwerksbetreiber; das geplante Neubauverbot und die Reststrommengenreglung sind mit Art. 14 GG zu vereinbaren.

ee) Frage der Entschädigung

Nach *Schmidt-Preuß*[492], der in dem Ausstieg eine Enteignung sieht (s.o.), müsse eine Entschädigung gem. Art. 14 III S. 2 GG erfolgen. Eine Verrechnung im Rahmen der Zulässigkeitsvoraussetzungen ist dabei nicht möglich; d.h. es ist nicht möglich, die Laufzeiten großzügig zu gestalten und der Junktim-Klausel zu entgehen[493]. Demnach wäre nach *Schmidt-Preuß* eine entschädigungslose Regelung nicht möglich[494].

Die Junktimklausel in Art. 14 III 2 GG verlangt, dass das Gesetz eine Entschädigung vorsieht und deren Ausmaß und Art regelt, daher ist ein Enteignungsgesetz ohne eine Entschädigungsregelung verfassungswidrig[495]. Dann können auch die nach Art. 14 III 4 GG angerufenen Gerichte nicht eine fehlende Entschädigungsregelung durch Analogie ergänzen oder aus Art. 14 GG unmittelbar ableiten, vielmehr müssen sie das Enteignungsgesetz nach Art. 100 I GG dem BVerfG vorlegen[496].

Diese Entschädigung müsse sich grundsätzlich am Verkehrswert orientieren, dies wäre der Substanzwert zum Zeitpunkt des Entzugs nach Maßgabe des De-

---

[492] Redebeitrag von Schmidt-Preuß zusammengefasst in Butzke/Storr, Atomausstieg, S. 222.
[493] Bayer/Huber, Rechtsfragen, Schmidt-Preuß, S. 60.
[494] Bayer/Huber, Rechtsfragen, Schmidt-Preuß, S. 60.
[495] BVerfGE 24, 367(418).
[496] BVerfGE 58, 300 (323); dies dient dem Schutz der Haushaltshoheit des Gesetzgebers und dem Verwerfungsmonopol des BVerfG, so Pieroth/Schlink, Staatsrecht II, Rn. 939.

ckungskaufs ohne den entgangenen Gewinn[497]. Dieser Wert kann aber für ein KKW nicht ermittelt werden, da es mit dem Ausstieg keinen Kernkraftwerksmarkt mehr in der Bundesrepublik gibt, daher wäre der Ertragswert entscheidend[498].
Eine entscheidende Rolle spielt hier die verbleibende tatsächliche wirtschaftliche Nutzungsdauer. Die effektive Restlaufzeit und die zu erwartenden periodenbezogenen Nettoerträge müssten abgeschätzt werden und nach der Maßgabe der effektiven Restlaufzeit mit dem langfristigen Kapitalmarktzinssatz bezüglich des entscheidenden Stichtag abdiskontiert werden.[499]

Nach *Schmidt-Preuß* müsse auch bei einer Inhalts- und Schrankenbestimmung, parallel zu Art. 14 III GG, ein Ausgleich für eine tatsächliche Restnutzung geleistet werden[500]. Berechnung und Höhe der erforderlichen finanziellen übermaßvermeidenden Kompensation ließe sich anhand derselben Grundsätze wie bei der Enteignungsentschädigung berechnen[501].

Hier sei aber auf die Studie des Öko-Instituts e.V. verwiesen[502] (s.o.). Eine Entschädigung ist wegen des im Ergebnis verhältnismäßigen, da die Altrechte bei den vereinbarten Reststrommengen ausreichend berücksichtigt werden, Entzugs der Altrechte nicht erforderlich.

ff) Ergebnis

Die geplanten Ausstiegsregelungen, die als Eigentumsinhaltsbestimmungen in Verbindung mit Entziehung der Altrechte qualifiziert wurden, sind rechtmäßig.
Der Ausschluss des Eigentums an wirtschaftlichen Kernanlagen aus der Eigentumsordnung ist mit der Eigentumsgarantie des Art. 14 I 1 GG zu vereinbaren.
Die Entziehung der Altrechte muss in Verbindung mit der Eigentumsinhaltsneubestimmung gesehen werden und stellt keine Enteignung dar. Die Laufzeitenrege-

---

[497] Enteignungsentschädigung ist kein Schadensersatz (z.B. § 252 BGB); entgangener Gewinn wird nicht ersetzt.
[498] Hilfsweise würde so der Wert berechnet.
[499] Bayer/Huber, Rechtsfragen, Schmidt-Preuß, S. 62.
[500] Bayer/Huber, Rechtsfragen, Schmidt-Preuß, S. 65- Begründet wird dies mit einer mittelbaren Anwendung des Maßstabs aus Art. 14 III GG, der in BVerfGE 83, 201 (212 f.) und BVerfGE in NJW 1998, 367 (368) Beschl. v. 10.10.1997 –1 BvR 310/84- inzident deutlich geworden wäre.
[501] Bayer/Huber, Rechtsfragen, Schmidt-Preuß, S. 65.

lung ist eine verhältnismäßige Gestaltung der Altrechtsentziehung, eine Entschädigungsregelung ist nicht erforderlich.

Entsprechend der Zielsetzung ist es der Regierungskoalition gelungen, eine entschädigungsfreie Ausstiegsregelung zu schaffen.

---

[502] Öko-Institut e.V., Kernkraftwerksscharfe Analyse, S. 1 ff..

3. Verletzung des Art. 3 GG

In der Bundesrepublik wird neben der Nutzung der Kernenergie hauptsächlich durch die Verbrennung fossiler Brennstoffe Elektrizität erzeugt. Ein Ausstieg aus der Stromerzeugung durch Kernenergie könnte gegen das Willkürverbot des Art. 3 I GG verstoßen, da auch von der Stromerzeugung durch z.B. den Einsatz fossiler Brennstoffe Gefahren für Schutzgüter ausgehen.
Der Gesetzgeber darf „... weder wesentlich Gleiches willkürlich ungleich noch wesentlich Ungleiches willkürlich gleich behandeln ...“[503] Dabei versteht das Gericht unter Willkür: „... Willkür im objektiven Sinne, d.h. die tatsächliche und eindeutige Unangemessenheit der Regelung in bezug auf den zu ordnenden Gesetzgebungsgegenstand...“[504], ohne dass es auf böse Absicht oder Schuld ankomme.

Denn auch die anderen Energieträger stellen ein Gefährdungspotential dar. Durch die Emissionen (z.B. CO_2) etwa gehen Gefahren für die Schutzgüter Umwelt, Leben und körperliche Unversehrtheit aus. Durch die CO_2 Emissionen wird der weltweite Treibhauseffekt verstärkt.
Dementsprechend müsste ein Ausstieg nur aus der Kernenergie sachlich gerechtfertigt sein.
Die Auswirkungen, die Unfälle in herkömmlichen Kraftwerken bewirken könnten, sind aber nicht vergleichbar mit den katastrophalen Schäden, die bei einen KKW-Unfall auftreten könnten. Die Katastrophe von Tschernobyl hat das mögliche Ausmaß gezeigt. Weite Landstriche wurden verseucht und Tausende Menschen erlitten Strahlenschäden, die teilweise zum Tode führten. So können bei Katastrophen im Bereich der Kernenergienutzung große Gebiete betroffen werden und die hohen Halbwertszeiten des ausgetretenen radioaktiven Materials würden dann langwierigen Verseuchungen und irreparabel Schäden in der Biosphäre verursachen.
Eine Katastrophe eines fossilen Kraftwerks dürfte lokal wesentlich beschränkter sein, obwohl der Treibhauseffekt globale Auswirkungen hat.

---

[503] BVerfGE 4, 144 (155).
[504] BVerfGE 4, 144 (155).

Auch die Entsorgungsfrage des Atommülls stellt sich bei herkömmlichen Kraftwerken nicht. So ist die sichere Entsorgung von Abfallstoffen aus der Kernenergienutzung wesentlich problematischer als die Entsorgung des Abfalls aus fossiler Stromerzeugung.
Ferner erfordert der Schutz von Kernenergieanlagen einen wesentlich höheren Aufwand, da die Gefahren beim Betrieb einer Kernanlage umfassender abgeschirmt werden müssen.
Die Umwelt wird zwar bei der Verbrennung fossiler Brennstoffe auch in hohem Maße gefährdet, man beachte nur allein die immense CO_2-Emmission, doch können diese Schadstoffemissionen reduziert werden.

Ein Ausstieg aus der Kernenergiegewinnung sollte daher flankiert werden von einer neuen Energiepolitik, die auch die Minimierung der Umweltgefährdung durch fossile Energiegewinnung zum Ziel hat.

Der Ausstieg wird begleitet von einer Energiepolitik, die dies berücksichtigt und gerade die Energiegewinnung aus regenerativen Energiequellen fördern möchte. Die langen Laufzeiten und der damit „weiche" Ausstieg ermöglichen einen umweltverträglichen und nachhaltigen Wechsel hin zu „umweltfreundlicheren" Energiequellen.

Der Einwand der Willkür ist somit nicht haltbar[505], da die Gefahren aus der Nutzung der Kernenergie nicht mit denen aus der Stromerzeugung durch fossile Brennstoffe vergleichbar sind und der Ausstieg von einer neuen Energiestrategie begleitet wird. Der Gesetzgeber kann insoweit im Rahmen seiner Einschätzungsprärogative tätig werden; es liegt für die Ungleichbehandlung ein sachlicher Grund vor.

4. Verstoß gegen Art. 19 GG

Das neue AtG verstößt nicht gegen Art. 19 I 1 GG[506].

---

505 Borgmann, Möglichkeiten, S. 399.
506 Ein Verstoß würde die Nichtigkeit des Gesetzes zur Folge haben; Dreier, GG, Band I, Dreier, zu Art. 19, Rn. 8.

Es ist keine Einzelfallregelung i.S.v. Art. 19 I 1 GG. Dabei kommt es nicht auf die Formulierung des Gesetzes an[507], sondern auf die faktische Wirkung[508]. Die Regelungen betreffen eine kleine, überblickbare und dem Gesetzgeber bekannte Gruppe, die Anlagen zur kommerziellen Nutzung der Kernenergie zur gewerblichen Erzeugung von Elektrizität.

Es ist aber entscheidend, ob der Gesetzgeber einzelne Anlagen gezielt herausgreift und diese dann einer Sonderregelung unterzieht[509]. Hier werden durch die Regelungen gleichmäßig alle wirtschaftlichen Kernanlagen in Deutschland betroffen[510]; die Regelung ist abstrakt und generell[511].

Ferner fallen die Regelungen nicht in den Anwendungsbereich des Art. 19 I 1 GG, da sie nicht Grundrechte einschränken.

Die zulässige Regelung der Berufsausübung[512] und die zulässige Bestimmung von Inhalt und Schranken des Eigentums[513] sind keine Einschränkungen im Sinne von Art. 19 I 1 GG[514].

5. Allgemeine rechtsstaatliche Grundsätze

aa) Rückwirkung

Ein Ausstiegsgesetz würde die als unbefristet erteilten Betriebsgenehmigungen der KKW nachträglich befristen.

Das Gesetz wirkt somit zurück. Das BVerfG unterscheidet dabei zwischen einer „Rückbewirkung von Rechtsfolgen", der sogenannten echten Rückwirkung, und einer „tatbestandlichen Rückanknüpfung", die sogenannte unechte Rückwirkung.

---

507 BVerfGE 10, 234 (244).

508 Z.B. Jarass/Pieroth, GG, Jarass, zu Art. 19, Rn. 1.

509 Roßnagel, in Roßnagel/Roller, Beendigung, S. 68.

510 Also alle sachlich möglichen Adressaten, wie in BVerfGE 24, 367 (398).

511 Auch im Bereich der konkret festgelegten Reststrommengen erfolgte die Berechnung durch eine allgemeingültige Berechnungsformel (s.o.).

512 Überwiegende Auffassung: BVerfGE 13, 97 (122); 64, 72 (80 f.); BVerwGE 43, 48 (54); Jarass/Pieroth, GG, Jarass, zu Art. 19, Rn. 1 u. 4, zu Art. 12, Rn. 22; a.A.: v. Mangoldt/Klein/Starck, GG, Band 1, Peter Michael Huber, zu Art. 19, Rn. 45.

513 Überwiegende Auffassung: BVerfGE 21, 92 (93); 24, 367 (398); Jarass/Pieroth, GG, Jarass, zu Art. 19, Rn. 1, 4, zu Art. 14, Rn. 32, 68; a.A: v. Mangoldt/klein/Starck, GG, Band 1, Peter Michael Huber, zu Art. 19, Rn. 45.

514 BVerfGE 64, 72 (80) „... Auch berufsregelnde Gesetze werden nicht als Einschränkungen im Sinne des Art. 19 Abs. 1 GG angesehen ..."; Für Art. 14 GG: BVerfGE 21, 92 (93); 24, 367 (398)

Bei der echten Rückwirkung ordnet das Gesetz eine Rechtsfolge schon vor dem Inkrafttreten der Norm an. Der zeitliche Anwendungsbereich der Norm wird somit in die Vergangenheit verlagert. Eine solche echte Rückwirkung ist grundsätzlich unzulässig.

Die tatbestandliche Rückanknüpfung bezieht sich ausschließlich auf den sachlichen Anwendungsbereich einer Norm, dabei treten die Rechtsfolgen nach Verkündung der Norm ein, deren Tatbestand erfasst aber Sachverhalte, die schon vorher „ins Werk gesetzt“ wurden[515]. Eine solche Norm ist grundsätzlich verfassungskonform, sie muss sich aber an Grundrechten, die einen gewissen Vertrauensschutz gewähren, messen lassen (wie z.B. die oben geprüften Art. 12 oder 14 GG).

Hier greift die Laufzeitenregelung eines geplanten Ausstiegsgesetzes erst nach Inkrafttreten eines veränderten AtG[516]. Es handelt sich somit um eine tatbestandliche Rückanknüpfung[517].

bb) Vertrauensschutz und Bestandsschutz

Der Vertrauensschutz, der rechtsstaatlich allgemein anerkannt ist, der jetzigen Betreiber auf die unbefristet erteilte Betriebsgenehmigung könnte gegen eine Laufzeitenregelung sprechen.

Der Grundsatz des Vertrauensschutzes ist ein Prinzip, welches sich in der gesamten Rechtsordnung findet und auch als verfassungsrechtlicher Grundsatz wirksam ist. Verfassungsrechtlich kann der Vertrauensschutz den Gesetzgeber binden, dass er keine Regelungen treffen darf, die in die Vergangenheit zurückwirken und die von Unternehmern getroffene Dispositionen durchkreuzen und Investitionen zunichte machen würden.[518]

---

[515] BVerfGE 31, 275 (292 ff.); 72, 200 (242); 76, 256 (346 ff.).
[516] Der Verfasser geht davon aus, dass das AtG noch vor der ersten geplanten Stillegung eines KKW geändert wird.
[517] Ossenbühl, Verfassungsrechtliche Fragen, S. 36. Zur weiteren Prüfung s.u..
[518] Ossenbühl, Verfassungsrechtliche Fragen, S. 35.

Argumentiert wird hier mit dem Förderungszweck der Kernenergie in § 1 Nr. 1 AtG a.F.[519] und der jahrzehntelangen Förderungspolitik vergangener Regierungen. Gerade die immensen Investitionskosten erforderten eine gewisse Rechtssicherheit bezüglich des weiteren Bestehens einer Betriebsgenehmigung. Dem steht entgegen, dass die starke politische Unterstützung sich in eine Ausstiegsbewegung verändert hat. Über Jahrzehnte ist die friedliche Nutzung der Kernenergie schon stark umstritten.

Für diejenigen Betreiber, die sich auf Grundrechte berufen können, ist der Vertrauensschutz im Bestandschutz des Art. 14 GG vorrangig verankert, einen weiteren Vertrauensschutz gibt es dann nicht[520]. Die anderen Betreiber[521] können sich auf den Vertrauensschutz, der rechtsstaatlich allgemein anerkannt ist, berufen.
Die unechte Rückwirkung ist grundsätzlich zulässig, wenn das Gesetz nicht einen Eingriff vornimmt, mit dem der Betroffene nicht zu rechnen brauchte und den er deshalb bei seinen Dispositionen nicht berücksichtigen konnte.
Die Betreiber haben in dem Vertrauen, auch für die Zukunft unbefristete Betriebsgenehmigungen zu besitzen, erhebliche Investitionen im Bereich der Kernenergiegewinnung getätigt; sie handelten dabei auf Initiative und mit starker Förderung durch den Gesetzgeber.

> „Die Vertrauensposition der Betreiber richtet sich in ihrer Valenz nach den vertrauensbegründenden Grundlagen im Zeitpunkt der getätigten Investitionen“[522].

Entscheidend ist der Zeitpunkt der Betätigung der Dispositionen, also der Zeitpunkt der Errichtung der Kernanlagen, somit die anfänglichen Investitionen und die Investitionen im Rahmen von Nachrüstungsmaßnahmen.
Mit der Stilllegung nach Erreichen der Reststrommenge würde diese Vertrauensposition erheblich entwertet[523] oder sogar zunichte gemacht[524].

---

[519] Dieser ist mit der Zeit hinter den Schutz der Gefahren aus der Kernenergie, normiert in § 1 Nr. 2 AtG, getreten.
[520] Ossenbühl, Verfassungsrechtliche Fragen, S. 36.
[521] Hier ist entscheidend, inwieweit man die Grundrechtsfähigkeit der Betreiber annimmt (s.o.).
[522] Ossenbühl, Verfassungsrechtliche Fragen, S. 40.
[523] Stüer/Loges, Nulltarif, S. 14.
[524] Ossenbühl, Verfassungsrechtliche Fragen, S. 39.

Diese Vertrauensposition ist nicht durch die immer stärker werdenden Widerstände gegen die Kernenergienutzung und durch diverse Gesetzentwürfe zum Ausstieg zerstört oder wesentlich beeinträchtigt worden. *Ossenbühl* weist aber zu Recht darauf hin, dass das Vertrauen zwar wieder zerstört werden kann, dies aber den Vertrauensschutz bezüglich der bereits getätigten Investitionen nicht berührt[525].

Eine Abwägung zwischen dem Ausmaß des Vertrauensschadens der Betroffenen und der Bedeutung des Ausstieg aus der Nutzung der Kernenergie für das Wohl der Allgemeinheit ist vorzunehmen.

Ein öffentliches Interesse lässt sich nicht mit einer erheblichen Änderung der Gefahrenlage[526] (s.o.), sondern mit einer Änderung der Sicherheitsphilosophie der Bundesregierung begründen.
Da die Betreiber aber ihre Investitionen im Vertrauen auf eine andere Sicherheitsphilosophie, die eine Kernenergienutzung befürwortete, getätigt haben, ist zumindest ein wirtschaftlicher Schutz des Vertrauens zu gewähren[527]. Diese Berücksichtigung des Vertrauensschutzes kann durch Zahlung von Entschädigungen oder durch eine befristete Weitergeltung der Anlagegenehmigungen erfolgen[528].
Hier wurde der Weg der Laufzeitenbegrenzung durch das Strommengenmodell gewählt. Die Bemessung der Laufzeiten muss das schutzwürdige wirtschaftliche Interesse der KKW-Betreiber berücksichtigen. Nach geplanter Regelung, der eine Laufzeit von 32 Jahren zugrunde liegt, wird den Betreibern eine Amortisation des eingesetzten Kapitals und eine gewinnträchtige weitere Nutzungsdauer, als eine Art Prämie für das eingegangene Risiko und die eigene Leistung, ermöglicht[529].

---

525 Ossenbühl, Verfassungsrechtliche Fragen, S. 44.
526 Eine erhebliche Änderung der tatsächlichen Gefahrenlage könnte einen Sofortausstieg begründen. Dies ist aber nicht der Fall (s.o.).
527 Roßnagel, Bestandsschutz, S. 720.
528 Stüer/Loges, Nulltarif, S. 14; Borgmann, Ausstieg, S. 374.
529 Siehe zu dieser grundsätzlichen Problematik die Erörterungen zu Art. 14 GG. Für *Klöck* ist bei einem Ausstieg im Konsens sogar die Erörterung des Vertrauensschutzes gegenstandslos. Klöck, Atomausstieg, S. 6.

Der rechtstaatliche Vertrauensschutz wird somit gewährleistet, er geht auch nicht über den spezielleren Vertrauensschutz aus Art. 14 GG (Bestandsschutz) in seiner Schutzintensität hinaus[530].

f) Rechtsweg/Rechtsschutz

Die Energieversorger bzw. die Betreibergesellschaften der KKW hätten die Möglichkeit, gegen den Atomausstieg durch die Änderung des AtG Verfassungsbeschwerde vor dem BVerfG zu erheben. Gem. § 90 I BVerfGG kann „jedermann", also auch die Betreibergesellschaften, Verfassungsbeschwerde erheben. Beschwerdegegenstand kann dabei auch ein Akt der Gesetzgebung[531], in Form des neuen AtG sein. Eine Beschwerdebefugnis müsste sich gem. § 90 I BVerfGG auf eine Verletzung der Grundrechte stützen. Die Betreiber könnten die Verletzung der oben geprüften Grundrechte geltend machen. Dabei muss der Beschwerdeführer in seinen eigenen Grundrechten gegenwärtig betroffen sein. Eine unmittelbare Beschwer wäre auch gegeben, da die Betriebsgenehmigungen mit Erreichen der Reststrommenge durch Gesetz erlöschen würden. Letztendlich wäre eine Verfassungsbeschwerde aber nicht erfolgreich, da die Ausstiegsregelungen rechtmäßig und mit dem GG zu vereinbaren sind (s.o.).
Bezüglich der Energieversorgungsunternehmen, die im Konsens einen Rechtsmittelverzicht (s.o.) erklärt haben, besteht außerdem keine Möglichkeit, im Rahmen der Verfassungsbeschwerde gegen die Ausstiegsregelungen vorzugehen.

Es gibt ferner aber die Möglichkeit, gegen die Ausstiegsregelungen durch abstrakte Normenkontrolle vorzugehen. Beispielsweise erklärte der Ministerpräsident des Freistaats Bayern, Herr Stoiber, dass die bayerische Staatsregierung gegen den Atomausstieg auch rechtlich vorgehen wolle[532]. Im Rahmen der abstrakten Normenkontrolle gem. Art. 93 I Nr. 2 GG, §§ 13 Nr. 6, 76 ff. BVerfGG könnte z.B. eine Landesregierung die Verletzung der Betreibergrundrechte durch das neue AtG geltend machen, wenn sie diese Norm für nichtig hält, obwohl ein Großteil der Energieversorger einen Rechtsmittelverzicht erklärte. Ein erforderliches Klarstel-

---

[530] Denninger, Nutzung der Kernenergie, S. 83. Insoweit siehe oben Prüfung zu Art. 14 GG.
[531] Vgl. §§ 94 IV, 95 III BVerfGG.
[532] Zitiert nach Komorowski, Rechtsfragen, S. 21.

lungsinteresse würde erst nach Abschluss des Gesetzgebungsverfahrens, also nach Ausfertigung und Verkündung, aber schon vor Inkrafttreten der Norm, vorliegen[533].

Dieses Verfahren hätte aber aus oben besagten Gründen wohl keinen Erfolg.

---

[533] Degenhart, Staatsrecht I, Rn. 509.

g) Europarechtliche Aspekte

1. Einleitung

Da der Ausstieg aus der friedlichen Nutzung der Kernenergie nicht von allen politischen Kräften in Deutschland getragen wird und z.B. das Bayerische Kabinett[534] am 8. Februar 2000 beschlossen hat, alle politischen und rechtlichen Möglichkeiten gegen den Ausstieg auszuschöpfen und dazu auch die EG-Kommission wegen möglicher Verletzung des EU-Rechts einzuschalten[535], ist hier die Vereinbarkeit eines Ausstiegsgesetzes mit dem EU-Recht, insbesondere des EURATOM- und EG-Vertrages zu prüfen.

2. Verhältnis zu deutschen Normen (Anwendungsvorrang)

Nach ständiger Rechtsprechung des EuGH genießt das Gemeinschaftsrecht wegen der Eigenständigkeit des Gemeinschaftsrechtes und wegen der Notwendigkeit der einheitlichen Geltung und der Funktionsfähigkeit des Gemeinschaftsrechtes[536] (effet-utile) Vorrang gegenüber dem nationalen Recht[537]. Das nationale Recht ist bei einem Verstoß gegen Gemeinschaftsrecht zwar nicht nichtig (kein Geltungsvorrang), wird aber nicht auf den Sachverhalt angewendet (Anwendungsvorrang des Gemeinschaftsrechtes).

---

[534] Der Freistaat Bayern steht zu der friedlichen Nutzung der Kernenergie und dem geltenden Entsorgungskonzept, was gem. Art. 47 II BayVerf. auf den Vorgaben der Richtlinien der Politik beruht. Ministerpräsident Stoiber machte dies in der Regierungserklärung am 19.10.1998 deutlich. An diese Vorgaben ist die bayerische Administration durch die Kabinettsdiziplin gebunden (gem. § 1 I 2, § 11 VIII 1 der Geschäftsordnung der Staatsregierung i.d.F. der Bekanntmachung 3.4.1998). Bayer/Huber, Rechtsfragen, Böhm-Amtmann, S. 24.

[535] Ministerpräsident Stoiber bat Prodi, den Präsidenten der Europäischen Kommission um die Prüfung der Frage, ob die Bundesregierung mit den Ausstiegsabsichten gegen europäisches Recht verstoße. FAZ vom 9.2.2000, S. 2, Finkenzeller, Rechtsprüfung.

[536] Art. 10 II EGV (Amsterdamer Fassung).

[537] EuGH, Urteil vom 15. 7.1964, Rs. 6/64, Costa/E.N.E.L., Slg. 1964, 1251 (1270) sowie EuGH, Urteil vom 17.12.1970, Rs. 11/70, Internationale Handelsgesellschaft, Slg. 1970, 1125 (1135).

3. EAG-Vertrag (EURATOM-Vertrag)

aa) Einleitung

Der nationale Ausstieg aus der friedlichen Nutzung der Kernenergie durch Änderung des AtG müsste mit dem EURATOM-Vertrag (kurz: EAGV) zu vereinbaren sein. Die EURATOM-Gemeinschaft hat sich durch Vertrag am 25. März 1957 konstituiert[538].

Eine Vereinbarkeit mit dem EAGV wird in Teilen der Literatur ohne weiteres bejaht[539], teilweise angezweifelt[540] oder abgelehnt[541].

Eindeutig ist, dass der EAGV keine ausdrücklichen Regelungen enthält, die zu einer Nutzung der Kernenergie verpflichten, oder eine nationalstaatliche Ausstiegsregelung verbieten[542].

Daher scheidet ein Verstoß des Ausstiegsgesetzes gegen ausdrückliche Normen des EAGV aus.

Verschärfungen von Strahlenschutzregelungen auf Grundlage des Art. 30 EAGV (Strahlenhöchstdosen) und der darauf gestützten europäischen Grundnormen sind durch die Nationalstaaten möglich[543]; aus diesen Normen lässt sich kein Ausstiegsverbot schlussfolgern[544]. Diese Normen besagen nicht, dass Nuklearanlagen betrieben werden müssen, sondern legen nur die Mindestbestimmungen für den Strahlenschutz der Bevölkerung und der Arbeitskräfte fest, wenn solche Anlagen betrieben werden[545].

Wahl/Hermes kommen aber bei der Prüfung an einzelnen Regelungen des Gemeinschaftsrechts zu dem Ergebnis, dass ein völliges Verbot bestimmter kerntechnischer Anlagen aus Gründen der Strahlenbelastung im Normalbetrieb mit dem gemeinschaftsrechtlichen Regelsystem auch bei der Berücksichtigung des

---

[538] Vertrag zur Gründung der Europäischen Atomgemeinschaft (EURATOM) vom 25.3.1957, BGBl. II/1 1957, S. 1014 ff., am 1.1.1958 in Kraft getreten.
[539] Borgmann, Möglichkeiten, S. 406 f., Schmidt-Preuß, Rechtsfragen, S. 56.
[540] FS Hans von der Groeben, Michaelis, Hans, S. 247.
[541] Di Fabio, Ausstieg, S. 45 ff.; Sante, Aspekte, S. 121.
[542] Leidinger/Paschke, EURATOM, S. 178; Feldmann, Europarecht, S. 294.
[543] EuGH, Urteil vom 25.11.1992, Rs. C-376/90, Kommission/Königreich Belgien, Slg. 1992-9, I-6175 (I-6180).
[544] Leidinger/Passchke, EURATOM, S. 178.

ALARA-Prinzips[546] nicht zu vereinbaren ist. Ein völliges Verbot wäre ein aliud gegenüber einer zulässigen Verschärfung der Strahlenbelastungswerte. Demnach würden die EURATOM-Grundnormen aus diesen Gründen ein vollständiges Verbot nicht zulassen[547].

Ein Ausstieg kann aber mit darüber hinausgehenden Gefahren und Problemen begründet werden. Die Regelungen des EAGV bezüglich des Gesundheitsschutzes stehen dem nicht entgegen, da diese nur die Gefahren im Normalbetrieb zum Gegenstand haben[548].

bb) Sinn und Zweck des EAGV

Es könnte aber ein Verstoß gegen den Sinn und Zweck des EAGV vorliegen. Dieser wird in seiner Geschäftsgrundlage, in einzelnen Förderungspflichten, oder in seiner allgemeinen Loyalitätspflicht (Art. 192 EAGV) erkennbar.

1.1. Loyalitätspflicht und Geschäftsgrundlage

In Art. 192 EAGV wird die Loyalitätspflicht der Mitgliedstaaten gegenüber der Gemeinschaft geregelt:

> „Die Mitgliedstaaten treffen alle geeigneten Maßnahmen allgemeiner oder besonderen Art zur Erfüllung der Verpflichtungen, die sich aus diesem Vertrag oder aus Handlungen der Gemeinschaft ergeben. Sie erleichtern dieser die Erfüllung ihrer Aufgabe. Sie unterlassen alle Maßnahmen, welche die Verwirklichung der Ziele dieses Vertrages gefährden könnten."[549]

Die Präambel stellt u.a. fest, dass die Atomgemeinschaft in dem Bewusstsein geschlossen wird, dass die Kernenergie

> „ ... eine unentbehrliche Hilfsquelle für die Entwicklung und Belebung der Wirtschaft und für den friedlichen Fortschritt darstellt, ..., daß nur ein gemeinsames Vorgehen, ohne Verzug unternommen, Aussicht bietet, die

---

[545] Bayer/Huber, Rechtsfragen, Scheuing, S. 94.

[546] „... as low as reasonably achievable ...daß die Strahlenbelastung so niedrig zu halten ist, wie es unter Berücksichtigung ökonomischer und sozialer Faktoren vernünftigerweise erreichbar ist." in Haedrich, Wiederaufarbeitung, S. 1041; EuGH, Urteil v. 25.11.1992, Rs C-376/90, Kommission/Königreich Belgien, Slg. 1992-9, I-6175 ff.

[547] Wahl/Hermes, Kernenergiepolitik, S. 197.

[548] Wahl/Hermes, Kernenergiepolitik, S. 197 f..

[549] Art. 192 EAGV.

Leistungen zu verwirklichen, die der schöpferischen Kraft ihrer Länder entsprechen, ...“[550].

Allein dies spricht doch sehr stark dafür, dass die Kernenergie als eine unabdingbare Voraussetzung für die Gründungsmitglieder gesehen wurde[551].
Eindeutig lässt sich aus den Regelungen des EAGV eine positive Grundeinstellung gegenüber der friedlichen Nutzung der Kernenergie ableiten.

Diese positive Grundeinstellung liegt dem EAGV zugrunde und ist somit Geschäftsgrundlage geworden[552]. Dabei gingen die vertragsschließenden Staaten davon aus, dass tatsächlich alle beteiligten Staaten die Kernenergie auch nutzen wollten und werden. Die Kernenergie wurde als revolutionäre, wirtschaftsfördernde Technik betrachtet, die gefördert werden musste, um nicht den Anschluss an nicht-europäische Staaten zu verlieren. Diese Geschäftsgrundlage ist auch nicht durch das Handeln einzelner Mitgliedstaaten weggefallen. Nach *Roller* gilt eine solche Geschäftsgrundlage nicht mehr, da die Gemeinschaft faktisch die Einstellung bzw. Reduzierung oder den Nichteinstieg in die Nutzung der Kernenergienutzung in Mitgliedstaaten dulde; eine erhebliche Rolle spiele die Kernenergie nur in fünf Mitgliedstaaten[553].
Zwar haben einige Vertragsstaaten wie Luxemburg, Dänemark, Griechenland, Österreich oder Irland bis heute keine KKW in Betrieb genommen, Italien hat nach einem Volksentscheid 1987 alle nicht nur der Forschung dienenden Reaktoren vom Netz genommen und auch Schweden erließ ein Ausstiegsgesetz (1998)[554], doch kann man hieraus nicht den Wegfall der Geschäftsgrundlage folgern. Andere Vertragsstaaten halten nach wie vor an der friedlichen Nutzung der Kernenergie fest und selbst die „Aussteiger“ tragen die sicherheits-, umwelt- und gesundheitspolitischen Aspekte der Gemeinschaft weiterhin mit[555]. Frankreich hat seit den 70er Jahren die Energiegewinnung aus der Kernkraft stark forciert. Es sind 57 Kernre-

---

[550] Präambel EAGV.
[551] Feldmann, Europarecht, S. 294.
[552] Feldmann, Europarecht, S. 294.
[553] Ein Verstoß gegen den EAGV verneint aus diesem Grund *Roller*, Roller, Genehmigungsaufhebung, S. 316.
[554] Dieses Ausstiegsgesetz ermöglicht die Stillegung von Kernkraftwerken gegen Entschädigung. Der erste von zwölf Reaktoren wurde im November 1999 abgeschaltet, die Abfindung hierfür betrug ca. 1,4 Milliarden DM. Info-Mappe, Atomausstieg in den europäischen Nachbarländern, S. 1.

aktoren in Betrieb, die etwa 77% des Strombedarfs decken. Ferner werden in Frankreich die größte Wiederaufarbeitungsanlage und die in Europa größte Urananreicherungsanlage betrieben.[556]

Zweifelhaft ist auch, ob das Europarecht überhaupt das Rechtsinstitut des Wegfalls der Geschäftsgrundlage mit den deutschen Rechtsfolgen kennt. Zumindest sollte man doch eine Erklärung oder ähnliche Rechtshandlung seitens der Vertragsstaaten voraussetzen.

Eine gemeinsame Geschäftsgrundlage besteht somit noch[557].

2.2. Pflicht zur Förderung

Ferner ist umstritten, ob sich aus Art. 1 und 2 EAGV i. V. m. Art. 192 EAGV die Pflicht der Mitgliedstaaten ableiten lässt, die Förderung der friedlichen Nutzung der Kernenergie sicherzustellen, oder ob in Art. 1 und 2 EAGV lediglich Programmsätze normiert werden. Nach einer Ansicht sollte nur eine Erleichterung für die Mitgliedstaaten geschaffen werden, dass sie unter der Lenkung der Gemeinschaft die Kernenergie nutzen können[558]. Hierfür spricht, dass es in der Europäischen Gemeinschaft Mitglieder gibt, die von Beginn ihrer Mitgliedschaft an keine KKW betrieben haben (wie z.B. Dänemark, Griechenland, Luxemburg, Österreich) oder aber Mitglieder, welche die Nutzung der Kernenergie beendet haben (Italien seit 1987). Noch deutlicher wird dies in der „Gemeinsame(n) Erklärung zur Anwendung des Euratomvertrages"[559]:

> „Unter Verweis darauf, daß die die Europäische Union begründenden Verträge unbeschadet der Regeln für den Binnenmarkt ohne Diskriminierung für alle Mitgliedsstaaten gelten, erkennen die Vertragsparteien des Vertrages zur Gründung an, daß die Mitgliedstaaten als Vertragsparteien des Vertrages zur Gründung der Europäischen Atomgemeinschaft die Entschei-

---

555 Leidinger/Paschke, EURATOM, S. 180.
556 Info-Mappe, Internationale Reaktionen auf die deutsche Ausstiegsvereinbarung, S. 2.
557 Sante, Aspekte, S. 117.
558 Borgmann, Möglichkeiten, S. 402 ff..
559 Unter Punkt 4 der Schlussakte zur Beitrittserklärung Finnlands, Norwegens, Österreichs und Schwedens.

dung über die Erzeugung von Kernenergie entsprechend ihrer eigenen politischen Ausrichtung treffen. Was die Entsorgung beim Kernbrennstoffkreislauf betrifft, so ist jeder Mitgliedstaat für die Festlegung seiner eigenen Politik verantwortlich."[560]

Die ursprüngliche Geschäftsgrundlage der Europäischen Atomgemeinschaft hat sich wohl spätestens hier deutlich verändert. Eine Pflicht, die Möglichkeit der Kernenergienutzung in den Mitgliedstaaten zu schaffen, hätte man eine solche angenommen, dürfte spätestens ab diesem Zeitpunkt nicht mehr bestehen[561]. *Wahl/Hermes* sehen in der oben genannten Erklärung einen Anhaltspunkt dafür, dass der europäische Grundkonsens über die Nutzung der Kernenergie wohl verloren ist, und daher ein Ausstieg grundsätzlich nicht gemeinschaftswidrig ist[562].

Der gemeinsame Wille, die Kernenergie zu fördern, war anfangs so deutlich, dass keine Notwendigkeit bestand, eine Nutzungspflicht zu normieren. Ferner wurden keine europäischen Eingriffsbefugnisse geschaffen, da einzelne Staaten doch unterschiedlichste Auffassungen von der Steuerung der Atomwirtschaft hatten. Hier reichten die Auffassungen von einer zentral europäisch gesteuerten Atomwirtschaft bis zu einer von der Privatwirtschaft maßgeblich entwickelten Kernenergienutzung[563].

Die Bundesrepublik Deutschland war ein Gründungsmitglied der Europäischen Atomgemeinschaft. Die erklärten Zielen des EAGV sind u.a. die Schaffung aller Voraussetzungen, die für die Herstellung und den Betrieb von Kernkraftwerken in den Mitgliedstaaten erfüllt sein müssen[564].
Nähere rechtliche Ausgestaltungen wurden den Mitgliedsstaaten überlassen.

---

560 BGBl, Teil II, 1994, Bd. 2, S. 2022 (2310).
561 Zweifel an dem Wegfall der Geschäftsgrundlage äußert Di Fabio, Ausstieg, S. 69 ff.
562 Wahl/Hermes, Kernenergiepolitik, S. 177 f.. Wahl/Hermes sehen aber in einem endgültigen und unumkehrbaren Ausstieg einen Verstoß gegen den EAGV, dieser müsste demnach geändert oder aufgehoben werden (S. 218).
563 Leidinger/Paschke, EURATOM, S. 180.
564 Art. 1 S. 2 EAGV: „Aufgabe der Atomgemeinschaft ist es, durch die Schaffung der für die schnelle Bildung und Entwicklung von Kernindustrien erforderlichen Voraussetzungen zur Hebung der Lebenshaltung in den Mitgliedstaaten und zur Entwicklung der Beziehungen mit den anderen Ländern beizutragen."

Die Betrachtung des Wortlauts, der Entstehungsgeschichte und der Regelungstiefe des Vertrages ergibt somit, dass kein Verbot des Ausstiegs im EAGV verankert ist.

Auch der Europäische Gerichtshof hat in keinem Urteil eine Nutzungspflicht der Kernenergie festgestellt.
Letztendlich wurden seitens europäischer Institutionen keinerlei Maßnahmen ergriffen, den Ausstieg einzelner Staaten zu verhindern.

Ein Ausstiegsgesetz verstößt somit nicht gegen eine bestehende Geschäftsgrundlage des EAGV.

cc) Verstoß gegen die Förderzwecke

Der Ausstieg könnte aber gegen einzelne Förderungszwecke des EAGV verstoßen.
So hat z.B. die Kommission die Kernforschung in den Mitgliedstaaten zu fördern und zu erleichtern (Art. 4 I EAGV); sie veröffentlicht hinweisende Programme, um die Initiative der Personen und Unternehmen anzuregen, und eine abgestimmte Entwicklung ihrer Investitionen auf dem Kerngebiet zu erleichtern (Art. 40 EAGV).
Der Rat kann auf Vorschlag der Kommission Vergünstigungen auf jedes gemeinsame Unternehmen in Anwendung bringen (Art. 48 EAGV).
Demnach müsste aus den einzelnen Förderungszwecken eine tatsächliche Pflicht zur Förderung für den einzelnen Mitgliedstaat erwachsen. Dies ist aber zu verneinen, da Adressat der Regelungen nur die Gemeinschaft (Kommission) an sich und nicht der einzelne Mitgliedsstaat ist.

1.1. Verstoß gegen Loyalitätspflichten aus Art. 192 EAGV

Die Vorschrift des Art. 192 EAGV[565] entspricht dem Wortlaut nach Art. 10 EGV, Art. 192 EAGV normiert die Loyalitätspflichten der Mitgliedstaaten, die wiederum die Funktionsfähigkeit der Gemeinschaft aufrechterhalten sollen. Die Mitgliedstaaten

---

[565] Art. 192 EAGV bezieht sich natürlich nur auf den EURATOM-Vertrag und Art. 10 EGV auf den EG-Vertrag.

werden zur Erfüllung der Verpflichtungen aus dem Vertrag, zur Unterstützung der Gemeinschaft und zur Unterlassung entgegenwirkender Maßnahmen verpflichtet.

Der Europäische Gerichtshof geht bei der Rechtsprechung zu Art. 10 EGV davon aus, dass diese Norm die Mitgliedstaaten verpflichtet, die dem Vertrag zugrunde liegenden Hauptpflichten und ihre Durchsetzung zu erfüllen. Dies bedeutet, dass durch Art. 192 EAGV die eigentlichen Hauptpflichten des Vertrages und ihre Durchsetzung abgesichert werden sollen[566]. Die Hauptpflichten werden also nicht durch Art. 192 EAGV bestimmt, sondern schon vorausgesetzt. Dementsprechend müsste eine Hauptpflicht, die den Atomausstieg verbietet, schon außerhalb von Art. 192 EAGV normiert sein. Da dies nicht der Fall ist (s.o.), verstößt ein Ausstiegsgesetz nicht gegen die Loyalitätspflichten aus Art. 192 EAGV.

2.2. Verbot des widersprüchlichen Verhaltens

Der Ausstieg wäre auch kein Verstoß gegen das völkerrechtliche Verbot des widersprüchlichen Verhaltens. Im Gegensatz zum innerstaatlichen Recht beruht das Völkerrecht wesentlich weitgehender auf Gegenseitigkeit, doch kommt auch hier gewissen einseitigen Rechtsgeschäften rechtsbegründende Kraft zu. Dies findet letztendlich seine Begründung in dem auch im Völkerrecht gültigen allgemeinen Rechtsgrundsatz des Vertrauensschutzes[567]. Ein einseitiges Handeln kann dann rechtsbegründend für ein Völkerrechtssubjekt sein, wenn jeder Dritter darauf vertrauen kann, dass es sich daran halten wird. Der Dritte würde sein eigenes Verhalten dementsprechend regeln; dies könnte für das Völkerrechtssubjekt wiederum von Vorteil sein.[568]

Die Bundesrepublik Deutschland hat bei den anderen Euratomgemeinschaftsmitgliedern kein schutzwürdiges Vertrauen erweckt, dass sie weiterhin an der wirtschaftlichen Nutzung der Kernenergie festhalten werde. Das Gebot des widerspruchsfreien Verhaltens ist nämlich restriktiv auszulegen, da sonst die nicht vereinbarten Vertragspflichten der einzelnen Mitgliedstaaten ausufern würden[569]. Da

---

[566] Leidinger/Paschke, EURATOM, S. 182.
[567] Seidl-Hohenveldern/Stein, Völkerrecht, Rn. 175.
[568] Seidl-Hohenveldern/Stein, Völkerrecht, Rn. 175.
[569] Denninger, Nutzung der Kernenergie, S.16.

die BRD die weitere Nutzung der Kernenergie nicht ausdrücklich einseitig zugesagt hat, ist daher kein schutzwürdiges Vertrauen entstanden.

dd) Verstoß gegen die besondere Niederlassungsfreiheit des Art. 97 EAGV

Der Ausstieg aus der Kernenergienutzung, insbesondere das Verbot der Neuerrichtung und des Betrieb von Kernanlagen, könnte gegen eine Grundfreiheit des Gemeinsamen Marktes, die Niederlassungsfreiheit[570] verstoßen.
Art. 96 EAGV sichert nicht die Niederlassungsfreiheit, sondern die Arbeitnehmerfreizügigkeit[571].
Im EAGV bleibt nur noch Art. 97, der eine Niederlassungsfreiheit gewähren könnte.
Scheuing weist zu Recht darauf hin, dass mit diesem Artikel hauptsächlich die nukleare Kapitalverkehrsfreiheit garantiert werden soll[572].
Neben der Entstehungsgeschichte[573] spricht dafür der Wortlaut der Vorschrift:

> „... Personen ... , unterliegen keiner Beschränkung aufgrund ihrer Staatszugehörigkeit, wenn sie sich am Bau von Atomanlagen wissenschaftlicher oder gewerblicher Art in der Gemeinschaft beteiligen wollen“

In Verbindung mit den vertraglich festgestellten Aufgaben der Atomgemeinschaft z.B. in Art. 2 g) EAGV :“ ... ausgedehnte Absatzmärkte und den Zugang zu den besten technischen Mitteln sicherzustellen, und zwar durch Schaffung eines Gemeinsamen Marktes für die besonderen auf dem Kerngebiet verwendeten Stoffe und Ausrüstungen, durch den freien Kapitalverkehr für Investitionen auf dem Kerngebiet und durch die Freiheit der Beschäftigung für die Fachkräfte innerhalb der Gemeinschaft; ...“ wird deutlich, dass mit „am Bau beteiligen“ hauptsächlich die Kapitalinvestoren gemeint sind. Selbst wenn unter diese Vorschrift die Niederlassung fallen sollte, verbietet sie nur die „... Beschränkung auf Grund ... (der) Staatszugehörigkeit ...“ (Art. 97 EAGV).

---

570 Daneben kommen auch die gemeinschaftsrechtlich anerkannten Waren- Dienstleistungs- und Kapitalverkehrsfreiheit oder das Recht auf Freizügigkeit der Arbeitnehmer in Betracht. Diese Freiheiten könnten als Folge des Neuerrichtungsverbots betroffen sein. Eine gemeinschaftsrechtliche Prüfung anhand der Niederlassungsfreiheit beantwortet aber die wesentlichen Fragen und soll daher hier ausreichen.
571 A.A.: FS Everling, Band I, Lukes, Rudolf, S. 754 ff.; Schmidt-Preuß, Rechtsfragen, S. 17.
572 Bayer/Huber, Rechtsfragen, Scheuing, S. 97 f..
573 Nachweis bei Bayer/Huber, Rechtsfragen, Scheuing, S. 97, Fn. 32.

Das geplante Verbot der Neuerrichtung von wirtschaftlichen Kernanlagen wird aber einheitliche Geltung im gesamten Bundesgebiet entfalten. Ein Verbot wird eben nicht auf Grund der Staatsangehörigkeit ausgesprochen.

Es verstößt somit nicht gegen eine Regelung des EAGV.

4. EG-Recht

Eine ausdrückliche Pflicht zur wirtschaftlichen Nutzung der Kernenergie besteht im E(W)G-Recht nicht.

<u>aa) Eigenständigkeit der Mitgliedstaaten in Energiefragen</u>

In Bereichen der Energiepolitik haben die Mitgliedstaaten sich stets größeren Spielraum ausbedungen. Die Einheitlichen Europäischen Akte von 1986/87 erteilte der EWG zwar ein ausdrücklicher umweltpolitischer Handlungsauftrag, doch wurde der Schlussakte eine Erklärung beigefügt, in der die Regierungskonferenz ausdrücklich feststellte, „... daß die Tätigkeit der Gemeinschaft auf dem Gebiet des Umweltschutzes sich nicht störend auf die einzelstaatliche Politik der Nutzung der Energieressourcen auswirken darf."[574].[575]
Die Eigenständigkeit in Energiefragen wird auch in Art. 175 Abs. 2 UAbs. 1 EGV deutlich, der eine Einstimmigkeit im Rat fordert für „... Maßnahmen, welche die Wahl eines Mitgliedstaats zwischen verschiedenen Energiequellen und die allgemeine Struktur seiner Energieversorgung erheblich berühren ...".

<u>bb) Verstoß gegen die allgemeine Niederlassungsfreiheit aus Art. 42 ff. EGV</u>

Die bundesgesetzlichen Ausstiegsregelungen könnten gegen die Niederlassungsfreiheit, die im EGV festgeschrieben ist, verstoßen.

---

[574] „Erklärung zu Art. 130r des EWG-Vertrages: Absatz 1 dritter Gedankenstrich" in Teil II der Schlussakte zu der Einheitlichen Europäischen Akte vom 17./28.02.1986 (in Kraft ab 1.7.1987), Bull. EG Beilage 2 / 1986, S. 24.
[575] Bayer/Huber, Rechtsfragen, Scheuing, S. 94.

Die Normen des EGV können Anwendung finden, da Art. 92 ff. EAGV die Niederlassungsfreiheit nicht abschließend regelt und auch nicht festschreibt, dass eine Regelung über die Normen des EAGV (Art. 97 EAGV) hinaus nicht erfolgen darf. Die im EAGV gewährten Grundfreiheiten sollen nur eine schnellere Integration in den Markt der Kernenergienutzung ermöglichen, der sich wiederum in den allgemeinen Gemeinsamen Markt eingliedern soll. Der früher noch in der Entstehung befindliche Kernenergiemarkt sollte etabliert werden, aber nicht streng getrennt vom Gemeinsamen Markt. Beide Verträge sind darauf ausgerichtet, einen gemeinsamen Wirtschaftsraum zu schaffen. Die Art. 92 ff. EAGV sind dabei im Zusammenhang mit dem E(W)G-Vertrag zu sehen, die Grundfreiheiten im EAGV sind bloße Ausformungen der allgemeinen Rechtsvorstellungen eines Gemeinsamen Marktes auf einem hoch spezialisierten Gebiet[576]. Die Niederlassungsfreiheit gilt somit auch im Nuklearsektor.[577]

Dabei ist aus Vereinfachungsgründen davon auszugehen, dass Art. 43 EGV selbständig bei der Prüfung heranzuziehen ist und nicht Art. 97 EAGV im Lichte des Art. 43 EGV oder unter Aufladung seiner Inhalte, Anwendung findet[578].
Der andere Ansatz würde die Prüfung hier nicht verändern.
Art. 43 EGV schreibt fest: „ Die Beschränkung der freien Niederlassung von Staatsangehörigen eines Mitgliedstaats im Hoheitsgebiet eines anderen Mitgliedstaats sind nach Maßgabe der folgenden Bestimmungen verboten. ..."
Die Anwendung des Art. 43 EGV wird nicht durch Art. 45 EGV ausgeschlossen, da die Errichtung und der Betrieb von KKW nicht mit der Ausübung öffentlicher Gewalt verbunden ist.
Anwendung findet die garantierte Niederlassungsfreiheit aus Art. 43 EGV aber nur, wie alle gemeinschaftsrechtlichen Grundfreiheiten, für grenzüberschreitende Sachverhalte[579], also für ausländische Unionsbürger und diesen gleichgestellten

---

[576] EuGH, Beschluss vom 14.11.1978 –1/78- IAEO-Entwurf zu einem Übereinkommen über den Objektschutz, Slg. 1978, Band III, 2152 (2173).
[577] Bayer/Huber, Rechtsfragen, Scheuing, S. 100.
[578] Ein Beispiel für die Erweiterung einer Norm des EGKS in Anlehnung an Art. 234 EGV und Art. 150 EAGV findet sich unter: EuGH, Urteil vom 22.2.1990 –Rs. C-221/88- Busseni, Slg. 1990, Teil1, I, I-495 (I-523 f., Rn. 10 ff.).
[579] Streinz, Europarecht, § 12 Rn. 666 „Denn alle Grundfreiheiten knüpfen tatbestandlich an grenzüberschreitende Sachverhalte an ..."; 682 ff..

Gesellschaften[580] (Art. 48 EGV), die in einem anderen Mitgliedstaat selbständigen Erwerbstätigkeiten in Erst- oder Zweitniederlassung dauerhaft nachgehen wollen. Daher können sich nach ständiger Rechtsprechung inländische Rechtsträger nicht auf die gemeinschaftsrechtliche Niederlassungsfreiheit berufen[581].

Dies bedeutet, das deutsche Betreiber sich auf die gemeinschaftsrechtliche Niederlassungsfreiheit nicht berufen können. Ausländische natürliche Personen oder Gesellschaften (s.o.) könnten aber in Zukunft die Errichtung und den Betrieb von Kernanlagen in Deutschland planen[582].

Scheuing gibt zu Recht zu bedenken, dass deutsche Unternehmen in anderen Mitgliedstaaten gezielt Gesellschaften gründen können, um bei der Errichtung und dem Betrieb von KKW in Deutschland den Schutz des Art. 43 EGV zu erhalten[583].

Diskriminierend[584] würde die Ausstiegsregelung nicht wirken, da es in- und ausländischen Betreibern gleichermaßen verboten wäre, neue KKW zu errichten oder zu betreiben.

Art. 43 EGV gewährt darüber hinaus aber auch einen Schutz vor nichtdiskriminierenden Regelungen, welche sich nachteilig auf grenzüberschreitende Niederlassungsvorgänge auswirken können[585].

Diese sind aber dann gerechtfertigt, wenn sie auf zwingende[586] Gründe des Allgemeininteresses gestützt werden, zu deren Verfolgung sie geeignet und erforderlich sind[587].

---

[580] Calliess/Ruffert, EU- und EG-Vertrag, Jürgen Bröhmer, Art. 48 EG-Vertrag, Rn. 5 ff..

[581] EuGH Urteil vom 8.12.1987, Rs. 20/87, -Gauchard, Slg. 1987-VI, 4879 (4880); Urteil vom 20.4.1988, Rs. 204/87, -Bekaert, Slg. 1988-II, 2029 (2030). Ausnahmen, wenn inländischer Rechtsträger in einer vergleichbaren Lage ist wie ein ausländischer Rechtsträger- siehe: EuGH Urteil vom 7.2.1979, Rs. 115/78, -Knoors, Slg. 1979-I, 399 (410, Rn. 24).

[582] Eine reine Beteiligung an einem deutschen Energieunternehmen beträfe nur den grenzüberschreitenden Kapitalverkehr, wenn diese Beteiligung nicht mit der Kontrolle einhergehen würde. Dazu Groeben/Thiesing/Ehlermann, Kommentar zum EU-/EG-Vertrag, Band 1, Peter Troberg, Art. 52 EG-Vertrag, Rn. 11 f..

[583] Bayer/Huber, Rechtsfragen, Scheuing, S. 103. Zur Zulässigkeit: EuGH, Urteil vom 9.3.1999 – Rs. C-212/97- Centros Ltd., Slg. 1999-3, I-1459 (I-1484 ff.).

[584] Zum in Art. 43 EGV normierten Diskriminierungsverbot siehe: Lenz EG-Vertrag Kommentar, Scheuer, Alexander, zu Art. 43 Rn. 4 ff..

[585] Calliess/Ruffert, EU- und EG-Vertrag, Jürgen Bröhmer, Art. 43 EGV, Rn. 22; EuGH, Urteil vom 15.5.1997 –Rs. C-250/95- Futura Participations, Slg. 1997-5, I-2471.

[586] *Scheuing* weist zu Recht auf die missverständliche Formulierung des EuGH mit „zwingende Gründe" hin. Der EuGH erlaubt vielmehr bestimmte Beschränkungsregelungen bei unterschiedli-

Die Ausstiegsregelung ist nicht diskriminierend und erfolgt zum Schutz allgemeiner Interessen, zu deren Verfolgung ist sie geeignet und erforderlich.
Die Gründe des Ausstiegs aus der wirtschaftlichen Nutzung der Kernenergie wurden oben bereits aufgeführt. Insbesondere auf das hohe Risikopotential, die Gefahr des Missbrauchs der Abfallprodukte und deren umstrittene und teilweise ungelöste Entsorgung sowie der politisch geforderte Wandel der Energieproduktion soll hier verwiesen werden.
Dabei ist zu beachten, dass diese Gründe nicht zwingend für einen Ausstieg sprechen müssen, sondern die Mitgliedstaaten einen gewissen Spielraum zur Prioritätensetzung behalten. Die Gründe müssen vielmehr vertretbare Regelungsmotive darstellen[588], welche bedeutsame Schutzanliegen bezwecken, deren Berechtigung auch im Gemeinschaftsrecht anerkannt sind[589] und die nicht protektionistisch wirken.
Das Gemeinschaftsrecht kennt als Gründe die Sicherheit der Gesundheit und des Lebens und den Umweltschutz[590], deren Schutz wird hier bezweckt. Ein wirtschaftlicher Protektionismus ist nicht erkennbar. Es liegen somit (zwingende) Gründe des Allgemeininteresses vor.

Die Ausstiegsregelung ist aus schon genannten Argumenten auch geeignet und erforderlich, diese Ziele des Gemeinwohls zu erreichen.

---

cher Prioritätensetzung bei der Verfolgung von Gemeinwohlzielen. Bayer/Huber, Rechtsfragen, Scheuing, S. 105.

587 EuGH, Urteil vom 30.11.1995 –Rs. C-55/94- Gebhard, Slg. 1995-11, I-4165 (I-4197 f., Rn. 37) „Aus der Rechtsprechung des Gerichtshofes ergibt sich jedoch, daß nationale Maßnahmen, die die Ausübung der durch den Vertrag garantierten grundlegenden Freiheiten behindern oder weniger attraktiv machen können, vier Voraussetzungen erfüllen müssen: Sie müssen in nichtdiskriminierender Weise angewandt werden, sie müssen aus zwingenden Gründen des Allgemeininteresses gerechtfertigt sein, sie müssen geeignet sein, die Verwirklichung des mit ihnen verfolgten Zielen zu gewährleisten, und sie dürfen nicht über das hinausgehen, was zur Erreichung dieses Zieles erforderlich ist ...“

588 Bayer/Huber, Rechtsfragen, Scheuing, S. 105 mit vielen EuGH Rechtsprechungsverweisen.

589 EuGH, Urteil vom 26.11.1985 –Rs. 182/84- Miro, Slg. 1985-9, 3739 (3744 Rn. 14); EuGH, Urteil vom 20.9.1988 –Rs. 302/86- Kommission /Dänemark, Slg. 1988-V, 4607 (4630 Rn. 8) Hier wird der Umweltschutz nochmals „... als wesentliches Ziel der Gemeinschaft ...“, welches eine Beschränkung des Warenverkehrs rechtfertigen kann, bestätigt.

590 Zur Begründung siehe: Bayer/Huber, Rechtsfragen, Scheuing, S. 104; Roßnagel/Roller, Roßnagel, Beendigung, S. 18 f.; Wahl Hermes, Kernenergiepolitik, S. 62 ff.

Das Verbot weiterer KKW ist geeignet, die Gefahren der wirtschaftlichen Nutzung der Kernenergie zu verringern[591]. Auf die Probleme bezüglich einer eventuell entstehenden Abhängigkeit zu ausländischem (Atom-)Strom siehe oben[592].
Auch ist die Erforderlichkeit gegeben. Eine begrenzte Zulassung von neuen KKW könnte die erstrebten Ziele nicht erreichen. Die weitere Verhältnismäßigkeitsprüfung weist große Parallelen zu der obigen deutschen Grundrechtsprüfung auf.
Das Verbot einer Tätigkeit, welche im Mitgliedstaat als gefährlich beurteilt wird, darf auch gänzlich ausgesprochen werden[593].
Selbst bei der Annahme einer Berufswahlregelung wäre diese gemeinschaftsrechtlich rechtmäßig.
Das innerstaatliche Verbot der Neuerrichtung[594] von KKW verstößt weder gegen die gemeinschaftliche Niederlassungs- noch gegen die Berufsfreiheit[595].

5. Rechtsschutzmöglichkeiten

Rechtsschutzmittel für die gerichtliche Klärung, ob die Ausstiegsregelungen (§ 7 Ia AtG n.F. und § 7 I 2 AtG n.F.) mit dem europäischen Recht zu vereinbaren ist, bestehen zwar, hätten in der Sache aber keinen Erfolg, da kein Verstoß festgestellt werden kann (s.o.). Da die Mitgliedstaaten sich den Streitschlichtungsinstrumenten des EAGV unterworfen haben, ist ein Rückgriff auf völkerrechtliche Sanktionsinstrumente nicht möglich. Der EAGV gewährt über die Kommission und den Europäischen Gerichtshof Rechtsschutzmöglichkeiten.[596]
Art. 141 EAGV eröffnet für die Kommission die Möglichkeit des Vertragsverletzungsverfahrens, für die Mitgliedstaaten besteht die Rechtsschutzmöglichkeit über Art. 142 EAGV. Dabei muss die Kommission jeweils eine Stellungnahme in der Sache abgeben und der betroffene Mitgliedstaat gehört werden; erst danach kann der Gerichtshof angerufen werden.

---

[591] Hierbei reicht eine Verringerung der Risiken aus; ein kompletter Ausschluss der Gefahren ist nicht nötig. Auch hier ergibt eine gemeinsame Betrachtung beider Ausstiegskomponenten (Verbot neuer KKW und Laufzeitenbegrenzung), dass die Risikoverringerung durch beide Regelungen erreicht wird. So auch Bayer/Huber, Rechtsfragen, Scheuing, S. 106.
[592] Unter V. e) 2. dd) 2.2. aaa).
[593] Allgemein EuGH, Urteil vom 24.3.1994 –Rs. C-275/92- Schindler, Slg. 1994-3, I-1039.
[594] Die Laufzeitbegrenzung soll hier mangels gemeinschaftsrechtlichen Bezugs, vernachlässigt werden. Hypothetisch gut durchdacht bei Bayer/Huber, Rechtsfragen, Scheuing, S. 111 ff..
[595] Bayer/Huber, Rechtsfragen, Scheuing, S. 111.
[596] Leidinger/Paschke, EURATOM, S. 183.

Nach den Vertragsbestimmungen des EAGV haben die Unionsbürger oder die Unternehmen in den Mitgliedstaaten eine solche Verfahrensmöglichkeit nicht. Ihnen bleibt die Möglichkeit, ein derartiges Verfahren bei der Kommission oder anderen Mitgliedstaaten anzuregen oder vor den nationalen Gerichten eine Europarechtswidrigkeit geltend zu machen.

Letztere Möglichkeit bestünde z.B., wenn ein Antrag auf Bau und Betrieb eines KKW von der zuständigen Behörde unter Verweis auf das neue AtG versagt würde, so könnte der Weg der Verpflichtungsklage vor dem Verwaltungsgericht bestritten und die Europarechtswidrigkeit des neuen AtG geltend gemacht werden. Dann wäre im Rahmen des Klageverfahrens nach Art. 150 EAGV ein Vorlageverfahren zum Europäischen Gerichtshof anzuregen.

Das Oberverwaltungsgericht ist dabei als erstinstanzliches Gericht zwar zur Vorlage berechtigt jedoch nicht verpflichtet; das BVerwG als letztes Instanzgericht müsste den Europäischen Gerichtshof dann sogar anrufen[597].

Ferner könnte nach erfolgloser Erschöpfung des Eil- und Hauptsacheverfahrens Verfassungsbeschwerde vor dem Bundesverfassungsgericht erhoben werden.

Die Erfolgsaussichten sind dürftig (s.o.). So hat z.B. der Präsident der Kommission *Romano Prodi* im April 2000 zu erkennen gegeben, dass der deutsche Atomausstieg keine Verletzung des Vertrages darstelle[598].

6. Ergebnis:

Das EAG-Recht will zwar in den Mitgliedsstaaten die wirtschaftliche Nutzung der Kernenergie fördern, eine ausdrückliche oder sich aus den Vertragspflichten ergebende Pflicht zur Nutzung besteht aber nicht. Den Mitgliedsstaaten bleibt es überlassen, sich gegen die wirtschaftliche Nutzung der Kernenergie zu entscheiden und dementsprechende Ausstiegsgesetze zu erlassen.

Der geplante Ausstieg aus der wirtschaftlichen Nutzung der Kernenergie durch Gesetz ist mit dem (Wirtschafts-) Gemeinschaftsrecht zu vereinbaren.

---

[597] Leidinger/Paschke, EURATOM, S. 183.

[598] Leidinger/Paschke, EURATOM, S. 183.

VI. Verbot der Wiederaufarbeitung

a) Einleitung

Das Verbot der Wiederaufarbeitung, das nach den Eckpunkten der Konsensvereinbarung und dem neuen AtG ab Juli 2005 eintreten soll, ist gemeinschaftsrechtlich stark umstritten[599]. Die Brennelementetransporte[600] wurden von der Anti-Atomkraftbewegung oft und öffentlichkeitswirksam angegriffen[601].

1. Der Prozess der Wiederaufarbeitung

Die Stabbündel[602] werden in den Reaktoren des Leichtwassertyps zur Elektrizitätserzeugung benötigt. Zu Beginn ihrer Nutzung enthalten sie etwa drei bis fünf Prozent spaltbaren Materials. Nach drei bis vier Jahren Nutzung in den Reaktoren ist so viel spaltbares Material verbraucht, dass ein Austausch der Brennelemente nötig ist. Der Austausch erfolgt meist jährlich, wobei ca. 1/4 der Stabbündel ausgetauscht werden.[603]

Die alten Brennelemente enthalten aber noch einen wirtschaftlich nutzbaren Anteil an spaltbarem Material. Dieses wird im Wiederaufarbeitungsprozess chemisch von dem nicht verwertbaren Anteil getrennt. Die abgetrennten Wertstoffe können weiter zu Rezyklierbrennelementen verarbeitet werden, die in den Reaktoren dann

---

599 Das BVerfG hat den Antrag der bayerischen Staatsregierung gegen die Entscheidung der Bundesregierung, die Erkundung des Salzstocks Gorleben vorläufig auszusetzen und an dem Integrierten Entsorgungskonzept nicht festzuhalten, mit Beschluss vom 5.12.2001 –2 BvG 1/00- als unzulässig verworfen. Die bayerische Staatsregierung war der Auffassung, der Bund habe gegen die grundgesetzliche Kompetenzverteilung, den Grundsatz des bundesfreundlichen Verhaltens und gegen Art. 20 III GG verstoßen, da er im Rahmen des Atomkonsenses ohne Beteiligung der Länder dieses Erkundungsmoratorium vereinbart und die Wiederaufarbeitung ab 1.7.2005 verboten hat. Der Antrag wurde für unzulässig erklärt, da das Land Bayern insoweit nicht antragsbefugt sei.

600 Bezüglich der Personendosisbestimmung siehe Sarenio, Bestimmung, S. 1 ff..

601 Neben den schon üblichen gerichtlichen Auseinandersetzungen um die Castor-Transporte (z.B. VG Lüneburg, Beschluss vom 18.8.1994, ZUR 1996,157; OVG Lüneburg, Beschluss vom 7.5.1996, NuR 1997, 202) kam es im Rahmen des Transportes vom 3. bis 5.3.1997 zu solch großem Widerstand, dass an die 30.000 Polizeibeamte den Transport begleiten mussten. Entscheidend war auch die Erkenntnis im Frühjahr 1998, dass in 16 von 68 Transportfällen 1997/1998 der Grenzwert von 4 Bq/cm2 überschritten worden war.

602 Oft als Brennelemente bezeichnet.

603 Roser, Wiederaufarbeitung, S. 650.

wieder eingesetzt werden können. Dieser gesamte Prozess wird daher auch Brennstoffkreislauf genannt.

Die nicht mehr nutzbaren Stoffe werden der Endlagerung zugeführt. Dafür werden sie zur Endlagerung konditioniert. Die Schadstoffe werden in tiefe Gesteinsformationen der Erdkruste isoliert eingelagert. In Deutschland wird das ehemalige Steinsalzbergwerk Bartensleben bei Morsleben als Endlager für radioaktive Abfälle betrieben. Der Salzstock Gorleben wird auf seine Eignung für die Endlagerung schon seit 1979 untersucht, wobei dieses Projekt politisch höchst umstritten ist, da schon über die Voraussetzungen einer Eignung zur Endlagerung gestritten wird. Mit dem Atomkonsens einigte man sich auf ein Moratorium bezüglich der weiteren Erkundung des Salzstockes Gorleben.
Das ehemalige Eisenerzbergwerk Konrad ist vorgesehen für die Endlagerung radioaktiver Abfälle, die vernachlässigbar Wärme entwickeln.

2. Alternativen

> „Bis etwa Mitte der siebziger Jahre galt der geschlossene Brennstoffkreislauf mit der Wiederaufarbeitung und Weiterverwendung der gewonnenen Wertstoffe als der Königsweg der nuklearen Entsorgung“[604].

Es entwickelte sich gerade in der linken Politik eine Leitidee, die den geschlossenen Brennstoffkreislauf zugunsten der direkten Endlagerung vorsah.
Es war den Unternehmern überlassen, solange sie die Grundsätze des § 1 AtG beachteten, für eine Entsorgung auf dem einen oder anderen Weg zu sorgen.
Erst als die kernkraftwerksbetreibenden Elektrizitätsunternehmen (EVU) im Jahre 1975 beschlossen hatten, eine eigene Wiederaufarbeitungsanlage zu planen, zu bauen und zu betreiben, wurde mit der Vierten Atomgesetznovelle vom August 1976 der Paragraph 9a in das AtG eingefügt[605]. Dieser regelte erstmals die Entsorgung und sah zwei Wege vor: die schadlose Verwertung (also Rezyklierung) und die geordnete Beseitigung (Deponierung)[606].

---

[604] Roser, Wiederaufarbeitung, S. 650.
[605] Roser, Wiederaufarbeitung, S. 651.
[606] Viertes Gesetz zur Änderung des Atomgesetzes, vom 30. August 1976, BGBl. 1976, Teil I, Band 2, S. 2573.

„Dem Zug der Zeit entsprechend statuierte der Gesetzgeber von 1976 eine eindeutige Präferenz für die schadlose Verwertung der radioaktiven Reststoffe."[607].

Der Entsorgungsweg der Deponierung war nur gangbar, wenn der Betreiber nachweisen konnte, dass die schadlose Verwertung entweder nach dem Stand der Technik nicht möglich oder wirtschaftlich nicht vertretbar war[608].
Zur Fertigstellung der Wiederaufarbeitungsanlage in Wackersdorf kam es aber nicht, und die EVU kamen im April 1989 zu dem Entschluss, die Wiederaufarbeitung ganz mit ausländischen Unternehmen durchzuführen.
Abgesehen von den geringen Mengen, die in der Wiederaufarbeitungsanlage in Karlsruhe und bei Eurochemic in Belgien verarbeitet wurden, wurden die meisten Brennstäbe in den Anlagen im französischen La Haque (Anlage UP2 seit 1976 und Anlage UP3 seit 1989) und seit 1994 in der englischen Anlage in Sellafield wiederaufgearbeitet.

Im Rahmen der Energiekonsensrunde 1993/94 wurde die Gleichwertigkeit der beiden möglichen Entsorgungswege gesetzlich festgeschrieben. Dabei bestand aber immer noch kein Endlager[609].
Nach *Ronellenfitsch* ist das Verbot der Wiederaufarbeitung problematisch, dann bestünde nur noch die Möglichkeit der direkten Endlagerung. Es gibt aber kein den rechtlichen Anforderungen genügendes Endlager, die schadlose Verwertung radioaktiver Reststoffe würde damit unmöglich gemacht. Er kommt daher zu der Lösung, dass der Entsorgungsnachweis keine Genehmigungsvoraussetzung im Rahmen des § 7 AtG sein kann. Solange die technisch mögliche Wiederverarbeitung bewusst verhindert würde, entfiele nach dem Grundsatz „nemo ultra posse obligatur" die Verwertungspflicht nach § 9a n.F. AtG. Einleuchtender ist *Ronellenfitschs* zweiter Lösungsansatz, der den Begriff der direkten Endlagerung in vorläufig gesicherte Lagerung uminterpretiert.[610]

---

[607] Roser, Wiederaufarbeitung, S. 651.
[608] Roser, Wiederaufarbeitung, S. 651.
[609] Rengeling weist auf die rechtlichen Probleme bei dem Betrieb und der Überwachung von Endlagern am Beispiel der Schachtanlage Konrad hin, Rengeling, Rechtsfragen, S. 4.
[610] Bayer/Huber, Rechtsfragen, Ronellenfitsch, S. 146.

Mangels eines bestehenden Endlagers muss wohl ein solcher Kompromiss eingegangen werden. Solange kein geeignetes Endlager etabliert ist, muss die Zwischenlagerung aus faktischen Gründen ausreichen.

Mit der neuen Regierungskoalition 1998, dem Energiekonsens und dem neuen AtG wurde die Möglichkeit der Entsorgung auf die direkte Endlagerung ab Juli 2005 beschränkt.

> „Die EVU errichten so zügig wie möglich an den Standorten der KKW oder in deren Nähe Zwischenlager. ... Die Entsorgung radioaktiver Abfälle aus dem Betrieb von KKW wird ab dem 01.07.2005 auf die direkte Endlagerung beschränkt. Bis zu diesem Zeitpunkt sind Transporte zur Wiederaufarbeitung zulässig."[611]

Diese Regelungen wurde mit §§ 9a I 2, 9a II 2 AtG n.F. umgesetzt.
Auch bezüglich der Regelung der Errichtung von standortnahen Zwischenlagern (§ 9a II 2 AtG n.F.) wird Kritik laut. *Leidinger* weist auf den Schwachpunkt hin, dass kein einheitlicher Genehmigungstatbestand für die Errichtung und den Betrieb von Zwischenlagern geschaffen wurde, der erforderliche Abstimmungsbedarf zwischen zwei verschiedenen Behörden[612] bei zwei unterschiedlichen Genehmigungsverfahren (atomrechtliche Genehmigung und Baugenehmigung) führt zu Zeitverlusten und Investitionsrisiken[613]. Es ist dabei mit erheblichen Verzögerungen durch die betroffenen Standortgemeinden zu rechnen, da diese vielfach nicht hinter dem neuen Entsorgungskonzept in ihrem Gemeindegebiet stehen[614]. Die Bedürfnisklausel in § 6 II AtG n.F.[615] widerspricht der Normierung der Zwischenlagerung als Regelfall[616]. Diese Probleme werden in der Praxis zwar zu Verzögerungen

---

[611] Energiekonsens, S. 8; § 9a I 2 AtG-E :" Die Abgabe von aus dem Betrieb von Anlagen zur Spaltung von Kernbrennstoffen zur gewerblichen Erzeugung von Elektrizität stammenden bestrahlten Kernbrennstoffen zur schadlosen Verwertung an eine Anlage zur Aufarbeitung bestrahlter Kernbrennstoffe ist vom 1. Juli 2005 an unzulässig".
[612] Das Bundesamt für Strahlenschutz (BfS) ist gem. §§ 6, 23 I 1 Nr. 4 AtG für die atomrechtliche Genehmigung zuständig. Die Zuständigkeit für die örtliche Baubehörde ergibt sich regelmäßig für die unteren Bauaufsichtsbehörden aus Landesrecht (z.B. § 60 I i.V.m. § 62 BauO NW; § 63 I i.V.m. § 65 III BauO NS).
[613] Leidinger, Genehmigungsverfahren, S. 104.
[614] Leidinger, Genehmigungsverfahren, S. 110.
[615] § 6 II AtG n.F.: „Die Genehmigung ist zu erteilen, wenn ein Bedürfnis für eine solche Aufbewahrung besteht und wenn ...".
[616] Leidinger, Genehmigungsverfahren, S. 107.

und Auseinandersetzungen führen, doch begründen sie nicht die Rechtswidrigkeit der getroffenen Regelung.

b) Verstoß gegen das Vertragsvölkerrecht

Das Vertragsvölkerrecht könnte dem Verbot der Wiederaufarbeitung entgegensprechen. Die Bundesrepublik Deutschland könnte völkervertragliche Pflichten verletzt haben und sich dadurch völkerrechtlich haftbar gemacht haben, indem sie im Zuge ihres Atomausstiegs die Wiederaufarbeitung ausschließt und nunmehr als neues Entsorgungskonzept nur die direkte Endlagerung zulässt. Demnach müsste die BRD sich völkerrechtlich verpflichtet haben, die Wiederaufarbeitung als Entsorgungsmöglichkeit zu erlauben. Eine solche Verpflichtung könnte durch völkerrechtliche Verträge erfolgt sein.

1. Notenwechsel mit Großbritannien und Frankreich

Die Bundesregierung hat sich im Namen der gesamten Bundesrepublik durch einen Notenwechsel vom 25. April 1990 gegenüber der französischen Regierung verpflichtet „... dem Zugang der Elektrizitätserzeuger der Bundesrepublik Deutschland zu den Wiederaufarbeitungskapazitäten der UP3- Anlage kein Hindernis zu bereiten ...“[617]. Eine ähnliche Vereinbarung besteht zwischen der Bundesrepublik und dem Vereinigten Königreich[618]. Dabei hieß es in dem letzten Notenwechselpaar von 1990/91, das auf Seiten Deutschlands auf Staatssekretärsebene und auf Seiten Frankreichs und Großbritannien auf Botschafterebene ausgetauscht wurde, dass die Regierungen dem Zugang der Stromerzeuger der Bundesrepublik zu den Wiederaufarbeitungsanlagen „... kein Hindernis entgegensetzen ...“ werden[619]. Diese Notenwechsel hatten den Zweck, privatrechtliche Vereinbarungen über die Wiederaufarbeitung zwischen den deutschen Stromversorgern und der COGEMA sowie der BNFL zu flankieren.

---

617 Zitiert nach Roser, Wiederaufarbeitung, S. 652.; zusammenfassend Büdenbender/Heintschel von Heinegg/Rosin, Energierecht I, S. 400 ff., Rn. 648 ff.

618 Quelle nicht veröffentlicht liegt aber Organisationen wie Greenpeace vor; in Roser, Wiederaufarbeitung, S. 652.

619 Heintschel v. Heinegg, Wiederaufarbeitung, S. 73; Kadelbach, Vereinbarkeit, S. 258; Warg/Hanenburg, Atomausstieg, S. 89.

Diese bilateralen Abkommen zwischen der Bundesrepublik Deutschland auf der einen Seite und Frankreich und Großbritannien andererseits könnten rechtsverbindliche völkerrechtliche Verträge darstellen, wenn gemäß Art. 2 I lit. a WVÜ zwischen den beteiligten Staaten eine Übereinkunft über bestimmte völkerrechtliche Rechtsfolgen erzielt worden wäre[620].

Die beteiligten Unternehmen sind dann zwar nicht berechtigt eigene Ansprüche aus diesen Vereinbarungen geltend zu machen, doch könnten sie ihre Regierungen auffordern, völkerrechtliche Verstöße zu verhindern etc.

Diskutiert wird, ob die Bundesrepublik gegen das Vertragsvölkerrecht verstößt und sich dementsprechend völkerrechtlich haftbar macht, wenn sie entgegen völkerrechtlichen Vereinbarungen die Wiederaufarbeitung verbietet[621].

2. Auslegung der Vereinbarungen

Die Notenwechsel könnten völkerrechtliche Verträge sein; die Regelungsinhalte ließen sich dann durch Auslegung ermitteln.
Anhaltspunkte für die Auslegung bietet das Wiener Übereinkommen über das Recht der Verträge (WVÜ); dieses gibt hauptsächlich Völkergewohnheitsrecht wieder und kann daher grundsätzlich auch da herangezogen werden, wo ein interpretationsbedürftiger Vertrag nicht unmittelbar unter das WVÜ fällt[622].
Gem. Art. 31 I WVÜ sind die einzelnen Vereinbarungen zuerst vom Vertragstext her zu konkretisieren. „Kein Hindernis zu bereiten“ oder „entgegenzusetzen“ bedeutet in diesem Fall, den Transporten zur Wiederaufarbeitung nicht durch Verschärfung der rechtlichen oder tatsächlichen Überwachungsvorschriften und deren Durchführung unmöglich zu machen bzw. willkürlich zu erschweren.

---

[620] Wiener Übereinkommen über das Recht der Verträge zwischen Staaten vom 23. Mai 1969 abgedruckt in Satorius II, Nr. 320; Bekanntmachung über das Inkrafttreten des Wiener Übereinkommens über das Recht der Verträge, vom 26. 10. 1987 in BGBl. 1987 II, S. 757-766.
[621] So Heintschel v. Heinegg, Wiederaufarbeitung, S. 72 ff.; Büdenbender/Heintschel von Heinegg/Rosin, Energierecht I, S. 400 ff., Rn. 648 ff. und Warg/ Hanenburg, Atomausstieg, S. 91 f..
[622] Komorowski, Probleme, S. 436; *Komorowski* weist dabei im besonderen auf die Notenwechsel mit Frankreich hin, da Frankreich nicht dem WVÜ beigetreten ist.

Komorowski bezeichnet dies treffend als nicht „zu konterkarieren“[623]. Dies ergibt sich daraus, dass diese Verpflichtung im engen Kontext mit technischen Bestimmungen und Sicherheitsvorschriften steht[624], über deren Einhaltung die Aufsichtsbehörden wachen.

Daraus folgt nach einer Auffassung, dass die Bundesrepublik sich völkerrechtlich bezüglich der Zulässigkeit der Wiederaufarbeitung binden wollte[625], nach einer anderen Auffassung, dass sie nur eine Verpflichtung hinsichtlich der reibungslosen administrativen Abwicklung der Transporte eingehen wollte[626].

3. Verstoß gegen Grundsatz von Treu und Glauben

Ferner könnte auch der Grundsatz von Treu und Glauben[627] gegen die Auslegung sprechen, dass die Bundesrepublik sich völkerrechtlich verpflichtet hätte, die Wiederaufarbeitung nicht zu verbieten (weite Auslegung).

Seit ihrem Beginn ist die Wiederaufarbeitung in der Bundesrepublik sehr umstritten. Grundrechte deutscher Staatsbürger werden von ihr zumindest berührt, da Leben und Gesundheit (Art. 2 II GG) auch bei der Aufarbeitung im Ausland, durch die Transporte dorthin und zurück, gefährdet werden. Die Wiederaufarbeitung birgt Risiken und Belastungen, wie die besondere Störanfälligkeit durch lange Transportwege, die Missbrauchs- und Proliferationsgefahr und nicht zuletzt die mangelnde Sozialverträglichkeit[628] dieses Entsorgungskonzepts, da die Wiederaufarbeitung einen hohen Aufwand an technischen und sozialen Kontroll- und Überwachungsmaßnahmen, außerhalb der eigentlichen kerntechnischen Anlagen im gesellschaftlichen Umfeld, erfordert.

Eine Entscheidung der Bundesrepublik für eine Wiederaufarbeitung und für die friedliche Nutzung der Kernkraft insgesamt (die eng mit dieser Frage verbunden

---

[623] Komorowski, Probleme, S. 436.
[624] Teile des Vertragstextes ist abgedruckt bei Wahl/Hermes, Kernenergiepolitik, S. 39 f.
[625] Heintschel v. Heinegg, Wiederaufarbeitung, S. 74 f.; Schmidt-Preuß, Rechtsfragen, 21 f..
[626] Komorowski, Probleme, S. 436.
[627] Art. 31 WVÜ.
[628] Wahl/Hermes, Kernenergiepolitik, S. 54.

ist), durch einen völkerrechtlichen Vertrag, hätte nach der Wesentlichkeitstheorie[629] der Zustimmung des Parlaments bedurft (Art. 59 II GG).
§ 9 a AtG a.F. ermöglichte zwar bereits die Wiederaufarbeitung, doch hätte nach *Warg/Hanenburg* eine innerstaatliche Bindung trotzdem der weiteren Beteiligung des Parlaments bedurft, da sich die Legislative faktisch über das innerdeutsche Recht hinaus binden würde[630].

Grundsätzlich ist zwar das innerdeutsche Recht für die Wirksamkeit völkerrechtlicher Verträge unerheblich gem. Art. 46 WVÜ, doch könnte eine weite Vertragsauslegung (s.o.) gegen den Grundsatz von Treu und Glauben verstoßen. Frankreich und Großbritannien wussten von den Meinungsstreitigkeiten im deutschen Kernenergierecht. In diesem Wissen schlossen sie die Verträge ab.
Alle drei Staaten sind an das in Art. 2 I S. 1 EMRK festgelegte Recht auf staatlichen Lebensschutz gebunden; dieses Recht wird durch die Transporte, durch die das Leben von z.B. Transportpersonen gefährdet werden könnte, zumindest berührt.
Deshalb wäre es für Frankreich und Großbritannien i.S.v. Art. 46 WVÜ offenkundig gewesen, dass nach grundlegenden Prinzipien des deutschen Verfassungsrechts eine Bindung bezüglich der Wiederaufarbeitung einer parlamentarischen Zustimmung bedurft hätte[631]. Beide Vertragsstaaten haben ähnliche Verpflichtungen, ihre Parlamente bei wesentlichen völkerrechtlichen Verträgen zu beteiligen. Die Vertragspartner könnten sich somit nicht auf eine weite Auslegung der Verträge berufen, da dieses Handeln gegen den Grundsatz von Treu und Glauben verstoßen würde.

Auch würden die Umstände des Vertragsschlusses gegen die weite Auslegung (Art. 32 WVÜ) sprechen, da wohl eine so wichtige Entscheidung für oder gegen die Wiederaufarbeitung nicht auf einer so „niedrigen" Ebene getroffen worden wäre. Ein bloßer Notenwechsel durch einen Staatssekretär des Auswärtigen Amtes

---

[629] Zur Wesentlichkeitslehre des BVerfG allgemein, Pieroth/Schlink, Staatsrecht II, Rn. 264 ff.; Dreier, GG, Band II, Helmuth Schulze-Fielitz, zu Art. 20 (Rechtsstaat), Rn. 103 ff. .
[630] Warg/Hanenburg, Atomausstieg, 90 f..
[631] Komorowski, Probleme, S. 437.

mit den Botschaftern entspräche nicht der Praxis der beteiligten Staaten[632]. Ferner spräche der überwiegend technische Charakter der Notenwechsel und der gemeinsamen Erklärungen der beteiligten Staaten gegen die weite Auslegung[633].

Dem kann entgegengehalten werden, dass in den Regelungen des WVÜ über den Abschluss von Verträgen ausdrücklich vorgesehen ist, dass ein völkerrechtlicher Vertrag auch durch den Wechsel von zwei oder mehr Noten geschlossen werden kann, so z.B. Art. 13 WVÜ; dabei ist es unerheblich, dass die Noten nur auf Staatssekretärs- bzw. Botschafterebene unterzeichnet wurden[634].

Die innerstaatliche Geltung der völkerrechtlichen Verträge ist zwar mangels eines entsprechenden Vertragsgesetzes zu verneinen, doch bleibt die völkerrechtliche Verbindlichkeit[635]. Hierbei besteht gerade die Verbindlichkeit, die privatrechtlichen Verträge zu flankieren, also abzusichern. Ein Verbot der Wiederaufarbeitung, das die Erfüllung der Verträge beeinträchtigt, wäre ein Verstoß gegen Vertragsvölkerrecht.

Die Regelung in § 9a I 2 AtG n.F. (Verbot ab 1. Juli 2005) tastet aber die verbindlichen privatrechtlichen Verträge nicht an, eine Erfüllung wird ermöglicht, da die Brennelement-Entlademengen der Bedarfsdeckungsverträge gesichert sind[636]. Die völkerrechtlichen Vereinbarungen gehen auch nicht über die privatrechtlichen Verträge hinaus. Sollte die „Abwicklung der Wiederaufarbeitung“ nicht innerhalb dieser Zeit aus von den Betreibern nicht zu vertretenden Gründen möglich sein, soll eine andere geeignete Lösung gefunden werden; wirtschaftliche Nachteile der Vertragspartner sollen aber auch dann nicht entstehen[637].

---

[632] Komorowski, Probleme, S. 437.
[633] Kadelbach, Vereinbarkeit, S. 259.
[634] Warg/Hanenburg, Atomausstieg, S. 90.
[635] Warg/Hanenburg, Atomausstieg, S. 91.
[636] „Bis zu diesem Zeitpunkt werden –auch nach Überzeugung der Bundesregierung- die vertraglich bindend vereinbarten Mengen in die Wiederaufarbeitung abgeliefert sein, so dass ein Widerspruch zu völkerrechtlichen Verpflichtungen auszuschließen ist.“ So: Entwurf eines Gesetzes zur geordneten Beendigung der Kernenergienutzung zur gewerblichen Erzeugung von Elektrizität, S. 47;BT-Drs. 14/6890, S. 16.

Somit werden die privatrechtlichen Verträge faktisch erfüllt, die völkerrechtlichen Verträge sind bindend, gehen aber in ihrer Regelungstiefe nicht über die privatrechtlichen Verträge hinaus. Die Bundesrepublik ist insbesondere nicht durch Vertragsvölkerrecht gebunden, an der Wiederaufarbeitung darüber hinaus festzuhalten.

c) Verstöße gegen Europarecht

Problematisch könnte an dem Wiederaufarbeitungsverbot sein, dass es nicht nur die Wiederaufarbeitung im Inland, sondern auch die Wiederaufarbeitung deutscher Brennstäbe im Ausland verbietet und somit auch ein praktisches Verbot der Ausfuhr der Brennelemente beinhaltet.
Verstöße gegen das Gemeinschaftsrecht könnten zu einem Vertragsverletzungsverfahren vor dem Europäischen Gerichtshof in Luxemburg gem. Art. 142 EAGV führen.
Ausdrückliche Verpflichtungen zum Betrieb oder zur Zulassung der Wiederaufarbeitung gibt es weder im Primär- noch im Sekundärrecht der EAG oder EG.
Vielmehr ist „... was die Entsorgung beim Kernbrennstoffkreislauf betrifft, ... jeder Mitgliedstaat für die Festlegung seiner eigenen Politik verantwortlich.“[638]

1. Verstoß gegen Art. 93 EAGV

Das Verbot der Wiederaufarbeitung könnte gegen Art. 93 EAGV verstoßen, der Ein- und Ausfuhrzölle oder Abgaben gleicher Wirkung und alle mengenmäßigen Beschränkungen der Ein- und Ausfuhr für bestimmte Erzeugnisse verbietet.
Umstritten ist, ob eine mengenmäßige Ausfuhrbeschränkung im engeren Sinne vorliegt[639]. Zu Prüfungszwecken ist dies hier zunächst zu bejahen.

Fraglich ist ferner, ob Art. 93 EAGV überhaupt Anwendung findet, da Brennelemente nicht in den Listen zu Anhang IV zum EAGV enthalten sind[640].

---

[637] Entwurf eines Gesetzes zur geordneten Beendigung der Kernenergienutzung zur gewerblichen Erzeugung von Elektrizität, S. 47; BT-Drs. 14/6890, S. 16.
[638] Schlussakte zu dem Vertrag vom 24.6.1994 über den Beitritt des Königreichs Norwegen, der Republik Österreich ... , ABl. EG 1994 Nr. C 241, 371 (382).
[639] So Schmidt-Preuß, Rechtsfragen, S. 14; a.A. Denninger, Nutzung der Kernenergie, S. 21.

Da die Listen sehr detailliert Stoffe, Legierungen und Stoffverbindungen aufzählen, könnte man annehmen, dass nicht irgendwelche Verbindungen der aufgezählten Stoffe, gleichfalls unter Art. 93 I EAGV fallen sollen[641], sondern die Liste abschließend aufzählt.

Hier bietet sich ein Vergleich mit Art. 197 Nr. 1 EAGV an. Dort werden „besondere spaltbare Stoffe" legal definiert. Der Begriff wird dabei um Stoffe, welche die aufgezählten Isotope enthalten, erweitert. Der Art. 197 Nr. 1 EAGV unterscheidet sich somit von Art. 93 I EAGV. Dies ist auch sinnvoll, da der Begriff „besondere spaltbare Stoffe" z.B. in Vorschriften über die Sicherheit verwendet werden. So regelt Art. 80 EAGV im Kapitel „Überwachung der Sicherheit" die Hinterlegung dieser Stoffe.

Art. 93 I EAGV hingegen ist eine Bestimmung für den Bereich Marktregulierung. Aus der systematischen Stellung der Vorschriften wird deutlich, dass der Begriff „besondere spaltbare Stoffe" eine Vielzahl von Stoffen umfassen will, um eine möglichst abschließende Regulierung der Sicherheit zu gewährleisten. Eine Marktvorschrift muss aber nicht zwingend alle Produkte der Kernindustrie erfassen[642].

Es ist sogar gerade notwendig, gefährliche Stoffe dem Markt vorzuenthalten (Die Proliferationsproblematik - Die Gefahr eines Missbrauchs von Plutonium- ist ein gutes Beispiel hierfür).

Auch die Entstehungsgeschichte der Europäischen Atomgemeinschaft spricht gegen eine Ausdehnung des Art. 93 EAGV, da sich die Vertragspartner nicht auf einen offenen Markt für Kernbrennstoffe einigen konnten[643].

Ferner ist schon zweifelhaft, ob abgebrannte Brennstäbe „Erzeugnisse" i.S.v. Art. 93 EAGV sind. Als Erzeugnisse könnte man im Gegensatz zu Stoffen nur solche Produkte ansehen, die vorbehandelt wurden und wirtschaftlich verwertbar sind. Nach *Wahl/Hermes* weisen bestrahlte Brennelemente diese Eigenschaft gerade

---

640 Für eine Anwendbarkeit des Art. 93 EAGV ist Schmidt-Preuß, Rechtsfragen, S. 13; a.A. Wahl/Hermes, Kernenergiepolitik, S. 126 ff..
641 So Komorowski, Probleme, S. 433.
642 Komorowski, Probleme, S. 434.
643 Dazu Weilemann, Europäischen Atomgemeinschaft, S. 183 ff..

nicht auf, da sie in einem aufwendigen Verfahren erst weiter behandelt werden müssen[644].

Nur die in den Listen aufgezählten Stoffe, auf die Art. 93 EAGV Bezug nimmt, sollen demnach auf dem gemeinsamen Markt handelbar sein. Abgebrannte Brennelemente fallen nicht unter diese Listen. Deshalb kann ein Verbot der Wiederaufarbeitung und der dafür vorgesehenen Transporte nicht gegen Art. 93 EAGV verstoßen, da diese Vorschrift keine Anwendung findet[645].

Auch spricht dem nicht Art. 2 lit. g EAGV entgegen, der als Aufgabe der Gemeinschaft die Schaffung ausgedehnter Absatzmärkte durch die Schaffung eines Gemeinsamen Marktes fordert, da Art. 93 EAGV als eine speziellere Norm genau die handelbaren Stoffe aufzählt[646]. Die Aufgabe aus Art. 2 EAGV könnte in der Zukunft höchstens zu einer Erweiterung der Listen führen, oder zu einer Veränderung der Marktvorschriften. Dies müsste aber durch eine Änderung der bestehenden Normen erfolgen und lässt sich nicht aus Art. 2 EAGV herauslesen.

Da aber Teile der Literatur[647] von einer Anwendbarkeit des Art. 93 EAGV ausgehen, soll hier eine Vereinbarkeit des Verbots der Wiederaufarbeitung mit dieser Vorschrift geprüft werden.

Art. 93 EAGV verbietet „... alle Einfuhr- und Ausfuhrzölle oder Abgaben gleicher Wirkung und alle mengenmäßigen Beschränkungen der Ein- und Ausfuhr ..."
Der Begriff der mengenmäßigen Beschränkungen wird auch in Art. 28 EGV und Art. 29 EGV verwendet. Der EuGH definiert diesen Begriff als „... sämtliche Maßnahmen, die sich, je nach Fallage, als eine gänzliche oder teilweise Untersagung der Einfuhr, Ausfuhr oder Durchfuhr darstellen ..."[648].

---

[644] Wahl/Hermes, Kernenergiepolitik, S. 127.
[645] A.A.: Schmidt-Preuß, Konsens, S. 988 f..
[646] Komorowski, Probleme, S. 434. A.A. Roßnagel, Marktfreiheiten, S. 986.
[647] Bayer/Huber, Rechtsfragen, Scheuing, S. 115; Schmidt-Preuß, Rechtsfragen, S. 13.
[648] Urt. v. 12.7.1973 –Geddo/Ente Nazionale Risi-, Rs 2/73, Slg. 1973 (Band 19), S. 865(879).

Demnach müssen die Maßnahmen unmittelbar an der Grenze anknüpfen[649] oder nach einer anderen Meinung eine Import- oder Exportbeschränkung objektiv bezweckt sein[650].

Keine dieser Voraussetzungen wird aber bei einem Wiederaufarbeitungsverbot ab 2005 erfüllt.

Die Wiederaufarbeitung soll gänzlich verboten werden. So wurde vereinbart: „... Die Entsorgung radioaktiver Abfälle aus dem Betrieb von KKW wird ab dem 01.07.2005 auf die direkte Endlagerung beschränkt. Bis zu diesem Zeitpunkt sind Transporte zur Wiederaufarbeitung zulässig. ...“[651]

Dieses allgemeine Verbot knüpft nicht an eine Grenzüberschreitung an, da auch die Wiederaufarbeitung im Inland verboten wird. Eine Import- oder Exportbeschränkung wird deshalb auch nicht bezweckt[652].

Art. 93 EAGV wäre, selbst wenn man entgegen der hier vertretenen Auffassung eine Anwendung bejahen würde, nicht verletzt.

2. *Verstoß gegen Art. 29 EGV*

Nach der hier vertretenen Auffassung verstößt ein Wiederaufarbeitungsverbot nicht gegen Art. 93 EAGV, da für abgebrannte Kernbrennstäbe diese Vorschrift nicht greift (s.o.).

Da Art. 305 II EGV ausdrücklich bestimmt :“ ... Dieser Vertrag beeinträchtigt nicht die Vorschriften des Vertrags zur Gründung der Europäischen Atomgemeinschaft.“, kann somit nicht Art. 29 EGV neben Art. 93 EAGV zur Beurteilung der Rechtmäßigkeit eines Wiederaufarbeitungsverbotes herangezogen werden, oder Art. 93 EAGV weit im Sinne des Art. 29 EGV auch für Maßnahmen gleicher Wirkungen ausgelegt werden[653], da dies sonst zu einer ungewollten Marktöffnung für besagte (nicht in Art. 93 EAGV geregelte) Stoffe führen würde.

---

[649] Grabitz/Hilf, Kommentar zur Europäischen Union, Heinrich Matthies/ Reimer v. Borries, zu Art. 30 EGV (alt), Rn. 3; Bzw. gilt für alle Grundfreiheiten das Erfordernis eines grenzüberschreitenden Sachverhaltes. Schwarze, EU-Kommentar, Ulrich Becker, zu Art. 28 EGV, Rn. 19

[650] Calliess/Ruffert, EU- und EG-Vertrag, Astrid Epiney, Art. 28 EGV, Rn. 11.

[651] IV. Ziff. 2., S. 8, Vereinbarung; ähnlich § 9a I 2 AtG-E; jetzt in § 9a I 2 AtG n.F..

[652] A.A. Di Fabio, Ausstieg, S. 59.

[653] Da Art. 93 EAGV Maßnahmen gleicher Wirkung nicht ausdrücklich aufführt, käme nur eine Erweiterung dieser Vorschrift in Frage. Es müsste ein Rückgriff auf die allgemeine Warenverkehrsfreiheitsbestimmungen in Art. 28 ff. EGV möglich sein. Dies wäre bei einer Regelungslücke der Fall. Eine solche liegt aber nicht vor.

Da es aber wiederum Literaturmeinungen gibt, die Art. 93 EAGV ähnlich dem Art. 29 EGV auslegen wollen, bzw. eine Anwendbarkeit neben Art. 93 EAGV bejahen[654], muss auf diese Vorschrift eingegangen werden. Es kommt nur eine Anwendung von Art. 29 EGV in Betracht. Art. 29 EGV ist im Sinne der Verwirklichung des Binnenmarktes das notwendige Korrelat zu Art. 28 EGV[655], der bei Regelungen der Einfuhr Anwendung finden könnte.

Die Wiederaufarbeitung der abgebrannten Brennelemente aus der wirtschaftlichen Nutzung der Kernenergie wird nur in Wiederaufarbeitungsanlagen im Ausland und nicht in der Bundesrepublik betrieben. Daher liegt mit dem Verbot der Wiederaufarbeitung eine Regelung der Ausfuhr vor. Die Anwendbarkeit des Art. 29 würde nicht schon an der fehlenden Wareneigenschaft von abgebrannten Kernbrennstäben scheitern. Waren sind nach der Rechtsprechung des EuGH Gegenstände, die über die Grenze verbracht werden, um Handelsgeschäfte durchzuführen[656]. Wenig überzeugend ist die Auffassung, dass radioaktiver Abfall, was die abgebrannten Kernbrennstäbe ohne weiteres sind, keinen Handelswert haben soll und daher eben nicht unter den Warenbegriff fallen würde. Auch ein negativer Handelswert, den die abgebrannten Brennstäbe haben, da für die Abnahme oder Wiederaufarbeitung gezahlt werden muss, ist ein Handelswert.

Das Verbot der Wiederaufarbeitung wäre mit Art. 29, 2. Alt. EGV vereinbar, da der EuGH nur solche Regelungen als Maßnahmen gleicher Wirkung ansieht,

> „ ... die spezifische Beschränkungen der Ausfuhrströme bezwecken oder bewirken und damit unterschiedliche Bedingungen für den Binnenhandel innerhalb eines Mitgliedsstaates und seinen Außenhandel schaffen, so daß die nationale Produktion oder der Binnenhandel des betroffenen Staates

---

[654] Di Fabio, Ausstieg, S. 62 ff.; Schmidt-Preuß, Rechtsfragen, S. 14.
[655] Calliess/Ruffert, EU- und EG-Vertrag, Astrid Epiney, zu Art. 29, Rn. 1.
[656] Urt. v. 09.07.1992, Rs. C-2/90 –Kommission/Belgien-, Slg. 1992-7, I-4431 (I-4478 f.).

zum Nachteil der Produktion oder des Handels anderer Mitgliedsstaaten einen besonderen Vorteil erlangt."[657]

Das Verbot der Wiederaufarbeitung wirkt aber genauso im Inland (s.o.). Die Voraussetzungen, die der EuGH aufgestellt hat, werden daher nicht erfüllt.
Eine Anwendung des Art. 29 EGV neben dem Art. 93 EAGV oder eine Auslegung des Art. 93 EAGV im Sinne des Art. 29 EGV würde somit nicht zu einem Verstoß der Regelung gegen Gemeinschaftsrecht führen.

aa) Art. 30 EGV als Rechtfertigung

Selbst wenn man Art. 29 EGV verletzt sähe könnte das Wiederaufarbeitungsverbot aber nach Art. 30 EGV gerechtfertigt sein.
Der EuGH hat folgende Voraussetzungen für die Anwendbarkeit von Art. 30 EGV aufgestellt[658].
Das Verbot der Wiederaufarbeitung müsste unterschiedslos für einheimische Waren und Waren aus den Mitgliedsstaaten gelten. Das deutsche Verbot würde unterschiedslos für alle Waren der Wiederaufarbeitung gelten.
Eine harmonisierende Rechtsangleichung des Gemeinschaftsrechtes fehlt, da keine Normen des Gemeinschaftsrechtes die Wiederaufarbeitung regeln.
Weiterhin müsste ein zwingendes Erfordernis[659] bestehen, dass die Regelung auch in Abwägung mit der Bedeutung des freien Warenverkehrs notwendig ist, um vorrangige Belange zu wahren. Letztendlich müsste das Verbot verhältnismäßig sein.
Von den in Art. 30 EGV genannten Ausnahmen kommt zur Rechtfertigung des Wiederaufarbeitungsverbotes vor allem der Gesundheitsschutz in Betracht. Dieser kann natürlich in gewissen Fällen Vorrang vor der Warenverkehrsfreiheit haben.
Ob aber die Regelung notwendig wäre und die Verhältnismäßigkeit gewahrt bleiben würde, ist sehr fraglich[660].

---

657 Urt. v. 8.11.1979, Rs. 15/79 –Groenveld/Produktschap voor Vee en Vlees- Slg. 1979-III, 3409 (3415, Rn. 7).

658 EuGHE Urt. v. 20.2.1979, Rewe/Bundesmonopolverwaltung, Slg. 1979-I, Rs. 120/78, 649 ff.

659 *Müller-Graff* in von der Groeben/Thiesen/Ehlermann, Kommentar zum EU-/EG-Vertrag, Band 1, Peter-Christian Müller-Graff, Art. 36 EGV, Rn. 28 ff, sieht ein „zwingendes Erfordernis" bei Maßnahmen mit ausfuhrbeschränkenden Wirkungen als nicht anwendbar.

660 Bejahend: Denninger, Nutzung der Kernenergie, S. 27 f., der den Mitgliedstaaten einen weiten Wertungsspielraum bei der Frage, „...ob eine Verbringung radioaktiver Abfälle zulässig ist..." einräumt und so zu einer Notwendigkeit kommt; auch Komorowski, Rechtsfragen, S. 435.
Ablehnend: Schmidt-Preuß, Rechtsfragen, S. 15 ff..

bb) Gründe des Umweltschutzes

Würde eine ausländerdiskriminierende Regelung der Warenausfuhr angenommen[661], könnte diese auch aus Gründen des Umweltschutzes gerechtfertigt sein. Nach neuester EuGH-Rechtsprechung kann eine Ausfuhrbeschränkung „... durch eine zwingende Maßnahme des Umweltschutzes... (oder)... durch eine der in Artikel 36 (jetzt 30) des Vertrages vorgesehene Ausnahme gerechtfertigt ..." werden[662].

3. Verhältnis: Warenverkehrs- und Dienstleistungsfreiheit

Umstritten ist, ob auch die Dienstleistungsfreiheit bei einem Verbot der Wiederaufarbeitung betroffen ist[663].
Da es um den „Austausch verkörperter Güter"[664] geht und die abgebrannten Brennelemente in Anbetracht der jüngeren EuGH-Entscheidungen zum Abfallrecht[665], wo der EuGH wiederverwertbaren und gefährlichen Abfall als Ware gesehen hat, als Ware zu bewerten sind, würde die formelle Subsidiarität (Art. 50 I EGV)der Dienstleistungsfreiheit gelten[666], da der Vorgang der grenzüberschreitenden Abfallverwertung und –beseitigung als Vorgang des Warenverkehrs zu qualifizieren wäre.

Eine weitere Auffassung[667] will das Verbot der Wiederaufarbeitung an der Warenverkehrs- und der Dienstleistungsfreiheit prüfen.
Vorzug ist hier dieser Auffassung zu geben, da sie dem dualen Charakter der Wiederaufarbeitung, nämlich dem Verbringen der Brennelemente in die Wieder-

---

661 Di Fabio, Ausstieg, S. 66.
662 EuGH, Urteil vom 25.6.1998 –Dusseldorp, Slg. 1998-6, I-4075 (I-4128, Rn. 50), Rs. C-203/96.
663 Nur Warenverkehrsfreiheit: Denninger, Nutzung der Kernenergie, S. 26; Schmidt-Preuß, Rechtsfragen, S. 13; Komorowski, Rechtsfragen, S. 435. Nur Dienstleistungsfreiheit: Wahl/Hermes, Kernenergiepolitik, S. 108; Einen kurzen Überblick über den Meinungsstand bietet Feldmann, Europarecht, S. 295.
664 Schmidt-Preuß, Rechtsfragen, S. 13 mit weiteren Nachweisen.
665 EuGHE Urt. v. 9.7.1992, Rs. C-2/90, Kommission/Königreich Belgien, Slg. 1992-7, I-4431 ff.; EuGHE Urt. v. 17.3.1993, Kommission/Rat, Rs. C-155/91, Slg. 1993-3, I-939.
666 Denninger, Nutzung der Kernenergie, S. 29.
667 Di Fabio, Ausstieg, S. 57; Wahl/Hermes, Kernenergiepolitik, S. 108 f..

aufarbeitungsanlagen und der Wiederaufarbeitung dort, am meisten gerecht wird und hier zu einer vollständigeren Prüfung führt.

4. Dienstleistungsfreiheit, Art. 49 ff. EGV (ex-Art. 59 ff. EGV)

Da der Euratom-Vertrag nur unbedeutende Regelungen[668] über die Dienstleistungsfreiheit beinhaltet, geht die überwiegende Literaturmeinung davon aus, dass die Art. 49 ff. EGV subsidiär neben dem EAGV anwendbar sind[669].

Unter den Begriff Dienstleistung fallen alle selbständigen Tätigkeiten, die gegen Entgelt verrichtet werden. Die Wiederaufarbeitung erfolgt als selbständige Tätigkeit gegen Entgelt. Da sie im Ausland erfolgt, ist der grenzüberschreitende Moment erfüllt, weil es ausreicht, dass die Dienstleistung die Grenze überschreitet (sog. Korrezpondenzdienstleistung)[670].

Eine Verletzung der Dienstleistungsfreiheit kann nicht nur bei diskriminierenden Regelungen, sondern auch bei unterschiedslos geltenden Regelungen bestehen[671]. Zwingende Gründe des Allgemeinwohls[672] würden aber eine Beschränkung der Dienstleistungsfreiheit rechtfertigen, sofern nicht schon durch Rechtsvorschriften diesem Allgemeininteresse entsprochen wurde[673].

Eine Rechtfertigung des Verbringungsverbotes durch zwingende Gründe des Allgemeininteresses, die vom EuGH erstmals 1991 mit dem Säger-Urteil zugelassen wurden[674], würden nach einer Meinung nicht greifen, da selbst die Bundesregierung nicht behauptet, dass die Wiederaufarbeitung gegen das Allgemeinwohl verstoße[675].

---

668 Art. 97 EAGV befasst sich mit der freien Beteiligung am Bau von Atomanlagen.

669 Di Fabio, Ausstieg, S. 69; a.A.: Komorowski meint, dass "... der EAGV die Dienstleistungsfreiheit nicht umfassend, sondern nur insoweit im Kernbereich gewährleistet, wie dies – aufgrund einer bewussten atompolitischen Entscheidung – Art. 97 EAGV ausdrücklich vorsieht.", Komorowski, Rechtsfragen, S. 435.

670 Di Fabio, Ausstieg, S. 70, Feldmann, Europarecht, S. 296.

671 EuGH Urt. v. 25.7.1991, Säger/Dennemeyer, Rs. C-76/90, Slg. 1991-7/I, I-4221 (I-4243, Rn. 12); Urt. v. 24.3.1994, -Schindler, Rs. C-275/92, Slg. 1994-3, I-1039 (1094 ff.).

672 Di Fabio bezweifelt schon das Vorliegen eines legitimen Allgemeininteresses, da das Verbot der Wiederaufarbeitung nur eine „... gesetzlich verschleierte Erweiterung exekutiver Eingriffsbefugnisse darstellt...": Di Fabio, Ausstieg, S. 71.

673 Feldmann, Europarecht, S. 296.

674 EuGH Urt. v. 25.7.1991, Säger/Dennemeyer, Rs. C-76/90, Slg. 1991-7/I, I-4221 (I-4244, Rn. 15).

675 Roser, Wiederaufarbeitung, S. 652; a.A. Komorowski, Rechtsfragen, S. 436 sieht eine Rechtfertigung „... in Hinblick auf den mit dem Wiederaufarbeitungsverbot verbundenen Gesundheits- und Lebensschutz...".

Wahl/Hermes führen die „... Störfall- und Missbrauchsgefahren, die aus der Rücklieferung von Plutonium resultieren, sowie die Nachteile für die Endlagerung ..."[676] als Gründe für das Wiederaufarbeitungsverbot heran.
Ferner kommt es auf die Eignung und Erforderlichkeit der Regelung an.
Die Wiederaufarbeitung birgt trotz inter- und supranationaler Kontrollen neben der Strahlungsgefahr weitere Risiken und Belastungen, wie die besondere Störanfälligkeit wegen langer Transportwege, die Proliferations- und Missbrauchsgefahr und eine Vergrößerung des Abfallvolumens[677]. Diese Motive des Verbots der Wiederaufarbeitung sind Gründe der Sicherheit sowie des Lebens-, Gesundheits- und Umweltschutzes, auch für die Bundesrepublik selbst[678].
Dabei ist aber zu berücksichtigen, dass es einen mitgliedstaatlichen Einschätzungsspielraum gibt und dass es ausreichen muss, dass das Wiederaufarbeitungsverbot jedenfalls in vertretbarer Weise auf die obigen Gründe, die vom Gemeinschaftsrecht als wichtige Gründe des Gemeinwohls anerkannt werden und die nichts mit Protektionismus zu tun haben, gestützt wird[679]. Dies ist unter zwingenden Gründen des Allgemeininteresses in diesem Zusammenhang zu verstehen. Das Verbot ist geeignet und erforderlich, die Risiken und Belastungen stark zu vermindern.

Bei einer Heranziehung der Gemeinschaftsgrundrechte[680], der gemeinschaftsrechtlichen Berufsfreiheit und Eigentumsgarantie, sind insbesondere die Wiederaufarbeitungsverträge zu beachten. Übergangsregelungen könnten erforderlich sein[681].
Die Abwägung gegenüber den bestehenden Verträgen der Energieversorger mit den Wiederaufarbeitungsgesellschaften im Rahmen der Verhältnismäßigkeit ergibt, da die Alt- und Neuverträge im wesentlichen[682] eingehalten werden können

---

[676] Wahl/Hermes, Kernenergiepolitik, S. 172.
[677] Siehe allgemein Wahl/Hermes, Kernenergiepolitik, S. 52 ff..
[678] Bayer/Huber, Rechtsfragen, Scheuing, S. 120.
[679] Bayer/Huber, Rechtsfragen, Scheuing, S. 121.
[680] Die Mitgliedstaaten, die gemeinschaftsrechtliche Grundfreiheiten beschränken, müssen dabei die Gemeinschaftsgrundrechte beachten; die „... mitgliedstaatlichen Beschränkungsmöglichkeiten sind deshalb im Lichte der Gemeinschaftsgrundrechte auszulegen." Bayer/Huber, Rechtsfragen, Scheuing, S. 109 f. mit Verweis auf umfangreiche EuGH-Rechtsprechung.
[681] EuGH Urt. v. 5.10.1994, Deutschland/Rat, Rs. C-280/93, Slg. 1994-10, I-4973 (I-5065, Rn. 77 ff.); Urt. v. 26.11.1996, -T.Port, Rs. C-68/95, Slg. 1996-11, I-6065 (I-6099 f., Rn. 35 ff.).
[682] Optionen auf eine weitere Wiederaufarbeitung, die den deutschen Vertragspartnern eingeräumt wurden, könnten nicht ausgeübt werden.

(s.o.), dass der Eingriff in die Dienstleistungsfreiheit verhältnismäßig und somit rechtmäßig ist.

4. Wirtschaftliche und ordnungspolitische Bedenken

Auf der Verkaufsseite setzt die Liberalisierung des Strommarktes die Erzeuger unter Preisdruck, auf der Beschaffungsseite (Erzeugung) könnte aber die Beschränkung auf eine staatlich kontrollierte direkte Entsorgung den Wettbewerb gerade mit ausländischen Anbietern verzerren.

> „Jedes Monopol und insbesondere jedes staatliche Monopol wirkt demgegenüber kostentreibend und fortschrittshemmend"[683].

d) Verstoß gegen nationales Recht

Das Verbot der Wiederaufarbeitung zum 1. Juli 2005 (§ 9a I 2 AtG n.F.) könnte gegen deutsches Verfassungsrecht verstoßen.

Die Eigentumsgarantie aus Art. 14 GG könnte verletzt sein, indem das Verbot rechtswidrig in Vertragspositionen der KKW-Betreiber eingreifen würde[684].
Die Gefahr einer Grundrechtsverletzung wurde aber durch die „Übergangsregelung", Wiederaufarbeitung bis zum 1. Juli 2005 zuzulassen, entschärft.
Nach Überzeugung der Bundesregierung werden die vertraglich bindend vereinbarten Mengen der Wiederaufarbeitung zugeführt, ein Verstoß gegen Völkerrecht (s.o.) und gegen die privatrechtlichen Verträge läge daher nicht vor. Ferner seien wirtschaftlich nachteilige Auswirkungen für die Vertragspartner ausgeschlossen.[685]
Dem ist zu folgen; Verletzungen von Vertragspositionen, welche die Eigentumsgarantie schützen könnte, sind nicht ersichtlich.

Ferner kommt ein Eingriff in den eingerichteten und ausgeübten Gewerbebetrieb in Frage; geschützt wird hier die Substanz der Sach- und Rechtsgesamtheit vor

---

[683] Roser, Wiederaufarbeitung, S. 652.
[684] Schmidt-Preuß, Rechtsfragen, S. 26 bejaht dies bei einem Wiederaufarbeitungsverbot ohne Übergangsregelungen.
[685] Begründung, Entwurf eines Gesetzes zur geordneten Beendigung der Kernenergienutzung zur gewerblichen Erzeugung von Elektrizität, S. 47; BT-Drs. 14/6890, S. 16.

betriebsbezogenen Eingriffen. Ein Wiederaufarbeitungsverbot könnte zu einer Stilllegung eines KKW führen, wenn die abgebrannten Brennelemente nicht mehr der Wiederaufarbeitung zugeführt werden könnten, und kein Platz mehr im Abklingbecken wäre. Da vielfach in den Nebenbestimmungen zu der Betriebsgenehmigung die jederzeitige Entladbarkeit des Reaktorkerns verlangt wird[686], würde somit eine automatische Stilllegung erreicht[687].
Diese Problematik wurde aber mit den aktuellen Regelungen entschärft. Die Frist bis zum 1. Juli 2005 und die Verpflichtung, standortnahe Zwischenlager zu errichten (§ 9a II 3 AtG n.F.), bieten den Kraftwerksbetreibern die Möglichkeit der geordneten Entsorgung.

e) Verstöße gegen zivilrechtliche Verträge

In letzter Zeit heftig umstritten ist die Frage, ob ein Ausstieg aus der Wiederaufarbeitung nicht gegen zivilrechtliche Verträge verstoßen und somit eventuell Staatshaftungsansprüche nach sich ziehen würde.

Die Verträge, die einige deutsche Energieversorger mit den Wiederaufarbeitungsunternehmen COGEMA und BNFL geschlossen haben, beinhalten sogenannte „force-majeure-Klauseln". Diese stellen die Vertragsparteien von der finanziellen und sonstigen Verantwortlichkeit für Vertragsstörungen frei, die durch solche Umstände hervorgerufen worden sind, die von den Vertragsparteien nicht beeinflussbar waren[688].
In den Vereinbarungen werden ausdrücklich als derartige Umstände Gesetze und sonstige einschränkende Regierungsmaßnahmen genannt. Daraus wird zu Recht gefolgert, dass die Atomwirtschaft sich nicht schadensersatzpflichtig macht, wenn staatlich eine Beendigung der Wiederaufarbeitung angeordnet wird[689]. Ferner werden die privatrechtlichen Verträge erfüllt (s.o.).

---

686 Blickle, Dieter, in Pelzer, Kernenergierecht, S. 99.
687 Dazu Schmidt-Preuß, Rechtsfragen, S. 26 f..
688 Komorowski, Probleme, S. 437; Warg/Hanenburg, Atomausstieg, S. 89.
689 Komorowski, Probleme, S. 437.

VII. Zusammenfassung

Mit der Förderung der Kernenergie stieg der Anteil der Kernkraft an der Stromerzeugung stetig an. Nach einer zunächst breiten Unterstützung mehrte sich aber zunehmend die Kritik an dieser Art der Stromerzeugung. Einzelne Unfälle, wie die Katastrophe von Tschernobyl, zeigten das große Gefährdungspotential mit enormen Schadensfolgen, das in der friedlichen Nutzung der Kernenergie liegt. Den Höhepunkt der „Ausstiegsbewegung" wurde mit der Bundestagswahl 1998 erreicht, wo im Koalitionsvertrag der schnellstmögliche Ausstieg aus der Kernenergienutzung zur Stromerzeugung festgelegt und ein entsprechendes Ausstiegsgesetz am 14.12.2001 beschlossen wurde.
Ferner wurde der Strommarkt insgesamt liberalisiert, was zu einer deutlichen Senkung der Strompreise führte.

Die radiologischen Risiken der Nutzung der Kernenergie sind Gegenstand vieler Studien. Es lässt sich aber kein sicherer Nachweis führen, dass die Nähe zu einem KKW die Leukämiegefahr erhöht. Gesicherte Erkenntnisse gibt es bezüglich der Schäden, die bei bestimmten Äquivalentdosen eintreten können. Dabei bestehen neben der wirtschaftlichen Nutzung der Kernenergie weitere künstliche und natürliche Strahlenquellen. Unklar ist, wieviel künstliche Strahlung der menschliche Körper neben der natürlichen Strahlung ohne Erkrankungen oder Erbschäden verträgt.
Daher gilt im deutschen Strahlenrecht das Minimierungsgebot für die Strahlenexposition. Die Gefahr, künstlicher Strahlung ausgesetzt zu werden, besteht bei der Brennstoffgewinnung, der Fertigung von Brennelementen, dem Betrieb eines Kernkraftwerkes und bei dem Umgang mit radioaktiven Abfällen auch bei der Wiederaufarbeitung. Gerade Plutonium ist wegen seiner Radioaktivität und der Giftigkeit als besonders gefährlicher Stoff einzuschätzen.

Daher werden die Strahlenquellen in KKW durch mehrere Sicherheitssysteme abgeschirmt, die Sicherheit ständig überprüft und auch eine Störfallvorausplanung und Notfallvorsorge betrieben. Das AtG ist dabei ein wichtiges Gesetz, das u.a. den Bau und den Betrieb eines KKW regelt.

Gerade die Bewertung des Risikos, das in der wirtschaftlichen Nutzung der Kernenergie liegt, spielt in der Diskussion über die Sicherheit deutscher KKW eine entscheidende Rolle. Dabei gibt es verschiedene Ansätze, den Begriff Risiko rechtlich zu bewerten. Ferner haben sich mehrere Studien mit der konkreten Berechnung des Störfallrisikos beschäftigt. Festzustellen ist, dass sich das Risiko mangels entscheidender neuer Erkenntnisse in jüngster Zeit nicht grundlegend verändert hat, sondern größtenteils nur eine Neubewertung der schon bestehenden Risiken vorliegt. Dies ist eine politische Entscheidung.

Der administrative Ausstieg aus der Kernenergienutzung ist nach 1998 in den Hintergrund getreten, da ein gesetzlicher Ausstieg möglich wurde. Trotzdem könnte die „ausstiegorientierte" Auslegung von Normen des AtG herangezogen werden, da die vereinbarten Reststrommengen von Atomkraftgegnern als zu groß empfunden werden könnten. Letztendlich wäre ein „ausstiegsorientierter" Vollzug aber nicht mit Art. 14 GG zu vereinbaren und somit verfassungswidrig. Aktuell wird ein Genehmigungswiderruf gem. § 17 V AtG gefordert, da jüngste Terroranschläge gezeigt hätten, dass eine erhebliche Gefährdung durch Attentate auf deutsche KKW bestünde. Ohne konkrete Anhaltspunkte solcher „Aktionen" sind die Voraussetzungen der Norm aber nicht erfüllt.

Somit bleibt der Weg des Ausstiegs durch Gesetz. Frühere Versuche, einen Ausstieg zu erreichen, schlugen fehl, doch zeichnete sich der mögliche Weg ab.
Mit der „Konsensvereinbarung" vom 14.6.2001 wurden die Eckpunkte einer Ausstiegsregelung mit den großen Energieversorgern, die Anhebung der Deckungsvorsorge, die Reststrommengen, das Verbot der Wiederaufarbeitung u.a., ausgehandelt.
Das beschlossene Ausstiegsgesetz setzt diese Eckpunkte gesetzlich um.
Dieser Konsens wurde, was in Anbetracht der sehr unterschiedlichen Auffassungen zur Kernenergie zu erwarten war, unterschiedlich bewertet.
Gerade der Rechtscharakter dieser Vereinbarung wirft rechtliche Fragen auf. Sie ist weder ein öffentlich-rechtlicher Vertrag (§§ 54 ff. VwVfG) noch eine normersetzende Absprache oder eine gesetzesabwendende Vereinbarung.

Der Konsens ist zwar kein Verstoß gegen das Verfahren zur Vorbereitung von Gesetzesentwürfen oder gegen die Wesentlichkeitsrechtsprechung des BVerfG, doch ist seine rechtliche Bindung nur gering. Es liegt kein wirksamer Grundrechtsverzicht der Kraftwerksbetreiber vor, da der Gesetzesvorbehalt des Art. 14 I 2 GG nicht durch die Erklärung einzelner Betreiber überwunden werden kann und es vielmehr dem Gesetzgeber überlassen ist, wesentliche Entscheidungen in grundlegenden normativen Bereichen selbst zu treffen. Letztendlich kann in der Konsensvereinbarung nur ein Rechtsmittelverzicht der beteiligten EVU gesehen werden.

Somit musste das AtG novelliert werden. Den Ausstieg durch Gesetz zu vollziehen, steht auch im Ermessen des Gesetzgebers. Dies wurde in der Kalkar-Entscheidung des BVerfG deutlich. Art. 74 I Nr. 11a GG ist dabei eine reine Kompetenzvorschrift und beinhaltet keinen Verfassungsauftrag zur Nutzung der Kernenergie. Auch ergibt sich kein solcher Auftrag aus dem Sozialstaatsprinzip (Art. 20 I, 28 I GG) oder der staatlichen Verantwortung für das Gesamtwirtschaftliche Gleichgewicht (Art. 109 II GG).

Gem. Art. 87c GG i.V.m. § 24 I AtG vollziehen die Länder das Atomgesetz im Auftrag des Bundes , dieser hat u.a. Einwirkungsmöglichkeiten nach Art. 85 GG. Mit dem Ausstieg durch Gesetz übt der Bund kein unzulässiges Selbsteintrittsrecht aus und nimmt den Ländern auch keine nur ihnen zustehenden Verwaltungskompetenzen.

Aus Art. 74 Nr. 11a GG i.V.m. Art. 87c GG ergibt sich keine Zustimmungsbedürftigkeit des Bundesrates zu dem Ausstiegsgesetz, da § 24 AtG nicht verändert wird und die Bundesauftragsverwaltung keine andere Bedeutung und Tragweite erfahren hat.

Ein Ziel der Bundesregierung, den Atomausstieg „unumkehrbar" zu gestalten, kann durch die Novelle des Atomgesetzes nicht erreicht werden. Es ist aber möglich, die Nutzung der Kernenergie für die Zukunft so unattraktiv zu gestalten, dass ein Wiedereinstieg wirtschaftlich als zu riskant erscheint. Gesetzestechnisch gibt es keine unumkehrbaren Gesetze.

Ein Anspruch auf einen Ausstieg aus der wirtschaftlichen Nutzung der Kernenergie besteht nicht gem. Art. 2 II 1 GG, vielmehr muss ein „Restrisiko" hingenommen werden.

Die Betreibergesellschaften und EVU können sich grundsätzlich auf ihre Grundrechte berufen, dies wird auch in der Rechtsprechung des Bundesverfassungsgerichtes deutlich. Eine Grundrechtsfähigkeit ist aber abzulehnen, wenn die Kapitalbeteiligungsquote der öffentlichen Hand zu einer Beherrschung der Gesellschaft führt (Beteiligungsquote von 95 % und mehr).

Im einzelnen sind die hier geprüften Änderungen des Atomrechtes rechtmäßig.

Die Reststrommengen (§ 7 Ia AtG n.F.) und das Verbot neuer KKW (§ 7 I 2 AtG n.F.) verstoßen nicht gegen Art. 12 GG. Diese Regelungen stellen lediglich einen Eingriff in die Berufsausübungsfreiheit und nicht in die Berufsauswahlfreiheit der Betreiber dar, da es keinen eigenständigen Beruf des „Kernkraftwerksbetreibers" gibt und die Kernkraft nur eine Art der Stromerzeugung darstellt.
Dieser Eingriff ist gerechtfertigt.
Ferner ist auch nicht das Eigentumsgrundrecht aus Art. 14 GG verletzt. Ein Eingriff in den Schutzgegenstand des bürgerlich-rechtlichen Eigentums der Kernkraftwerkseigentümer an der genehmigten Anlage in Verbindung mit der Anlagengenehmigung gem. § 7 AtG liegt zwar vor, dieser ist aber wiederum gerechtfertigt.
Da man bei der Bewertung des Eingriffs beide Kernelemente der gesetzlichen Ausstiegsregelung und deren Zusammenspiel berücksichtigen muss, also das Verbot der Neuerrichtung und die Reststrommengen, ist die Regelung als eine Inhalts- und Schrankenbestimmung und nicht als Enteignung zu qualifizieren.
Diese ist auch rechtmäßig, da sie zum Wohle der Allgemeinheit geschieht und verhältnismäßig ist. Die Gefahren durch die Kernenergienutzung werden durch die Ausstiegsregelungen beträchtlich verringert, es gibt auch kein milderes Mittel, da bei einem Weiterbetrieb auf jeden Fall ein Restrisiko weiterbestehen würde. Der Eingriff ist auch verhältnismäßig im engeren Sinne.
Die konkret ausgehandelten und gesetzlich festgeschriebenen Reststrommengen sind als Entziehungen alter Rechte selbst verhältnismäßig.

Die Substanz des Eigentums bleibt bei dieser Übergangslösung erhalten, da das Bestandsinteresse der Betreiber mit den vereinbarten weiten Reststrommengen hinreichend berücksichtigt wird.
Eine Entschädigung ist nicht erforderlich.

Die Gefahren der Stromerzeugung durch Nutzung der Kernenergie sind nicht mit denen aus der Stromerzeugung durch Einsatz fossiler Brennstoffe zu vergleichen, ein Verstoß gegen das Willkürverbot aus Art. 3 I GG liegt nicht vor.

Das Ausstiegsgesetz verstößt auch nicht gegen Art. 19 I 1 GG.

Der rechtliche Vertrauensschutz wird gewährleistet, er geht auch nicht über den Bestandschutz aus Art. 14 GG hinaus.

Die EVU könnten, soweit sie keinen Rechtsmittelverzicht erklärten, gegen die Ausstiegsregelungen mit einer Verfassungsbeschwerde vor dem BVerfG vorgehen. Ferner könnte z.B. die Bayerische Landesregierung im Rahmen einer abstrakten Normenkontrolle die Verletzung von Betreibergrundrechten geltend machen.
Beide Wege würden aber nicht erfolgreich sein, da die Ausstiegsregelungen rechtmäßig sind.

Der Ausstieg aus der wirtschaftlichen Nutzung der Kernenergie verstößt nicht gegen eine Geschäftsgrundlage des EAGV, einen einzelnen Förderzweck oder eine Loyalitätspflicht aus dem EAGV; es besteht hieraus keine Pflicht zur Nutzung der Kernenergie. Der Ausstieg stellt auch kein widersprüchliches Verhalten im Sinne des Völkerrechts dar. Auch im EG-Recht besteht keine ausdrückliche Pflicht zur Nutzung der Kernenergie. Vielmehr besteht für die Mitgliedstaaten eine Eigenständigkeit in Energiefragen.

Inländische Rechtsträger können sich zwar nicht auf die gemeinschaftsrechtliche Niederlassungsfreiheit berufen, doch könnte der Schutz des Art. 43 EGV durch Beteiligungen im Ausland etc. erreicht werden.

Dann läge aber mit den Ausstiegsregelungen kein Verstoß gegen die gemeinschaftliche Niederlassungsfreiheit vor.
Ein europarechtliches Rechtsschutzmittel besteht für die Kommission nach Art. 141 EAGV und für die Mitgliedstaaten nach Art. 142 EAGV, Unternehmen in den Mitgliedstaaten können solche Verfahren anregen oder im Rahmen eines Klageverfahrens ein Vorlageverfahren nach Art. 150 EAGV anregen.
Die Erfolgsaussichten sind aber auch hier dürftig.

Das Verbot der Wiederaufarbeitung ab dem 1.7.2005 verstößt nicht gegen das Vertragsvölkerrecht. Die Regelung in § 9a I 2 AtG n.F. tastet die verbindlichen privatrechtlichen Verträge nicht an; deren Erfüllung wird ermöglicht. Die völkerrechtlichen Vereinbarungen durch Notenwechsel gehen auch nicht über diese privatrechtlichen Vereinbarungen hinaus.
Art. 93 EAGV findet keine Anwendung und wäre auch nicht verletzt.
Auch würde bei einer Anwendung des Art. 29 EGV neben dem Art. 93 EAGV oder einer Auslegung des Art. 93 EAGV im Sinne des Art. 29 das Wiederaufarbeitungsverbot nicht gegen das Gemeinschaftsrecht verstoßen.
Ferner ist die Dienstleistungsfreiheit aus Art. 49 ff. EGV nicht verletzt, da der Eingriff verhältnismäßig und damit rechtmäßig ist.
Die Regelung des § 9a I 2 AtG n.F. verstößt nicht gegen nationales Recht und auch nicht gegen die geschlossenen privatrechtlichen Verträge, weil eine „Übergangsregelung“, mit der „Erlaubnis“ der Wideraufarbeitung bis Ende Juni 2005 geschaffen wurde.

Die Reformbemühungen der Regierungskoalition 1998/2002 im Bereich des Atomgesetzes sind mit dem Grundgesetz und dem Europarecht zu vereinbaren.

Anhang: Wichtige Vorschriften (in Auszügen)

1. Gesetz zur geordneten Beendigung der Kernenergienutzung zur gewerblichen Erzeugung von Elektrizität

Artikel 1
Änderungen des Atomgesetzes

Das Atomgesetz in der Fassung der Bekanntmachung

vom 15. Juli 1985 (BGBl. I S. 1565), zuletzt geändert durch
[.. .], wird wie folgt geändert:

§ 1 Nr. 1 wird wie folgt gefasst:

„1. die Nutzung der Kernenergie zur gewerblichen Erzeugung von Elektrizität geordnet zu beenden und bis zum Zeitpunkt der Beendigung den geordneten
Betrieb sicherzustellen,"

...

§ 6 wird wie folgt geändert:
a) Absatz 2 Satz 2 wird aufgehoben.
b) Nach Absatz 2 werden folgende Absätze 3 und 4 angefugt:

„(3) Wer zur Erfüllung der Verpflichtung nach § 9a Abs. 2 Satz 3 innerhalb des abgeschlossenen Geländes einer Anlage zur Spaltung von Kernbrennstoffen zur gewerblichen Erzeugung von Elektrizität in einem gesonderten Lagergebäude in Transport- und Lagerbehältern bestrahlte Kernbrennstoffe bis zu deren Ablieferung an eine Anlage zur Endlagerung radioaktiver Abfälle aufbewahrt, bedarf einer Genehmigung nach Absatz 1. Die Genehmigungsvoraussetzungen der Nummern 1 bis 4 des Absatzes 2 gelten entsprechend.

(4) Eine Genehmigung zur vorübergehenden Aufbewahrung von Kernbrennstoffen in Form von bestrahlten Brennelementen innerhalb eines abgeschlossenen Geländes, auf dem eine nach § 7 genehmigte Tätigkeit ausgeübt wird, ist demjenigen zu erteilen, der für eine Aufbewahrung auf Grund der Verpflichtung nach § 9a Abs. 2 Satz 3 die erforderliche Genehmigung beantragt hat. Die Genehmigung ist bis zu dem Zeitpunkt zu befristen, an dem die nach § 9a Abs. 2 Satz 3 erforderliche Genehmigung ausgenutzt werden kann oder an dem der Antrag für eine solche Aufbewahrung zurückgenommen oder bestandskräftig abgelehnt worden ist, längstens jedoch für die Dauer von fünf Jahren; die Geltungsdauer der Genehmigung kann auf Antrag um ein Jahr verlängert werden. Die Genehmigung nach den Sätzen I und 2 ist nur zu erteilen, wenn für die Zeit nach Ablauf der Befristung eine anderweitige Möglichkeit ordnungsgemäßer Aufbewahrung nachgewiesen ist. Dieser Nachweis ist jährlich erneut zu führen. Über den Genehmigungsantrag soll innerhalb einer Frist von neun Monaten nach Eingang des Antrags und Vorlage der vollständigen Antragsunterlagen entschieden werden. Die zuständige Behörde kann die Frist um jeweils drei Monate verlängern, wenn dies wegen der Schwierigkeit der Prüfungen oder aus Gründen, die dem Antragsteller zuzurechnen sind, erforderlich ist; die Fristverlängerung soll gegenüber dem Antragsteller begründet werden. Im Übrigen gilt Absatz 2 entsprechend."

§ 7 wird wie folgt geändert:
a) Dem Absatz 1 werden folgende Sätze angefügt:
"Für die Errichtung und den Betrieb von Anlagen zur Spaltung von Kernbrennstoffen zur gewerblichen Erzeugung von Elektrizität und von Anlagen zur Aufarbeitung bestrahlter Kernbrennstoffe werden keine Genehmigungen erteilt. Dies gilt nicht für wesentliche Veränderungen von Anlagen oder ihres Betriebs."

b) Nach Absatz 1 werden folgende Absätze la bis 1d eingefügt:
,,(l a) Die Berechtigung zum Leistungsbetrieb einer Anlage zur Spaltung von Kernbrennstoffen zur gewerblichen Erzeugung von Elektrizität erlischt, wenn die in Anlage 3 Spalte 2 für die Anlage aufgeführte Elektrizitätsmenge oder die sich auf Grund von Übertragungen nach Absatz 1 b ergebende Elektrizitätsmenge produziert ist. Die Produktion der in Anlage 3 Spalte 2 aufgeführten Elektrizitätsmengen ist durch ein Messgerät zu messen. Das Messgerät nach Satz 2 muss zugelassen und geeicht sein. Ein Messgerät, das nicht zugelassen und geeicht ist, darf nicht verwendet werden. Wer ein Messgerät nach Satz 2 verwendet, muss das Messgerät unverzüglich so aufstellen und anschließen sowie so handhaben und warten, dass die Richtigkeit der Messung und die zuverlässige Ablesung der Anzeige gewährleistet sind. Die Vorschriften des Eichgesetzes und der auf Grund dieses Gesetzes erlassenen Eichordnung finden Anwendung. Der Genehmigungsinhaber hat den bestimmungsgemäßen Zustand des geeichten Messgerätes in jedem Kalenderjahr durch eine Sachverständigenorganisation und die in jedem Kalenderjahr erzeugte Elektrizitätsmenge binnen eines Monats durch einen Wirtschaftsprüfer oder eine Wirtschaftsprüfungsgesellschaft überprüfen und bescheinigen zu lassen.

(1 b) Elektrizitätsmengen nach Anlage 3 Spalte 2 können ganz oder teilweise von einer Anlage auf eine andere Anlage übertragen werden, wenn die empfangende Anlage den kommerziellen Leistungsbetrieb später als die abgebende Anlage begonnen hat. Elektrizitätsmengen können abweichend von Satz 1 auch von einer Anlage übertragen werden, die den kommerziellen Leistungsbetrieb später begonnen hat, wenn das Bundesministerium für Umwelt, Naturschutz und Reaktorsicherheit im Einvernehmen mit
dem Bundeskanzleramt und dem Bundesministerium für Wirtschaft und Technologie der Übertragung zugestimmt hat. Die Zustimmung nach Satz 2 ist nicht erforderlich, wenn die abgebende Anlage den Leistungsbetrieb dauerhaft einstellt und ein Antrag nach
Absatz 3 Satz 1 zur Stilllegung der Anlage gestellt worden ist.

(l c) Der Genehmigungsinhaber hat der zuständigen Behörde 1. monatlich die im Sinne des Absatzes 1 a in Verbindung mit der Anlage 3 Spalte 2 im Vormonat erzeugten Elektrizitätsmengen mitzuteilen,
2. die Ergebnisse der Überprüfungen und die Bescheinigungen nach Absatz I a Satz 3 binnen eines Monats nach deren Vorliegen vorzulegen,
3. die zwischen Anlagen vorgenommenen Übertragungen nach Absatz I b binnen einer Woche nach Festlegung der Übertragung mitzuteilen. Der Genehmigungsinhaber hat in der ersten monatlichen Mitteilung über die erzeugte Elektrizitätsmenge nach Satz 1 Nr. 1 eine Mitteilung über die seit dem 1. Januar 2000 bis zum letzten Tag des [einsetzen: Monat, in dem das Gesetz in Kraft getreten ist, und

Jahreszahl] erzeugte Elektrizitätsmenge zu übermitteln, die von einem Wirtschaftsprüfer oder einer Wirtschaftsprüfungsgesellschaft überprüft und bescheinigt worden ist. Der Zeitraum der ersten monatlichen
Mitteilung beginnt ab dem 1. [einsetzen: Monat, der auf den Monat folgt, in dem das Gesetz in Kraft getreten ist, und Jahreszahl]. Die übermittelten Informationen nach Satz 1 Nr. 1 bis 3 sowie die Angabe der jeweils noch verbleibenden Reststrommenge werden durch die zuständige Behörde im Bundesanzeiger bekannt gemacht; hierbei werden die erzeugten Elektrizitätsmengen im Sinne des Satzes 1 Nr. 1 jährlich zusammengerechnet für ein Kalenderjahr im Bundesanzeiger bekannt gemacht, jedoch bei einer voraussichtlichen Restlaufzeit von weniger als sechs Monaten monatlich.

...

§ 9 Abs. 2 Satz 2 wird aufgehoben.

§ 9a wird wie folgt geändert:

a) Absatz 1 wird wie folgt geändert:

aa) Die Wörter "zum Schutz der Allgemeinheit" werden gestrichen.

bb) Folgender Satz wird angefügt: "Die Abgabe von aus dem Betrieb von Anlagen zur Spaltung von Kernbrennstoffen zur gewerblichen Erzeugung von Elektrizität stammenden
bestrahlten Kernbrennstoffen zur schadlosen Verwertung an eine Anlage zur Aufarbeitung bestrahlter Kernbrennstoffe ist vom 1. Juli 2005 an unzulässig."

...

2. Atomgesetz (alte Fassung)

...

§ 1 Zweckbestimmung des Gesetzes

Zweck dieses Gesetzes ist,

1. die Erforschung, die Entwicklung und die Nutzung der Kernenergie zu friedlichen Zwecken zu fördern,
2. Leben, Gesundheit und Sachgüter vor den Gefahren der Kernenergie und der schädlichen Wirkung ionisierender Strahlen zu schützen und durch Kernenergie oder ionisierende Strahlen verursachte Schäden auszugleichen,
3. zu verhindern, daß durch Anwendung oder Freiwerden der Kernenergie die innere oder äußere Sicherheit der Bundesrepublik Deutschland gefährdet wird,
4. die Erfüllung internationaler Verpflichtungen der Bundesrepublik Deutschland auf dem Gebiet der Kernenergie und des Strahlenschutzes zu gewährleisten.

§ 7 Genehmigung von Anlagen

(I) Wer eine ortsfeste Anlage zur Erzeugung oder zur Bearbeitung oder Verarbeitung oder zur Spaltung von Kernbrennstoffen oder zur Aufarbeitung bestrahlter Kernbrennstoffe errichtet, betreibt oder sonst innehat oder die Anlage oder ihren Betrieb wesentlich verändert, bedarf
der Genehmigung.

(2) Die Genehmigung darf nur erteilt werden, wenn

1. keine Tatsachen vorliegen, aus denen sich Bedenken gegen die Zuverlässigkeit des Antragstellers und der für die Errichtung,
Leitung und Beaufsichtigung des Betriebs der Anlage verantwortlichen Personen ergeben, und die für die Errichtung, Leitung und Beaufsichtigung des Betriebs der Anlage verantwortlichen Personen die hierfür erforderliche Fachkunde besitzen,

2. gewährleistet ist, daß die bei dem Betrieb der Anlage sonst tätigen Personen die notwendigen Kenntnisse über einen sicheren Betrieb der Anlage, die möglichen Gefahren und die anzuwendenden Schutzmaßnahmen besitzen,
3. die nach dem Stand von Wissenschaft und Technik erforderliche Vorsorge gegen Schäden durch die Errichtung und den Betrieb der Anlage getroffen ist,
4. die erforderliche Vorsorge für die Erfüllung gesetzlicher Schadensersatzverpflichtungen getroffen ist,
5. der erforderliche Schutz gegen Störmaßnahmen oder sonstige Einwirkungen Dritter gewährleistet ist,
6. überwiegende öffentliche Interessen, insbesondere im Hinblick auf die Umweltauswirkungen, der Wahl des Standorts der Anlage nicht entgegenstehen.
Bei Veränderungen bestehender Anlagen oder ihres Betriebes, die die getroffene Vorsorge gegen Schäden oder den getroffenen Schutz gegen Störmaßnahmen oder sonstige Einwirkungen Dritter verbessern oder unberührt lassen, gilt Satz 1 Nr. 3 und 5 mit der Maßgabe, daß unter Berücksichtigung der technischen Gegebenheiten und Funktionen der Anlage unverhältnismäßige oder technisch nicht mögliche Vorsorge oder Schutzmaßnahmen nicht erforderlich sind; n Festlegungen einer bestehenden Genehmigung, die von einer beantragten Veränderung und deren Auswirkungen auf die Anlage und Ihren Betrieb nicht betroffen werden, kann nur nach Maßgabe des § 17 Abs. 1 Satz 3 und Abs. 2 bis 5 eingegriffen werden.
(2 a) Bei Anlagen zur Spaltung von Kernbrennstoffen, die der Erzeugung von Elektrizität dienen, gilt Absatz 2 Nr. 3 mit der Maßgabe, daß zur weiteren Vorsorge gegen Risiken für die Allgemeinheit die Genehmigung nur erteilt werden darf, wenn auf Grund der Beschaffenheit und des Betriebs der Anlage auch Ereignisse. Deren Eintritt durch die zu treffende Vorsorge gegen Schäden praktisch Ausgeschlossen ist, einschneidende Maßnahmen zum Schutz vor der schädlichen Wirkung ionisierender Strahlen außerhalb des abgeschlossenen Geländes der Anlage nicht erforderlich machen würden...

3. EGV

Artikel 28 (ex-Artikel 30) [Einfuhrbeschränkungen]
Mengenmäßige Einfuhrbeschränkungen sowie alle Maßnahmen gleicher Wirkung sind zwischen den Mitgliedstaaten verboten.

Artikel 29 (ex-Artikel 34) [Ausfuhrbeschränkungen]
Mengenmäßige Ausfuhrbeschränkungen sowie alle Maßnahmen gleicher Wirkung sind zwischen den Mitgliedstaaten verboten.

Artikel 30 (ex-Artikel 36) [Ausnahmen]
Die Bestimmungen der Artikel 28 und 29 stehen Einfuhr-, Ausfuhr- und Durchfuhrverboten oder -beschränkungen nicht entgegen, die aus Gründen der öffentlichen Sittlichkeit, Ordnung und Sicherheit, zum Schutze der Gesundheit und des Lebens von Menschen, Tieren oder Pflanzen, des nationalen Kulturguts von künstlerischem, geschichtlichem oder archäologischem Wert oder des gewerblichen und kommerziellen

Eigentums gerechtfertigt sind. Diese Verbote oder Beschränkungen dürfen jedoch weder ein Mittel zur willkürlichen Diskriminierung noch eine verschleierte Beschränkung des Handels zwischen den Mitgliedstaaten darstellen.

4. EURATOM-Vertrag (EAGV)

Artikel 93 [Zollverbot]
Die Mitgliedstaaten verbieten untereinander alle Einfuhr- und Ausfuhrzölle oder Abgaben gleicher Wirkung und alle mengenmäßigen Beschränkungen der Ein- und Ausfuhr:
a) für die in den Listen A^1 und A^2 aufgeführten Erzeugnisse,
b) für die in der Liste B aufgeführten Erzeugnisse, soweit für diese Erzeugnisse ein gemeinsamer Zolltarif gilt und sie mit einer Bescheinigung der Kommission versehen sind, aus der ihre Bestimmung für auf dem Kerngebiet liegende Zwecke hervorgeht.
Die einem Mitgliedstaat unterstehenden außereuropäischen Hoheitsgebiete können weiterhin Ein- und Ausfuhrzölle oder Abgaben gleicher Wirkung erheben, soweit sie ausschließlich fiskalischen Charakter haben.
Höhe und System dieser Zölle und Abgaben dürfen nicht zu einer Diskriminierung dieses Staates und der übrigen Mitgliedstaaten führen.

Artikel 192 [Verpflichtung der Mitgliedstaaten]
Die Mitgliedstaaten treffen alle geeigneten Maßnahmen allgemeiner oder besonderer Art zur Erfüllung der Verpflichtungen, die sich aus diesem Vertrag oder aus Handlungen der Organe der Gemeinschaft ergeben. Sie erleichtern dieser die Erfüllung ihrer Aufgabe.
Sie unterlassen alle Maßnahmen, welche die Verwirklichung der Ziele dieses Vertrags gefährden könnten.

Artikel 193 [Streitigkeiten]
Die Mitgliedstaaten verpflichten sich, Streitigkeiten über die Auslegung oder Anwendung dieses Vertrags nicht anders als hierin vorgesehen zu regeln.

5. GG

Art. 3 [Gleichheit vor dem Gesetz]
(1) Alle Menschen sind vor dem Gesetz gleich.
(2) Männer und Frauen sind gleichberechtigt. Der Staat fordert die tatsächliche Durchsetzung der Gleichberechtigung von Frauen und Männern und wirkt auf die Beseitigung bestehender Nachteile hin.
(3) Niemand darf wegen seines Geschlechtes seiner Abstammung, seiner Rasse, seiner Sprache, seiner Heimat und Herkunft, seines Glaubens, seiner religiösen oder politischen Anschauungen benachteiligt oder bevorzugt werden. Niemand darf wegen seiner Behinderung benachteiligt werden.

Art. 12 [Berufsfreiheit]

(1) Alle Deutschen haben das Recht, Beruf, Arbeitsplatz und Ausbildungsstätte frei zu wählen. Die Berufsausübung kann durch Gesetz oder auf Grund eines Gesetzes geregelt werden.
(2) Niemand darf zu einer bestimmten Arbeit gezwungen werden, außer im Rahmen einer herkömmlichen allgemeinen, für alle gleichen öffentlichen Dienstleistungspflicht.
(3) Zwangsarbeit ist nur bei einer gerichtlich angeordneten Freiheitsentziehung zulässig.

Art. 14. [Eigentum, Erbrecht und Enteignung]
(1) Das Eigentum und das Erbrecht werden gewährleistet. Inhalt und Schranken werden durch die Gesetze bestimmt.
(2) Eigentum verpflichtet. Sein Gebrauch soll zugleich dem Wohle der Allgemeinheit dienen.
(3) Eine Enteignung ist nur zum Wohle der Allgemeinheit zulässig. Sie darf nur durch Gesetz oder auf Grund eines Gesetzes erfolgen, das Art und Ausmaß der Entschädigung regelt. Die Entschädigung ist unter gerechter Abwägung der Interessen der Allgemeinheit und der Beteiligten zu bestimmen. Wegen der Höhe der Entschädigung steht im Streitfalle der Rechtsweg vor den ordentlichen Gerichten offen.

Art. 19 [Einschränkung von Grundrechten]
(1) Soweit nach diesem Grundgesetz ein Grundrecht durch Gesetz oder auf Grund eines Gesetzes geschränkt werden kann, muß das Gesetz allgemein und nicht nur für den
Einzelfall gelten. Außerdem muß das Gesetz das Grundrecht unter Angabe des Artikels nennen.
(2) In keinem Falle darf ein Grundrecht in seinem Wesensgehalt angetastet werden.
(3) Die Grundrechte gelten auch für inländische juristische Personen, soweit sie ihrem Wesen nach auf diese anwendbar sind.
(4) Wird jemand durch die öffentliche Gewalt in seinen Rechten verletzt, so steht ihm der Rechtsweg offen. Soweit eine andere Zuständigkeit nicht begründet ist, ist dei ordentliche Rechtsweg gegeben. Artikel 10 Abs. 2 Satz 2 bleibt unberührt.

Art. 20 [Bundesstaatliche Verfassung; Widerstandsrecht]
(1) Die Bundesrepublik Deutschland ist ein demokratischer und sozialer Bundesstaat.
...

Art. 28 [Verfassung der Länder]
(1) Die verfassungsmäßige Ordnung den Ländern muß den Grundsätzen des republikanischen, demokratischen und sozialen Rechtsstaates im Sinne dieses Grundgesetzes entsprechen. ...

Art. 74 [Gegenstände der konkurrierenden Gesetzgebung]
(1) Die konkurrierende Gesetzgebung erstreckt sich auf folgende Gebiete:

1. das bürgerliche Recht, das Strafrecht und den Strafvollzug, die Gerichtsverfassung, das gerichtliche Verfahren, die Rechtsanwaltschaft, das Notariat und die Rechtsberatung;
2. das Personenstandswesen;
...
11 a. die Erzeugung und Nutzung der Kernenergie zu friedlichen Zwecken, die Errichtung und den Betrieb von Anlagen, die diesen Zwecken dienen, den Schutz gegen Gefahren, die bei Freiwerden von Kernenergie oder durch ionisierende Strahlen entstehen, und die Beseitigung radioaktiver Stoffe;
...
Art. 84. [Landesverwaltung und Bundesaufsicht]
(1) Führen die Länder die Bundesgesetze als eigene Angelegenheit aus, so regeln sie die Einrichtung der Behörden und das Verwaltungsverfahren. soweit nicht Bundesgesetze mit
Zustimmung des Bundesrates etwas anderes bestimmen.
(2) Die Bundesregierung kann mit Zustimmung des Bundesrates allgemeine Verwaltungsvorschriften erlassen.
...
Art. 87 c. [Erzeugung und Nutzung von Kernenergie]
Gesetze, die auf Grund des Artikels 74 Nr. 11 a ergehen, können mit Zustimmung des
Bundesrates bestimmen, daß sie von den Ländern im Auftrage des Bundes ausgeführt werden.
...
Art. 109. [Haushaltstrennung in Bund und Ländern; Grundsätze der Haushaltswirtschaft]
(1) Bund und Länder sind in ihrer Haushaltswirtschaft selbständig und voneinander unabhängig.
(2) Bund und Länder haben bei ihrer Haushaltswirtschaft den Erfordernissen des gesamtwirtschaftlichen Gleichgewichts Rechnung zu tragen.
...

6. WVÜ

Art. 13 Zustimmung durch einen Vertrag gebunden zu sein, durch Austausch der einen Vertrag bildenden Urkunden.

Die Zustimmung von Staaten, durch einen Vertrag gebunden zu sein, der durch zwischen ihnen ausgetauschte Urkunden begründet wird, findet in diesem Austausch ihren Ausdruck,

a) wenn die Urkunden vorsehen, daß ihrem Austausch diese Wirkung zukommen soll, oder
b) wenn anderweitig feststeht, daß diese Staaten dem Austausch der Urkunden einvernehmlich diese Wirkung beilegen wollten.

Art. 31 Allgemeine Auslegungsregel

(1) Ein Vertrag ist nach Treu und Glauben in Übereinstimmung mit der gewöhnlichen, seinen Bestimmungen in ihrem Zusammenhang zukommenden Bedeutung und im Lichte seines Zieles und Zweckes auszulegen.

...

FSC
www.fsc.org
MIX
Papier | Fördert gute Waldnutzung
FSC® C083411

Kolibri 360 GmbH
Ferdinand-Jühlke-Straße 7
99095 Erfurt, Deutschland
produktsicherheit@kolibri360.de

Druck:
CPI Druckdienstleistungen GmbH
im Auftrag der
Kolibri 360 GmbH
Ferdinand-Jühlke-Str. 7
99095 Erfurt